U0574217

· 教育家成长丛书 ·

王敏勤
与和谐高效教学

WANGMINQIN YU HEXIE GAOXIAO JIAOXUE

中国教育报刊社 · 人民教育家研究院 组编

王敏勤 著

北京师范大学出版集团
BEIJING NORMAL UNIVERSITY PUBLISHING GROUP
北京师范大学出版社

图书在版编目（CIP）数据

王敏勤与和谐高效教学/王敏勤著；中国教育报刊社人民教育家研究院组编.—北京： 北京师范大学出版社， 2015.10（2024.7 重印）
（教育家成长丛书）
ISBN 978－7－303－19260－1

Ⅰ.①王…　Ⅱ.①王…②中…　Ⅲ.①中学－教学法－研究
Ⅳ.①G632.4

中国版本图书馆 CIP 数据核字（2015）第 172853 号

图 书 意 见 反 馈　　gaozhifk@bnupg.com　010－58805079
营 销 中 心 电 话　　010－58802135　010－58802786
北师大出版社教师教育分社微信公众号　　京师教师教育

出版发行：北京师范大学出版社　www.bnupg.com
　　　　　北京市西城区新街口外大街 12-3 号
　　　　　邮政编码：100875
印　　刷：北京虎彩文化传播有限公司
经　　销：全国新华书店
开　　本：787 mm ×1092 mm　1/16
印　　张：20.75
字　　数：340 千字
版　　次：2015 年 10 月第 1 版
印　　次：2024 年 7 月第 4 次印刷
定　　价：70.00 元

策划编辑：伊师孟　　　　责任编辑：戴　轶
美术编辑：焦　丽　　　　装帧设计：焦　丽
责任校对：陈　民　　　　责任印制：马　洁

版权所有 侵权必究
反盗版、 侵权举报电话：010 －58800697
北京读者服务部电话：010 －58808104
外埠邮购电话：010 －58808083
本书如有印装质量问题，请与印制管理部联系调换。
印制管理部电话：010 －58806364

教育家成长丛书

编委会名单

总　顾　问：柳　斌　顾明远

顾　　　问：叶　澜　田慧生　林崇德　陈玉琨

编委会主任：杨春茂

编　　　委：（按姓氏笔画为序）

于　漪　王瑜琨　方展画　田慧生

成尚荣　任　勇　刘可钦　齐林泉

孙双金　李吉林　杨九俊　杨春茂

吴正宪　汪瑞林　张志勇　张新洲

陈雨亭　郑国民　施久铭　徐启建

唐江澎　陶继新　龚春燕　程红兵

赖配根　鲍东明　窦桂梅　魏书生

主　　　编：张新洲

副　主　编：赖配根　王瑜琨　汪瑞林

总 序

　　教育是国家发展的基石，教师是基石的奠基者。古人云："国将兴，必贵师而重傅。"兴国必先强教，强教必先重师。党中央、国务院高度重视教师队伍建设。2013 年教师节，习近平总书记在给全国广大教师的慰问信中指出："百年大计，教育为本。教师是立教之本、兴教之源，承担着让每个孩子健康成长、办好人民满意教育的重任。"2014 年，在第 30 个教师节前夕，习总书记到北京师范大学视察并发表重要讲话，指出："一个人遇到好老师是人生的幸运，一个学校拥有好老师是学校的光荣，一个民族源源不断涌现出一批又一批好老师则是民族的希望。"《国家中长期教育改革和发展规划纲要（2010—2020 年）》也明确提出，"有好的教师，才有好的教育"，要"努力造就一支师德高尚、业务精湛、结构合理、充满活力的高素质专业化教师队伍"。"倡导教育家办学"，要创造有利条件，鼓励教师和校长在实践中大胆探索，创新教育思想、教育模式和教育方法，形成教学特色和办学风格，造就一批教育家。"两个一百年"奋斗目标的实现、中华民族伟大复兴中国梦的实现，归根结底要靠人才、靠教育，而支撑起教育光荣梦想的，是千百万的教师。

　　时代呼唤好老师。有一流的教师，才有一流的教育；有一流的教育，才有一流的国家。出名师、育英才、成伟业，是时代赋予我们教育战线的神圣使命。"所谓大学者，非谓有大楼之谓也，有大师之谓也。"好学校、好教育的最重要标准，就是要有好老师。一所学校、一个地区，乃至一个国家，如果教师有理想、有爱心、有学识、有高超的教育艺术，那么即使硬件设施有些简陋，家长、学生也会心向往之。教师是中国梦的奠基者。教师的重要使命，就是为每个孩子播种梦想、点燃梦想，并帮助他们实现梦想。每一间平凡的教室，每一节朴实的课，都不仅是知识的传递，而且是人类文明精神的接续、人生梦想的起航。正是有亿万个孩子梦想的放飞、绽放，中国梦才更加光彩夺目。如果说中国梦最坚实的土壤是学校，那么教师就是最伟大的"筑梦师"，他们用默默无闻、孜孜不倦的智慧劳动，让每一颗年轻的心灵都与中国梦激情相拥。

倡导教育家办学，造就一批好老师，首先要尊重、珍惜我们的本土智慧、本土创造。教育家不是凭空产生的，而是扎根于自己的民族文化土壤，同时吸收人类文明成果，从而创造出独特而生动的教育实践、教育智慧和教育文明。五千年源远流长的中华文明，不但形成了有我们民族特色的教育理论体系，而且涌现出了千千万万优秀的教育家，有被推崇为"大成至圣先师""万世师表"的孔子，有"匹夫而为百世师，一言而为天下法"的韩愈，有"捧着一颗心来，不带半根草去"的人民教育家陶行知，等等。改革开放 40 年来，随着教育改革的不断深入，教育战线涌现出了一大批杰出教师。他们痴情于教育事业，坚守理想信念和教育良知，在三尺讲台上默默耕耘、刻苦钻研，同时以敢为天下先的精神大胆创新，不断进取、不断超越，形成了各具特色的教育思想和教学风格。正是他们的成功探索和实践，创造了具有中国风格的教育经验，丰富了具有中国特色的教育理论宝库。原由教育部师范教育司组织编写，现由中国教育报刊社人民教育家研究院组织编写的"教育家成长丛书"，就是要向这些宝贵的本土创造性的教育经验致敬。

当前，教育领域综合改革正在深入推进，考试招生制度改革的大幕已经拉开，立德树人、培育和践行社会主义核心价值观成为大中小学教育的头等任务。可以预见，中国教育将发生深刻的变革，将从"中国制造"向"中国创造"转变。"没有革命的理论，就没有革命的运动。"没有适合中国土壤、具有中国智慧的教育理论，就不可能为未来的中国教育改革提供有效的指导。我们的教育要向"中国创造"飞跃，必然要首先创造属于我们自己的教育理论，而不是"言必称希腊"或者老是贩卖欧美的教育理论。170多年前，美国思想家、诗人爱默生发表了著名演说《美国学者》，号召美国知识界："我们依赖旁人的日子，我们师从他国的长期学徒期时代即将结束。在我们周围，有成百上千万的青年正在走向生活，他们不能老是依赖外国学识的残余来获得营养。"由此，美国迈入精神立国阶段。

如今，我们也面临与爱默生同样的情形。随着我国GDP已从世界第二向第一迈进，我们要自觉养成强烈的"中国意识"，独立的中国文化品格，并由此去环视世界，去改造本土实践，去创造属于我们自己的精神养料——这在教育界显得尤为紧迫。"教育家成长丛书"，旨在把我们本土教育实践中蕴含的中国智慧提炼出来，从而形成具有时代意义的中国特色的教育话语体系，再以此去观照、引领、改造中国的教育实践，为伟大的教育改革提供经验、理论支持，也为未来的教育家提供丰富、可资借鉴的精神养料。

让我们为中国教育的伟大未来一起努力吧！

2018年3月9日

前 言

　　见证着中国基础教育半个世纪的春华秋实，代表着中国基础教育教学成果的最高成就——"首届基础教育国家级教学成果奖"，闪耀着李吉林、窦桂梅、吴正宪、张思明、洪宗礼、唐江澎、邱学华、于永正、孙双金、薄俊生、龚春燕等一大批优秀教师的名字。而上述这些教师杰出代表恰恰都是《人民教育》"名师人生"栏目中最受读者喜爱的名师，都是"教育家成长丛书"的作者。

　　"教育家成长丛书"（以下简称"丛书"），是在第 20 个教师节前夕，为了研究、总结、宣传和推广我国众多优秀中小学教师的先进教育思想和鲜活宝贵的教育教学经验，培养造就一大批德才兼备的优秀教师和杰出的教育家，促进教师队伍整体素质的提高，根据教育部党组安排，由师范教育司组织编写的一套凝聚着一大批教育家成长智慧的大型教育丛书。

　　"丛书"自 2006 年问世以来，不但得到国务院和教育部领导同志的高度重视，而且先后印刷多次尚不能满足广大读者的需求。这其中的奥秘何在？

　　当你翻开"丛书"，每一部著作都讲述着一位教育家成长的故事。这些著作主要从"成长历程""思想概述""课堂实录"和"社会反响"等方面全景式反映其教育思想、教育智慧、专业精神和专业人格的形成过程与教学实践过程。这是教育家成长的基本素质所在。

　　当你沿着教育家成长的足迹走近他们的时候，你会融入这些带有"草根色彩"、扎根中华教育实践大地、充满田野芳香的真实感人的教育故事中。

当你从"丛书"中，从这些当年和自己一样的普通教师，成长为今天受人尊敬的教育家的成长过程中受到启迪，当你触摸着自己的心，把学生的成长和祖国的未来紧紧连在一起的时候，你会真切地感受到教育家离我们并不遥远。

当你用整个身心蘸着自己的生活积累去品味"丛书"中的每一部著作的"成长历程"时，在一位位名师不断学习、不断超越自我、不断超越学科教学的求索足迹中，你会读懂"教育是事业，其意义在于奉献"的丰富内涵。

当你研读"丛书"中的每一部著作的"思想概述"，和每一位名师展开心灵对话的时候，都会深深地感受到，一名教师对教育独立的理解与执着的追求有多么重要。从一名普通的教师成长为受人尊敬的教育家的过程中，你会读懂"教育是科学，其价值在于求真"的深刻含义。透过"丛书"，你会看到一代代教师用爱与智慧塑造民族未来的教育理想。

随着我们从"知识核心时代"走向"核心素养时代"，教师教育教学活动的视野已拓展到人的生存与发展的方方面面。教师要结合自己的教学实践去感悟"教育理念是指导教育行为的思想观念和精神追求"，应该把爱化为自己的教育行为，让爱充盈课堂，触摸到一个个灵动的生命，让爱产生智慧，让爱与智慧在学生心中留下岁月抹不去的美好回忆，让教育者和受教育者都感受到教育的幸福。这是"丛书"给我们的启示，也是每位教师应有的胸怀和视野。

时代呼唤教育家。为了进一步把我们本土教育实践中蕴含的中国智慧提炼出来，从而形成具有时代意义的中国特色的教育话语体系，以此去观照、引领、创新中国的教育实践并在更大范围加以推广，"丛书"将由中国教育报刊社人民教育家研究院继续组织编写，希望能够在更广大教师的心田中播种教育家成长的智慧，从而出更多的名师，育更多的英才，成就中华民族复兴的伟业。这是时代赋予广大教育工作者的神圣使命。如果广大教师能在每位教育家成长、探索教育智慧的过程中受到启迪，形成自己的教育智慧，则实现了我们编辑这套"丛书"的初衷。

"教育家成长丛书"
编委会
2018 年 3 月

目 录
CONTENTS
王敏勤与和谐高效教学

社会反响

附　录

我的错位人生与科研之路

　　有人说，人生就是几大步，实际上我这六十多年也就迈了四大步，生活、学习和工作转换了四个地方：从 1952 年 2 月出生到 1978 年 9 月，在山东省桓台县宗王村生活了 26 年；从 1978 年 10 月到 1985 年 8 月，在山东省滨州市生活了 7 年；从 1985 年 9 月到 2001 年 4 月，在山东省济南市生活了 16 年；从 2001 年 5 月至今，在天津市生活了 14 年。这几大步界限清楚，印象深刻，一步步从农村走向城市，从小城市走向大城市，从小学教师干到大学教师，也算是可持续发展。

　　如果当初我大学中文系毕业留校继续教汉语言文学专业，也算是顺畅；如果我研究生教育学专业毕业继续留在师范院校教《教育学》也算对口。但我不是，学习的专业和实际工作总是错位，总是学非所用，迫使我不断自学，终身学习的理念在我身上体现得最为明显。同样的奋斗目标，我走的路总是比别人远，付出的代价比别人多，因为我是曲线行走，直到 2001 年我调入天津市教育科学研究院才走出这个怪圈。

一、在错位人生中探索

（一）工作错位：我当过农民，做过工人，开过拖拉机，当过针灸医生，搞过文学创作，后来成了一名教师

　　我们这一代人没吃过苦的不多，没有曲折经历的不多，但我吃的苦比别人更多，走的路比别人更曲折。我 1952 年 2 月出生于山东省桓台县宗王村，经历过"大跃进"、人民公社、"四清"社教运动、"文化大革命"，遭遇过旱灾、涝灾，吃过野菜、树皮，在"以阶级斗争为纲"的年月里历经磨难。我虽然没有"上过山、扛过枪"，但工、农、医、学、"兵"（红卫兵）都干过。

　　1972 年春天，我高中毕业后经人介绍到淄博市张店钢铁厂干临时工，用人力车拉矿石和焦炭，干了一个多月就因体力不支回家了，继续当农民。我在上高中时因参加"学工、学农、学医"活动，学会了中医针灸。当时我不会诊断病，只要病人说出病名，我就翻阅医书，按图索骥，查找针灸处方，给病人针灸。那时候由于胆

大心细，又舍得花时间（针灸需要很多时间），竟然治好了许多疑难病，如偏瘫、面瘫、小儿麻痹后遗症、坐骨神经痛等，在村里小有名气，有的医生自己得了坐骨神经痛或偏瘫也来找我针灸。但后来上大学后就不干了。

上高中时因"学工"到县拖拉机站学过拖拉机，所以我毕业后农忙的时候也到县拖拉机站帮忙，开拖拉机耕地，胶轮的"铁牛"（用方向盘）和履带的"东方红"（像坦克，用操纵杆）我都开过，但仅限于农田，由于时间短，没有拿到驾驶证，不能上路。

1972年12月，村办小学的一位数学老师生病，管理学校的"贫下中农代表"是我的一个堂哥（"文化大革命"中代表贫下中农管理学校），他把我找去代课，从此我就成了一名民办教师，开始了40多年的教师生涯。那时候村办小学基本实行包班制，除了当班主任各门课程都上。后来我在村里"联办中学"当了初中教师，主要是教语文，当班主任。在干民办教师期间，我曾被县文化馆借调去搞了三个月的文学创作，写过小说、诗歌、歌曲、散文、曲艺、戏剧等，虽然没有公开发表，但得过全县文艺汇演编剧一等奖，在县文化馆办的油印报纸上发表过小说和歌曲，这在村里已经是很光荣的事了，算是个文化人。由于我爱好文艺创作，所以我的作文课上得好，班里的学生都喜欢写作文，考高中时作文成绩普遍高于外校的学生。我还为全乡的中小学教师专门介绍指导学生写作文的经验。这也是我后来报考大学中文系的重要原因。

我在上高中时是学校文艺宣传队的成员，主要是演奏竹笛，现在也吹不响了。我曾经梦想当一个专业作家，创作文学作品和戏剧、曲艺，那时候最理想的就是到县文化馆工作。但梦想没有实现，只能在村里干一名民办教师。

这些丰富的生活阅历，对于我后来专门从事教育科研工作好像作用不大，但却培养了我吃苦耐劳的精神和坚韧不拔的性格。

（二）上学错位：我6岁上小学，26岁上大学，33岁读研究生，我比别人总是慢一拍

别人都是上完了学才结婚，而我却是有了孩子才上大学，工作多年后才读研究生。

　　有人说我名字起得好：敏勤——敏捷、勤奋，其实我的脑子不算敏捷，却很勤奋，所以小学、中学的学习成绩都很好。高中毕业后我盼望能有考大学的机会，但"文化大革命"中上大学都是村里推荐，家庭出身必须"根红叶正"才行，我出身富裕中农，就没有这种资格。1974年我因为在村里干得好，又是村里的团总支副书记兼学校团支部书记，曾经被生产大队推荐到人民公社（相当于现在的镇），作为"工农兵大学生"的候选人，但因不是贫下中农的孩子还是被淘汰了。那时我多么希望能进入高考的考场，即使考不上也心甘情愿，但没有这种可能。

　　1977年是恢复高考的第一年，我曾经为之振奋，但当时报考的条件是：1966年毕业的高中毕业生可以是已婚的，但其他必须是未婚青年。我当时已经结了婚，又不是1966年毕业的高中生，所以没有资格参加高考。我想今生今世恐怕是没有参加高考的机会了，所以也没做高考的任何打算，安心在村里干民办教师，每月除了挣工分，还有8元钱的补贴，这是全家一个月的收入。

　　1978年高考前，公社教育组的领导在传达教育部关于高考文件时说：1966年、1967年、1968年毕业的老三届高中毕业生可以是已婚的，别的必须是未婚的。我又断了高考的念头，因为我是1967年毕业的初中毕业生，时称"小三届"，所以在思想上和功课上都没有做高考的任何准备。当时我正在教一个初中毕业班，学校和家长也都很重视中考问题，学校把学生分成快慢班，我任"尖子班"的班主任并上语文课，全力以赴辅导学生报考高中和中专。高考前大约40天的时候，我的一位在邻村教学的同事冒着雨来告诉我："你可以参加高考了！"我说公社教育组在传达文件时说我这种情况不能参加高考。她说："你的几个高中同学和你一样，都是结了婚的，都已经开始复习了，他们能行你怎么不行？你可以到公社教育组问一下，说不定有新的规定。"我赶忙冒雨到公社教育组问，教育组的领导说传达文件时漏了一条："30岁以下的已婚优秀青年也可以报考。""优秀"是弹性的，没有硬标准，这说明我也可以报考了。呜呼！这样的事怎么能随便漏掉呢？这不是误人终身大事吗！据说他们是故意隐瞒了这一条，以减少高考的竞争性，为个别要好的朋友参加高考增加几率。当时农村教育干部的思想狭隘可见一斑，他们不知道高考是全国性的竞争，以为乡里报名的人少了他们的人就能考上，结果他们的人还是落榜了，这是后话。当时我也来不及争辩，就赶忙回到学校准备应考。

　　不让考时想考，让考时又犹豫了。离高考还有40天，我没有任何思想准备和功课准备，谈何容易！高中毕业 7 年了基本没有复习过高中课本，何况当时学的语文、政治大部分是《毛主席著作》，物理、化学是"三机一泵"（拖拉机、柴油机、抽水机、水泵），生物是"三大作物一头猪"（小麦、玉米、棉花、养猪）。当时我的几位同事极力劝我报考，他们说得很实在："考不上不就是丢了五角钱吗！（当时的高考报名费是五角钱）怕什么，难得有这样一个机会，你为什么不拼一下，考就有上大学的可能，不考就没有上大学的可能。有什么困难我们帮你解决。"他们帮我从别处要了许多用各色传单纸印刷的高考复习资料，如语文、历史、地理、政治等。

在那一个多月里，许多事都凑在了一块：我是初中毕业班（尖子班）的班主任兼语文教师，全校教师和全村父老乡亲都把学生升高中和中专的希望寄托在我教的尖子班上，升学率低了我可承担不起责任，所以我必须认真教学。也正是在这一段时间，我爱人生孩子，也需要我照顾。所以我只能在上课之余复习功课。在那 40 天里，我睡觉时没有脱过一次衣服，晚上在煤油灯下复习功课，累了就睡，醒了就学。白天给学生上完课就躲到一个角落背高考复习题。后来，我侥幸考上了山东省北镇师范专科学校（现在滨州学院的前身），上了中文系（汉语言文学专业）。那一年我们村的中考成绩很好，有 20 多个学生考上了高中和中专，名列全乡第一。与我共同教初中毕业班的数学、物理、化学老师也都分别考上了中专（那时候高中生既可以考大学也可以考中专，他们三个报的是中专，我报的是大专）。转过年来村里的中考成绩下降了，村里人说好老师都走了。其实与下一届的生源有很大关系。

1979 年国家规定只有未婚青年才有资格参加高考，所以我一生中只有那一次高考机会，被我侥幸抓住了。在我上高中的那一届学生中（四个班），正式参加高考上大学的只有我一个（不包括推荐上学的工农兵大学生），所以我又是幸运的。

我所在的山东省北镇师范专科学校七八级语文系中文专业班，共 43 个人，30 个结婚的，有 66 个孩子。年龄最大的 37 岁，最小的 17 岁，只有两个是应届高中毕业生。当时大学的教材也比较简单，一些年龄大的同学大部分是民办教师，上学主要是为了转非农业户口，干个公办教师，所以学习也不是很刻苦。我因为考学难，所以特别珍惜这次学习的机会。在北镇师专上学的两年，我每天晚上都要学到 11：30，星期天也很少休息，被系领导树为系里的"刻苦学习标兵"，考上研究生后还多次被邀请回去给学弟学妹们介绍刻苦学习的经验。

由于我每天晚上回宿舍比较晚，往往一开门就惊醒一些睡着的同学，引起他们的不满。为了弥补这个过失，我承包了全宿舍6人的洗脸水。那时候宿舍区没有洗手间，每天早上轮流到较远的地方提水。我每天晚饭后去教室就带上两个空桶，回宿舍时提着两桶水回去，同学们也就不用排值日了，整个两年的洗脸水都是我提的，我也没有觉得吃亏，反而觉得是个锻炼身体的好机会。许多事情都是这样，如果你认为吃亏了，就会越想越生气，心理不平衡——凭什么我给他们提水！如果你把它看作是一次锻炼身体的机会，就心理平衡了——难得给同学们做点好事，也能从同学们的赞扬中得到满足。在北镇师专上学的两年，我的各门功课都是优秀，所以毕业时被留校任教了。有几个同学在毕业时深有感慨地说："我们这两年实际上也就学了一年的东西，而你实际上学了三年的东西，吃同样的饭，收获不一样啊。"

当时我们几个留校任教的是专科毕业教专科，往往被分配来的一些本科大学生瞧不起。我们只能刻苦自学，弥补学业上的不足。1985年7月我在大专毕业五年后又考取了山东师范大学教育系的脱产研究生，师从鲍兆宁教授学习教学论。那年我33岁，比我的师弟师妹们整整大10岁。那年我所在的滨州师范专科学校（由北镇师专改名）有三名教师考上了研究生，全都是我们这些留校的专科生，那些瞧不起我们的本科生服气了，学校领导也感叹当初1977、1978两级学生应该多留校几个，这两届学生的基本素质高，责任心强。

我在读研究生期间一边学习，一边给本、专科生兼课，同时还担任学校研究生会主席，忙得要命。我当时的时间分配是：学习和科研占1/3的时间，给学生上课占1/3的时间，研究生会的工作占1/3的时间。由于工作学习头绪多，休息的时间少，有一次竟晕倒在学校浴池里。

在读研究生的三年时间里，我发表了13篇论文，和别人合写了两本书。我的硕士学位论文，毕业后修改成了一本19万字的专著——《一种速成教学法——暗示教学的理论与实践》，1993年5月由云南教育出版社和四川教育出版社联合出版，分平装和精装两种版本（两个书号）。《山东师范大学学报（社会科学版）》1994年第4期发表了孙克瑞先生的书评：《绝知此事要躬行——评〈一种速成教学法——暗示教学的理论与实践〉》，认为该书是"我国关于暗示教学的第一本专著"。该书于1994年12月被评为山东省教委哲学社会科学优秀著作二等奖（全省共两个二等奖），山东省第九次社会科学优秀成果三等奖。

我任职的那一届研究生会工作特别认真，大家配合得也特别好，学校领导对我评价很高。当时一些名人如之后在中央电视台做主持人的倪萍，在电视连续剧中扮演唐僧的徐少华等人，正在山东艺术学院成人大专班学习，我经常邀请他们到山东师大给研究生演出。当时我们研究生会没有钱，他们也不要报酬，觉得能给研究生这个层次的人演出是件很光荣的事。每次演出活动都是人员爆满，有时候只得中途调换大的演出场所。

我在任研究生会主席的时候把文体活动、学术活动搞得轰轰烈烈，深得学校领导的赏识。

（三）专业错位：我大学学的是汉语言文学专业，毕业后却教了教育学和心理学；我研究生学的是教育基本理论，毕业后却教了经济学

1980 年我在北镇师专毕业后留校任教，学校领导让我改专业教教育学和心理学两门课，我当时极不情愿。因为我对文学特别感兴趣，两年的时间背过了 400 多首古诗词，读了大量的文学作品，学习成绩也好。但当时学校缺乏教育理论方面的教师，就让我改专业了。我一边自学教育系本科的课程，一边教学。上大学时我还不会英语，刚恢复高考后的专科学校也不开设公共外语课，所以我是大学毕业后才开始自学英语的。1985 年，我以汉语言文学专业的大专学历考取了山东师范大学教育系的研究生。

由于我任山东师大研究生会主席时工作比较出色，深受学校领导的赏识，所以毕业时学校领导多次到研究生宿舍动员我留校。1988 年 7 月 22 日研究生毕业，而我的人事档案在 7 月 20 日就转入了山东师大人事处，被提前留校了。当时的山东师大领导起先打算把我留在科研处，准备筹备研究生处，后来管梅谷校长又把我要到校长办公室。实际上我还没上班，工作就已经变了几变。学校领导在找我谈话时说："我们准备对你重用。"至于怎么重用，由于我没有留在山东师大，就不得而知了。现在想想，如果留在了山东师大，可能发展得比现在要好。

当时山东师范大学住房比较紧张，我留校后只能解决一间住房（这还是校党委特批的，因为许多讲师等着结婚还申请不到一间房子，而我当时还没有职称）。但我

毕业时已经 36 岁了，上有老父，下有幼女，一家三代四口人一间房子没法住。所以我提出来要走。当时由于我条件比较好：中共党员、研究生会主席、有多年的教学经验、科研成果比较多，36 岁又是教学科研的旺盛期，所以许多大学都愿意接受我，并给我解决住房问题。1988 年财政部在济南建一所直属大学——山东财政学院，他们正在积极招聘人才（现在已与山东经济学院合并更名为山东财经大学），当时的人事处处长动员我到财政学院工作，并保证有三室一厅的住房。为了生活问题，我就到山东财政学院工作了。在山东财政学院一干就是 13 年，直到 2001 年 5 月调到天津市教育科学研究院。

现在想想马斯洛的需要层次理论很有道理，人在生活困难的时候首先想到的是生存而不是专业。那时候我爱人孩子都在农村，生活已经贫困到极点，我毕业后的第一个念头就是先把家搬出来，全家团聚。当时的想法是哪个单位给我房子帮助我解决生活困难，我就到哪个单位工作，干什么都行。我到山东财政学院工作后，有了房子，丢了专业，财政学院没有《教育学》之类的课程。起初我在教务处、科研处做管理工作，之后到社会科学部教《大学生德育》，再后来到国际经济与贸易系教《国际贸易》和《中国对外贸易》课程，也给研究生上《社会科学研究方法》课。

特别是教《国际贸易》和《中国对外贸易》课，对我来说难度很大，我没有系统学过经济类的课程，也没有出去进修过一天。只是在这之前我对中国"加入关贸总协定"问题感兴趣，并编写出版了《关贸总协定知识讲座》和《关贸总协定实用大全》。我一边自学，一边教学，也读了不少经济学方面的书。

我上大学学的是汉语言文学专业，毕业后却教了教育学、心理学专业；我研究生学的是教育学专业，毕业后却教了经济类专业。我曾经想：如果我研究生毕业留在山东师范大学，一直从事教育学的教学和研究工作，在专业发展方面肯定比现在要好得多；如果我改专业后一直从事经济学的教学和研究工作，现在也可能在经济学领域小有成就。

后来我在山东财政学院任教务处副处长、高等教育研究所所长，平时却热衷于中小学的教学研究，许多人不理解，他们说中小学还有科研吗？我写的文章和书大部分是关于中小学教育教学方面的，所以有许多成果在大学评职称不算数。那时候我只能算是个业余教育科研工作者，利用双休日和假期时间到中小学和幼儿园搞教改实验。但也往往引起人们的误解——一个经济院校的老师怎么能懂中小学的教学？

每次讲课前总要先做一番自我介绍，反复说明我研究生是学教学论的，曾在师范院校教过多年的《教育学》和《心理学》。但总感觉名不正言不顺。在大学里人们认为我跑中小学是不务正业，在中小学里人们认为我不是教育科研单位的。也正是为了能名正言顺地搞教育科研，2001 年 5 月我才作为"引进人才"调到天津市教育科学研究院工作，成了一名专职教育科研人员。

这么多年我经常改专业，吃尽了苦头，但也有许多体会：

第一，多次改专业，培养了我很强的自学能力和良好的自学习惯。我每改一个新的专业，都必须从头学习这个专业的本科课程，并且都是自学。我一天也没有专门出去进修过，包括英语也是自学的。所以我现在特别强调培养学生的自学能力。特别是随着市场经济的发展，每个人都不能保证自己终生不改行。过去说"活到老，学到老"，是作为一种美德来赞扬别人的，而现在是一种生存的需要。

第二，虽然多次改专业，但我对教育科研始终没有放弃。这么多年来我教过中小学《语文》、大学《教育学》《心理学》《国际贸易》《中国对外贸易》，横跨汉语言文学、教育学、经济学三个一级学科，但最喜欢的还是教学研究。所以在山东财政学院工作的十几年里，我虽然几次变换工作岗位，但始终没有放弃教育科研工作。我先后承担了山东省教育科学"八五"规划重点课题——"提高课堂教学效果，减轻学生负担的愉快教学实验"；结题后又承担了全国教育科学"九五"规划课题——"和谐教学的研究与实验"。2002 年又承担了全国教育科学"十五"规划教育部重点课题——"培养学生'四会'能力的和谐教育实验"。2006 年又承担了中国教育学会"十一五"重点课题——"提高课堂效率、减轻学生负担的整体建构和谐教学实验"。现在都已结题。

（四）教学错位：我教过小学、初中、高中、专科、本科、研究生，就是没有教过幼儿园，但在幼儿园也搞了多年教改实验

我之所以对中小学的教学比较熟悉，也得益于我在上大学之前的那段工作经历。我教过六年小学和初中，在师专毕业实习的时候，在桓台县第一中学教了一个月的高中，所以从小学到初中、高中、专科、本科、研究生，每个阶段我都教过，就是没有教过幼儿园，其实我在幼儿园也搞了多年实验。如山东省济南工商银行幼儿园、

2002 年任山东兖州孔子学府校长

济南空军机关幼儿园、济南天桥区实验幼儿园，天津市塘沽区第一幼儿园，河南省郑州市、安阳市的部分幼儿园等，都曾是我的实验协作单位。

我教小学时特别羡慕初中教师，盼望着什么时候也能教初中，因为我送的毕业班才去给人家当学生；我教初中时又羡慕高中教师，当高中教师时又羡慕大学教师。等我教了研究生以后才明白，当大学教师与小学教师是一样的，只要你站在研究的角度看待你的工作，每天都会有新的发现，每天都有成就感。就像那些昆虫学家，每天与苍蝇、蚊子打交道其乐无穷；就像居里夫人那样，为了探索镭每天工作在实验室与沥青打交道，也不感觉寂寞。如果现在让我回到小学工作，我也不觉得掉价，因为我会以科研的心态来对待小学的教育教学工作，其成就感不比当一个大学教授的成就感小。看看全国那些有名的小学特级教师，他们的知名度和成就感不比大学教授小。

这么多年的教学研究经验告诉我，搞教育教学研究的人，知识面要广才行，没有讲台教学经验不行，没有丰富的阅历不行，没有广博的知识不行，没有吃苦耐劳的精神不行。有时候我到一个学校去听课，一天连续听 7 节课，还要评课，一直到晚上 9 点钟，累得饭也不想吃。有时候到农村学校听课讲课，晚上就睡在民办教师的土炕上。他们过意不去，说："你是大学教授，这样太委屈你了。"我说："我是民办教师出身，农民出身，没有吃不了的苦。"到现在我潜意识里觉得自己还是个农民，是个民办教师，一个人的本色很难改变。

有一年我得了急性肺炎需要注射青霉素，但已经与一个乡镇教委约好了搞讲座的时间，我不愿意让几百个中小学老师因为我而变更活动计划，于是我就带着针剂下乡，在课间休息时到附近的卫生所注射针剂。

多年来我一直活跃在全国各地的在中小学和幼儿园的校园里，不是讲课就是听课、评课，练就了评课的硬功夫。从幼儿园到高中，碰上什么学科的课都要听，听了还要立即评课，要评到点子上，要让上课的教师心服口服，这不容易。你不仅要告诉上课的教师哪里不行，还要告诉他怎么做才能行，要多提建设性的意见。现在我一年要听课 700 多节，这些课都是课后马上公开点评，不需要有专门的准备时间。

有一次，我到北京市海淀区一所中学听课，听一位即将退休的女教师给高中生讲评作文。由于我在评课时比较客观，所以这位老教师激动地说："我教了一辈子学，还没有人这么深刻地评过我的课。"学校的校长也说："今后您再来时，我们把全校的老师们集合起来，让他们知道什么是评课。"一次我在福建省一个重点高中听课、评课，一上午连续听了 3 节语文、数学、化学，第四节课就是大会评课。该校的校长（兼县教育局的副局长）深有感触地说："今天上午王教授从进教室拿到课本，连续听了 3 节课，中间没有准备的时间，马上就是大会评课，这就是实战演习，没有过硬的功夫做不到这一点。"

有些人为了评职称，东拼西凑写文章，托关系去发表。可我多年来由于投身于教育科学实验，每天都有许多新的问题需要思考，每天都获得许多新的信息和资料，所以总觉得有写不完的东西。截至 2013 年年底，我已经公开出版 45 本书（包括专著与主编），公开发表 200 多篇论文，有的论文被《新华文摘》杂志、中国人民大学复印资料和《香港商报》全文转载，在国内外引起较大反响。

（五）科研之路：一次偶然的机会使我搞起了教学改革实验，一搞就是二十多年，我搞教学实验是"先生孩子后起名字"

1986 年上半年，我在山东师范大学教育系从师鲍兆宁教授读研究生的时候，曾潜心研究暗示教学理论，并在山东师范大学文史楼做了一场学术报告，题目是：一种速成教学法——暗示教学。目的是客观地介绍保加利亚心理学家乔治·洛扎诺夫

（Georgi Lozanov）创立的暗示教学法。据说这种教学法能使不会外语的人一个月学会外语，不识字的人三个月学会读文章。可能海报太醒目，"速成"二字又太诱人，所以好多大学生、研究生和教师都参加了报告会，能容纳 200 人的合堂教室挤得水泄不通，窗台上、走廊里都挤满了人，教室外面也站了许多人。当时的山东师范大学校长、著名的数学家管梅谷教授也参加了报告会，他没能挤进去，只是在门外的走廊里站着听了两个小时（这是我事后才知道的）。本来作为一场学术报告讲完了也就过去了，没想到这件小事却成了我从事教改实验的契机。

　　1986 年暑假，在济南市南郊宾馆召开了一次国际图论（数学的一个分支）会议，有 20 多个国家的代表参加，管梅谷校长是中方主席。济南市南郊宾馆是山东省政府招待所，平时很少接待外宾，服务员都不会说外语，一下子来了这么多外国客人，服务员不会说外语给接待工作带来了麻烦。所以会后南郊宾馆的领导找到管梅谷校长，要求山东师大培训他们的服务员学外语。管梅谷校长满口答应，并保证他们的服务员一个月会说宾馆日常用语。1986 年暑假后我一返校就被管校长叫到办公室，同时还把山东师大外语系的主任和外语培训中心的主任叫了去，要求我们为南郊宾馆培训服务员学英语。管校长对我说："你不是说有一种速成教学法能使人一个月学会外语吗，现在由你设计教学方案，外语系出师资，外语培训中心出设备和具体组织，你们三家负责完成培训任务。"对此我毫无思想准备，赶忙辩解："我只是介绍国外有这么一种教学法，在国内实验的很少，我也从来没想到要搞实验，万一失败了怎么办？"管校长当时态度很坚决，他说："国外既然能搞我们为什么不能搞？只要是科学的东西就要大胆实验，失败了不要紧，有什么责任我承担。"我当时真佩服管梅谷校长那种对教学勇于改革，对新生事物积极扶持的气魄。正是在管校长的督促支持下，我才与外语系的李丽菲老师、外语培训中心的王方良主任合作承担了这次教改培训任务。

　　为了设计实验方案，我专程到华东师大拜访了最先向国内介绍暗示教学法的洪丕熙教授和外语教学专家吴棠教授，并在返回济南的火车上草拟了实验方案。济南南郊宾馆第一期英语学习班有 16 名学员，教学方法严格按保加利亚的暗示教学模式：16 名学员成半圆形排列，教师伴随音乐介绍课文，采取英汉对照的办法，让学员分角色表演。执教的李丽菲老师（现已定居英国）口语流利，头脑聪明，创造性地执行了我的实验方案。第一期学习班一个半月，授课 108 小时，16 名学员从 26

个英语字母开始学起，掌握了 800 个英语单词，四种英语时态和一些基本的语音、语法知识，能听写英语长句子，具备初步的英汉互译能力，能比较熟练地进行宾馆英语会话，语音语法比较正确。当时在山东师大外语培训中心工作的美国专家克罗斯比（Crosby）先生看了第一期学员的表演后高兴地说："你们的英语讲得很流利，太好了！"《大众日报》1986 年 12 月 2 日做了专题报道：《暗示教学在我省首试成功》。之后我们又在山东铝厂招待所、齐鲁石化公司天齐宾馆办了几期外语培训班，在山东师大用暗示法培训出国人员，都取得了很好的效果。

在成人外语教学中的实验成功使我受到了很大启发：暗示教学法在我国的实验虽然远未达到国外那种神奇的效果，但毕竟比传统教学法前进了一大步。能不能把这种教学法推广到中小学各科教学？正是基于这一目的，1989 年 4 月，我与山东师大外语培训中心合作在山东师大办了一期"山东省暗示法实验教师培训班"，参加培训班的 40 名中小学教师来自全省各地，承担不同学科的教学。这是第一次系统地培训实验老师，参加这次实验班的有些老师，如蓬莱市易三实验小学的王军清老师、淄博市临淄一中的王萍老师、文登市文峰小学的顾秀霞老师等，后来都成了我们课题组的骨干力量。

1990 年下半年，我与山东省邹平县教研室和淄博市临淄区教研室合作，首先在初中生物、历史、地理、数学教学中推广苏联教育家沙塔洛夫的纲要信号图示教学法，在中小学的语文、英语、数学教学中推广暗示教学法，我们简称"两种愉快教学法实验"。两种教学法源自两个不同的国家，理论体系和教学模式也大不相同，没有必然的联系。起初我们是在不同的学科分别实验的，实验进展顺利，范围不断扩大。1991 年 7 月，在山东省淄博市临淄区政府、区教育局、临淄一中、临淄三中的大力支持下，由我主持召开了"全国首届暗示教学法与沙塔洛夫教学法研讨会"（简称"两法"研讨会），有 9 个省、市、自治区的 150 余名代表出席会议。在和谐教学的形成与发展中，这届会议具有里程碑的意义。正是这届会议把全国众多从事"两法"研究和实验的仁人志士团结在一起，使过去松散的自发的实验转变为一种有组织、有计划、有系统的实验。也正是这届会议把原本毫无联系的两种教学法拉到了一块，使各自从事一种教学法实验的人从另一种教学法中受到了启发，自觉地把两种教学法融合在一起，这便是和谐教学法形成的基础。

1992 年 7 月，在山东省蓬莱市教育局的帮助下，我们在蓬莱市召开了"全国第二届暗示教学法与沙塔洛夫教学法研讨会"。在这届研讨会上，我正式提出了"两法合一"的问题，并为会议确定了主题："学两法，融百法，自成一法"。但当时还没提出"和谐教学"的概念，主要是利用了暗示教学法的基本模式和课堂音乐，吸收了纲要信号的板书艺术，当时叫"愉快教学法"。所以 1992 年我申报的山东省教育科学"八五"规划重点课题是"提高课堂教学效果，减轻学生负担的愉快教学实验"。辽宁的魏书生老师和江苏的邱学华老师到济南讲学时听了我的汇报，都建议我改个名字，不要叫"愉快教学法"，因为当时上海已经有"愉快教育"了，以免给人雷同的感觉。

1992 年 12 月，课题组在山东省邹平县实验中学召开了"纲要信号专题研讨会"，在会上我建议大家想一个更好的名字取代"愉快教学法"。经过半年的讨论和思考，邹平县实验中学建议叫"和谐教学法"，胜利油田八中建议叫"愉快达标教学法"，另外还有一些别的提法。我觉得叫"和谐教学法"更合适，于是 1993 年 8 月我们在济南召开了"山东省第三届'两法'研讨会暨首届和谐教学法研讨会"。在这届研讨会上，我系统地阐述了"和谐教学法"的定义、基本原理、教学原则和课堂教学程序。这届研讨会标志着"和谐教学法"的初步形成，之后，我们正式把"愉快教学实验"改为"和谐教学实验"。

1994 年 8 月，我们课题组又在济南市召开了"山东省第二届和谐教学法研讨会"。在这届研讨会上，我又对和谐教学的课堂教学程序（模式）做了修改，和谐教学渐趋成熟。

1995 年 6 月 24 日，我们这项实验课题作为山东省教育科学"八五"规划重点课题，正式通过了省级鉴定。1995 年 8 月，我们在北京市召开了"山东省第三届和谐教学法研讨会"，并邀请了国家教委基教司、中央教科所、《中国教育报》、北京市教育局以及北京市部分大中小学的领导和专家出席会议。这届研讨会后我们的和谐教学实验引起了国家教委、中央教科所及外省市有关领导和专家的重视，《中国教育报》1995 年 10 月 3 日 3 版以《愉快·和谐·高效——和谐教学法实验》为题对和谐教学法进行了整版报道。中央教科所教育实验研究中心于 1996 年 1 月正式决定把和谐教学立项实验，并对和谐教学的内涵提出了许多指导性的意见。1996 年 8 月，我撰写的《和谐教学概论》一书由中国物价出版社出版，标志着和谐教学理论体系的正式形成。

从 1986 年开始实验到 1996 年和谐教学理论体系的形成，整整用了十年的时间，可谓"十年磨一剑"。回顾这段实验历史，我们称之为"先生孩子，后起名字"。许多教育理论工作者搞教育实验都是先起名字，提出假说和理论构想，再进行验证性实验；而我们是在实践中先总结经验，再上升到理论，是一种探究性的实验，是先搞实验，后起名字。

二、与新课改同行

2001 年 5 月我作为天津市的"引进人才"，正式调入天津市教育科学研究院，成为一名专业的教育科研工作者，实现了我多年的梦想。我不求官，不求财，只求能名正言顺地研究基础教育，把和谐教学法的实验持续下去。我到天津教科院工作正赶上全国第八轮基础教育课程改革试验。新课改是个新生事物，一开始大家都不是太明白，谁跑在头里谁就是专家。由于我多年来一直在中小学的课堂搞实验，和谐教学的理念又与新课改的理念吻合，所以我对新课改有一种本能的亲切感和熟悉感，和谐教学法的实验也如鱼得水，与时俱进，在课程改革的过程中不断发展完善。近十几年来是我教育科研的旺盛期。从 2002 年到 2013 年这十二年，我公开发表 170 篇论文，平均每年发表十几篇；编写出版了 12 本书；主持完成了一项全国教育科学"十五"规划教育部重点课题，一项中国教育学会"十一五"规划重点课题，两项天津市教育科学规划"十五"和"十一五"教育科学规划重点课题。每年都承担 1～2 项院级重点课题。获得一项第三届全国教育科学研究优秀成果三等奖（2006，教育部），一项天津市第十届社会科学优秀成果三等奖，一项天津市教育系统优秀调研成果一等奖，多项院级优秀成果一等奖。

教育科研工作者不能搞纯理论研究，不能整天坐在阅览室里查资料、写文章，要深入基层，为中小学的教育教学改革服务，要帮助他们理解新课改的理念，解答他们在实践中遇到的问题，推广新课改中出现的先进经验。

（一）宣传新课改的理念

在课改初期，我做了许多关于新课改理念的普及工作，督促自己学习新课程的理念，自己先做一个明白人，才能指导中小学教师搞课改。2001 年调入天津教科院后，我首先任职业与成人教育研究所的所长，2003 年才转任基础教育研究所的所长，所以写的有关新课改的文章大部分从 2003 年开始。为了帮助中小学教师尽快理解新课改的理念，我在《天津教育报》开辟专栏，发表了一系列文章来解读新课改的理念。我尽量用通俗的语言来解读新课标，力求一篇文章回答一个问题，让大家觉得新的课程标准和教学理念并不深奥。如：《新课程"新"在何处》（2003.2.28），《课程标准与教学大纲有何区别》（2003.3.14），《教师为什么要树立课程意识》（2003.3.28），《新课程为什么提出三维的课程目标》（2003.4.25），《新课程怎样评价一堂课》（2003.5.16），《新课改为什么要整合课程与教学——兼谈课程与教学的区别与联系》（2003.5.30），《评价学生应注意什么问题》（2003.7.4），《怎样理解"变革学生的学习方式"》（2003.8.6），《现代学习方式有什么特征？》（2003.9.26）。

另外我还在《中国教育学刊》2003 年第 8 期发表了《课程与教学的关系与整合》的文章。2002 年我编写了 18 万字的《明明白白搞课改——教师参加新课改知识问答》一书，作为课程改革的普及读物指导老师们搞课改。这本书很受欢迎，老师们普遍反映："语言通俗，问题清楚，一看就懂，一用就灵。"2003 年我又正式出版了《新课程教师怎样上课》和《新课程理念的和谐教学》两本书。在课改初期，这些文章和书的发表与出版，对于广大中小学教师尽快进入新课改起到了一定的推动作用，我也尽到了一个教育科研工作者应尽的责任。2003 年到 2011 年是我写作的高峰期，每年都公开发表十几篇甚至二十多篇文章，大部分都是与新课改有关。可以说是新课改激发了我的写作热情，推动了和谐教学的发展。

2006 年天津市普通高中进入新课改，我作为市教委普通高中课程改革专家组的成员，除了深入课堂指导课程改革外，还在《中国教育报》《人民教育》《中国教育学刊》《上海教育科研》《天津教育》《天津市教科院学报》等报刊发表了三十多篇关于新课改的文章，解答老师们在课改中遇到的疑难问题。这些文章也都是通俗易懂的，尽量避免那些抽象的概念和学术语言。

　　如我在《天津教育》杂志发表的有关新课改的文章：《如何理解和落实三维的课程目标》（2006.1），《在新课程教学中怎样"用好教材，超出教材"》（2006.2），《评价是为了促进学生的发展》（2006.5），《怎样评价教师的教学水平》（2006.7），《教学的首要任务是激发学生的潜能和责任感》（2006.9），《课堂教学有效性与价值取向》（2006.11），《高中新课改：一线教师的困惑与建议》（2007.1），《新课程怎样开发课程资源——中小学语文、英语主题式单元教学的构想》（2007.2），《关于普通高中校本课程开发的若干问题》（2007.3），《单元整体教学思想在数学教学中的运用》（2007.6），《把握教材是教师永远的基本功》（2007.7），《教师在课堂教学中应扮演什么角色》（2007.9），《试谈"讲练结合"的七种方式》（2007.10），《关于学生综合素质评价中的"爱祖国"评价问题》（2007.11），《在语文教学中怎样运用整体建构教学法》（2007.12），《新课改应关注什么》（2009.1），《教师怎样自评一节课》（2009.4），《统一的教学模式是学校教学成熟的标志》（2010.6），《学校三级建模的思路和方法》（2012.10）等。

　　如我在《人民教育》杂志发表的关于新课改的文章：《课程改革中的放权与用权》（2007.11），《探寻课例的深层价值》（2008.3），《高效课堂的四个要件》（2010.6）等。

　　如我在《中国教育报》发表的关于新课改的文章：《"整体建构教学"主要是建构什么？》（2007.10.26），《如何评价"同课异构"的课》（2007.12.21），《集体备课主要应该研讨什么》（2010.3.5），《普通教师也能创立自己的教学法》（2010.6.4），《蔡林森的课改辩证法》（2012.5.23），《靠集体力量提升教师专业能力》（2012.8.5），《发展中的蔡林森教育思想》（2012.12.3），《赋予传统"说课"新说法》（2013.4.3）等。

　　如我在《天津市教科院学报》发表的关于新课改的文章：《课改后高中毕业会考应如何改革》（2007.6），《从温总理的评课看如何提高课堂教学质量》（2010.3），《中小学教学内容的四次转化和建构》（2011.5）等。

　　如我在《上海教育科研》杂志发表的关于新课改的文章：《课改后我国与部分发达国家中小学课程设置的比较分析》（2007.12），《高中新课改要破解五道难题》（2008.4），《高中学生综合素质评价的虚化现象及对策研究》（2009.10）等。

　　如我在《中国教育学刊》发表的关于新课改的文章：《"同课异构"教学反思例谈》（2008.6），《在研究中行动 在行动中研究——改革开放三十年群众性教学实验述评》(2008.11),《课改背景下为什么缺失名师》(2009.5) 等。

另外,我每周都到中小学搞讲座和听课评课,宣传新课改的理念,指导中小学教师的课堂改革。近七年来我每年在二十多个省、市、自治区的中小学听课、评课 500～600 节(退休前约 500 节,退休后约 600 节)。

(二) 为政府教育决策服务

作为一个专业的教育科研工作者,我们一方面是为上级政府部门的教育决策服务;另一方面是为中小学的教育科研服务。如我 2001 年到天津教科院承接的第一个院级重点课题就是"天津市能否普及 12 年义务教育?"在 2001 年下半年召开的天津市基础教育工作会议上,市委市政府明确提出"十五"期间的发展目标是:"要高水平、高质量普及九年义务教育,义务教育入学率保持 100%;高标准普及高中阶段教育,入学率达到 95%以上。"而北京市当时提出"力争到 2010 年,在全市分期分批实行 12 年义务教育"。普及高中阶段教育与实行 12 年义务教育有何不同? 发达国家是否都已实行了 12 年义务教育? 在 21 世纪的前十年,天津市应该"高标准普及高中阶段教育"还是"实行 12 年义务教育"? 市政府委托教科院来论证这些问题,这个任务就交给了我。我通过查阅世界各国的资料,调查天津市的现状,分析了普及教育与义务教育的不同,得出了天津市不宜实行 12 年义务教育的结论:当时"世界上只有 13 个国家实行了 12 年义务教育。一些经济发达国家没有实行 12 年义务教育可能是基于两方面的考虑:一是对延长义务教育的年限持慎重态度,因为这需要大大增加对教育的投资才行。二是可能他们认为普及高中阶段教育和高等教育不一定采取义务教育的形式。一些发达国家或地区目前已经普及了高中阶段的教育,甚至有的已经普及了高等教育,但并没有实行 12 年义务教育。从他们对初等和中等教育的投资来看,并非不具备 12 年义务教育的条件,而是没有这么去做,可能考虑到有必要让受教育者承担一部分教育费用。"所以我建议天津市在"十五"规划期间不要实行 12 年义务教育。这个建议被市政府采纳了。事实上北京市至今也没有实行 12 年义务教育,说明当时的提法没有经过科学的论证。

如针对基础教育课程改革后学生负担过重的问题,天津市分管教育的副市长张俊芳同志要求我们论证分析:与发达国家相比,我们国家中小学的课程设置是否合理？如何切实减轻中小学生过重的课业负担？作为院重点课题，我主持了"课改后我国与部分发达国家中小学课程设置的比较分析"课题，文章发表于《上海教育科研》2007年第12期。我们通过大量的资料和数据分析得出的结论是：

（1）我国小学的课程和部分发达国家相比，门类的选择和设置比较合理，但有些科目的落实不容乐观。

（2）我国小学阶段的全年总课时数高于部分发达国家，课时的安排也不够灵活。

（3）我国初中课程设置的必修课门类和课时偏多，语文、数学的周平均课时多于发达国家。

（4）我国高中的课程和部分发达国家相比，必修课的门类和年课时数偏多，选修课比例偏低。

这项课题受到了市政府领导的好评。文章发表后引起了较大反响，天津《城市快报》《今晚报》，北京《现代教育报》，人民网等许多报纸和网站都进行了转载和报道。该课题获天津教科院2007年优秀成果一等奖。

天津市普通高中进入新课改后，我承担了天津市普通高中综合素质评价方案的研制工作。经过近一年的时间，我到先期进行高中课程改革的海南、山东、广东、宁夏四个省区进行调研和考察，结合天津市的实际情况，制定出《天津市普通高中综合素质评价方案及实施细则》，市教委下发红头文件在全市普通高中实施。

2010年12月，受天津市委常委、市教育工委苟利军书记的委托，我主持了"天津市中小学和幼儿园公共安全教育课程实施指南"的课题研究。经过五个多月的努力，我们编制了《天津市义务教育阶段和幼儿园公共安全教育课程实施指南》，受到苟利军书记和张俊芳副市长的批示称赞，市教委也专门下发了红头文件，要求各中小学从2011年下半年开始开设公共安全教育课程。这项课题获天津市教育系统第七届优秀调研成果一等奖的第一名。

到天津教科院工作后，我每年都承担1～2项院级重点课题，为上级部门教育决策服务。另外我还参与了《国家中长期教育改革和发展规划纲要（2010—2020年）》的子课题研制工作，参与了《天津市中长期教育改革和发展规划纲要（2010—2020年）》的制定工作。这些决策研究虽然与我的和谐教学的研究没有必然的联系，但却开阔了我的视野和思路，了解了国家和全市教育的发展趋势，有利于我对基础教育课程改革和课堂教学改革的理解和深化。所以搞教学改革和课堂研究的人，最好参与和了解一些国家宏观的教育决策和形势，才能做到高屋建瓴。

（三）推广新课改的典型

这几年，我在宣传和实践新课改的同时，也在不断发现和总结一些新课改的典型，以典型经验带动课程改革的深化发展。对于一线教师来说，他们更希望看到活生生的典型，因为从学习了理论到实际操作还有很长的路要走，他们希望找到一条近路，这就是学习借鉴一些先进学校的经验，有些拿来就用。

正当大家对新课改后的教学无所适从的时候，我在《中国教育报》2001年9月5日3版发表了《每堂课教师只讲4分钟——洋思中学经验给我们的启示》。我的文章一发表就在全国引起了爆炸性的反响（这是《中国教育报》的编辑形容的），使洋思中学的经验一炮走红，迅速影响到全国。时任《中国教育报》教学版的主编王增昌编审告诉我，文章发表后他们的电话几乎被打爆了，大家都在问：到底怎么回事？我一堂课40分钟都讲不完，他们4分钟怎么讲？随后全国各地的中小学教师纷纷涌向洋思中学，他们带着疑问、好奇和学习的心态来到这里，看看课程改革后的课堂到底怎么上。洋思中学成了中国基础教育课程改革的第一个典型。

《香港商报》2002年3月10—19日对我的文章分五期进行了连载，在东南亚华人地区也引起了很大的反响，香港大学的校长带着20多个人专程到洋思中学来考察。直到现在这篇文章还在网上不断被转载，很多学校把文章印发给每个教师作为校本培训的必读文章。时间虽然过去了十多年，但这篇文章的观点并不过时，仍有现实意义，文章中提到的许多问题在课改十年后的今天在许多地区仍然没有解决。

我的文章发表后有许多人到洋思中学听课时看着手表，看他们是不是只讲4分钟。如何理解这4分钟，我是这样想的。一是源于当时洋思中学的蔡林森校长的一句话："我们一堂课只讲4分钟就可以了"；二是4分钟也是为了引起读者的注意，实际在讲课中教师根据教学的内容和学生情况，可能有的讲3分钟就可以了，有的可能要讲五六分钟；三是课堂的组织语言与纯粹讲解教学内容的语言要分开，不是说老师在课堂上只说4分钟的话，而是真正分析概念和课文的时间有4分钟就差不多了，其余的时间都是学生自学和讨论。蔡林森校长曾有一句话："一堂课教师一句话不说，学生都会了也是一堂好课。"这些都是对"4 分钟"的理解。过后《中国教育报》的编辑王增昌老师告诉我，文章在发表前编辑部领导觉得"每堂课只讲 4 分钟"的题目太扎眼，建议换个题目。王增昌老师说"换了题目就没人看了"，还是坚持这个题目，所以引起了轰动性效应。

2010 年洋思中学的老校长蔡林森又写了一篇文章《每堂课岂能硬性规定教师只讲几分钟》，要在《中国教育报》上发表。在发表之前蔡校长把文章传来征求我的意见，意思是与我当年的文章观点相悖，是否合适。我看了后同意他的观点，我说：当初每堂课教师只讲 4 分钟是您说的，在课程改革初期，以行政的手段要求教师少讲是为了转变教师的教学观念，很有必要。在课程改革十年后的今天再硬性规定教师只讲几分钟就有些机械了，因为大部分教师对新课程的理念已经理解并在行动中落实，要根据教学内容和学生的情况灵活变通，不能硬性规定教师只讲几分钟，这就是辩证法。从限制教师多讲，到老师自觉少讲，这是课堂改革的进步，所以您的观点是合理的。后来这篇文章发表在《中国教育报》上。

近十多年来我一直关注洋思中学和蔡林森校长的教学改革，之后又陆续在《天津教育》等杂志发表了几篇关于洋思中学的文章，实际上也是我学习洋思中学经验的体会，如《没有教不好的学生——洋思中学大面积转化"后进生"的启示》《最好的教法是不教——有感于洋思中学的课堂教学模式》《上课要像考试一样紧张——评介洋思中学的课堂教学理念》等。

2011 年 12 月 11 日，江苏省教育科学研究院在洋思中学召开"学习洋思中学经验交流会"，有 31 个省、市、自治区的 1500 名代表参加，我应邀到会做了大会演讲《课堂教学的辩证法》，点评了洋思中学的课堂教学改革经验。

2011 年在洋思中学演讲

2006 年蔡林森校长退休后，应任太平董事长的邀请，到河南省沁阳市永威学校当校长，继续进行"先学后教"的课堂教学改革实验，我也应聘为该校的办学顾问。我多次到该校学习和帮助工作，也在报刊介绍永威学校的经验。如我在《中国教育报》发表的《永威的成功在于精细化管理》（2007.5.10），《永威经验给我们的五点启示》（2010.6.11），《蔡林森的课改辩证法》（2012.5.23）等。

2012 年 10 月在河南省永威学校演讲

近十多年来，我还一直关注江苏省溧水县东庐中学的教学改革，如我在《天津教育》杂志 2006 年第 3 期发表的《教法就是学法，教案就是学案——简评南京市东庐中学教学合一课堂模式》。文章摘要如下：

新一轮的基础教育课程改革提出转变学生的学习方式、减轻学生负担的问题，然而课程改革已进入第五个年头，许多已经实行了新课改的学校学生的课业负担并没有减轻，学校领导和教师都苦于找不到解决这一难题的良策。而南京市溧水县东庐中学，作为一所乡镇初级中学，他们实行的是以"讲学稿"为载体的教学合一课堂模式，为转变师生的教学方式提供了有效的经验。这一教学模式具有以下特点：（1）两案合一，避免了教与学两张皮的现象；（2）两本合一，减轻了学生的课业负担和经济负担；（3）备研合一，最大限度地发挥了优秀教师和集体的作用。东庐中学的改革从根本上改变了传统的教学模式，由过去的"教师带着书本走向学生"变为现在的"教师带着学生走向书本"（通过讲学稿），由"先教后学"变为"先学后教"，由"教学分离"变为"教学合一"，找到了教与学的有效结合点。

　　另外，我还在《中国教育学刊》2008 年第 2 期发表了《减负，首先从精选习题开始》，介绍东庐中学减轻学生课业负担的经验。

2012 年 11 月在南京市东庐中学演讲

　　2007 年 3 月 9 日，我在《中国教育报》5 版发表了整版的文章：《他们为新课程改革贡献了什么？——点评洋思中学、东庐中学、杜朗口中学的课堂教学改革》，文章被中国人民大学《中小学教育》2007 年第 5 期全文转载。我被称为在中国第一个对三所课程改革的名校集中进行点评的人。这篇文章反响很大，使三所学校成为中国基础教育课程改革的领头羊。

　　另外，这几年我也不断地发现一些新的典型，通过发表文章和开推介会，介绍他们的先进经验。这些典型有的是集体，有的是个人。如我在《中国教育报》发表的《"三疑三探"教学模式体现了高效方便》（2008.10.10），介绍了河南省西峡县的"三疑三探"教学法。河南省西峡县杨文普团队探索了多年的"三疑三探"教学模式，只有四个教学环节：设疑自探—解疑合探—质疑再探—拓展运用。"三疑三探"的好处就在于紧扣了一个"疑"字和一个"探"字。"疑问疑问，有疑便问"，有了疑问才会思考，才会探索，所以课堂的开始首先要提出问题，用问题来激发学生学习的动力和兴趣。当然问题也不是一次提出，在课堂教学中要不断地提出问题、解决问题，一波刚落，一波又起，环环相扣，持续推进课堂教学的进展。所以"三疑三探"的教学模式把"疑"字贯穿课堂始终，从一开始的"设疑"到后边的"质疑"是一个不断设疑、解疑的过程。这篇文章发表后在全国也引起了较大反响，到西峡县去参观学习的中小学代表络绎不绝。

　　处于经济欠发达地区的河南省南阳市卧龙区，一个有 87 万人口、204 所小学的县级区，在教育局局长王连照同志的亲自策划和领导下，从 2004 年秋开始了"小学语文阅读教学改革"，经过三年多的探索，学生的阅读量、表达能力都有了大幅度提高，大大超过了课程标准所规定的要求。这项改革丰富了基础教育课程改革的经验，为开展区域性教学改革提供了借鉴。我在《人民教育》杂志 2008 年第 7 期发表了《一种有价值的区域性教学改革》，介绍了卧龙区语文教学改革的经验。特别是该区许多学校探索的"以一带多"的教学策略给我们许多启示：

　　卧龙区经过不断摸索，终于归纳出一种行之有效的教学方法——以一带多。在这里，课本中的"一"就是例子，如同数学中的例题；课外《阅读丛书》中的同主题的若干篇文章就是"多"，如同数学中的练习题。教师重在"一"字上下功夫，发挥教材的例子作用，夯实基础，教会方法；在"带"字上做文章，根据教科书按主题编排的特点，带动同一主题或同一作者、同一体裁、多篇相近题材文章的阅读。"以一带多"通俗易懂、便于操作，老师们在操作的过程中创造了许多行之有效的教学方式，使"以一带多"的策略更加丰富多彩。如同一作者的文章"以一带多"，同一主题的文章"以一带多"，同一题材的文章"以一带多"，同一对象的文章"以一带多"，同一写法的文章"以一带多"。另外在"带"的时机上，也分为"课前带"（课前引导学生查阅相关资料）、"课中带"（在课中穿插阅读相关文章）、"课后带"（课后开展拓展性阅读）三种形式。

　　在卧龙区，"以一带多"不仅是一种教学策略，也成了一种思维方式和工作模式，其内涵和外延在不断充实和发展。卧龙区的做法让我们思考：针对课程改革中提出的一些新理念，我们能否也摸索出许多类似"以一带多"的教学方法，给一线教师一些抓手，让他们比较容易操作？课程改革已经多年了，我们不能让一线的老师总是处于混沌状态，而是应该引导他们找出具体的教学策略和方法。可以说，现在一线教师缺乏的不是理念，而是能够落实这些理念的方法。

　　我还在《天津教育》杂志 2008 年第 5 期发表了《"以一带多"是一种成功的教学策略》，系统阐述了这种教学策略的优越性：（1）"以一带多"带出了拓展教材的多种方式；（2）"以一带多"带出了校内校外的读书氛围；（3）"以一带多"带出了学生表达的多种途径。

　　另外，我还在《天津教育》杂志发表了《把课外阅读变为课内阅读——如何解决中学生没有时间读书的问题》（2007.4），介绍了山东省邹平县初中语文教学改革的经验。邹平县在初中语文教研员成浩老师的带领下，对语文教学进行了改革。全县所有初中每星期 6 节语文课，其中 2 节教读课，学习课本；2 节阅读课，学生到阅览室自由读书；2 节写作课。每学期学生只用三分之一的时间就能学完语文课本，节省出三分之一的时间上阅读课，把课外阅读变成了课内阅读。按照初中语文课程标准的基本要求，学生在初中三年要阅读 260 万字。而邹平县实行课内阅读以后，学生平均一年的阅读量达 150 万字，三年 450 万字，大大超过语文课程标准规定的阅读量。

　　除了介绍区域性教学改革的经验，我还注意介绍学校教学改革的经验。如河北省唐山市丰南区第一实验小学，从 2006 年 9 月 1 日起在新招收的五个一年级教学班中任意抽取两个班，进行了"培养小学生读书习惯策略的实践与研究"，我对这项课题的研究一直在关注和推广。2008 年我在《中国教育报》发表了《提前识字让小学生尽早进入阅读世界》（2008.1.4），2010 年又在《人民教育》杂志发表了《语文素养在习惯中生长——河北省唐山市丰南区实验小学的语文教学改革》（2010.12），推广这项实验的成果。该项实验实现了几个突破：

　　（1）突破现有语文教材的编排体系。一、二年级完成小学四年 2500 个常用汉字的识字任务，小学四年完成六年 3000 个常用汉字的识字任务；在不增加课时的基础上，小学四年完成六年的语文课本学习；高年级学习经典文言文选编，并大量补充阅读名篇佳作。

　　（2）突破语文教学每篇课文讲 2～3 课时的传统讲法。每课时学习 2～3 篇课文，节省出时间让学生大量阅读。

　　（3）突破语文大作业量的做法。力求当堂作业当堂完成，减轻学生课外负担。

　　（4）突破作文难的问题。低年级在 40 分钟内能写出 200 字左右的习作，且做到语句完整通顺；中年级能够在 40 分钟内写出 400 字左右的习作，且做到内容具体，有条理，感情真切，少有错别字。高年级在 40 分钟内能够写出 500 字左右的习作，能够表达对自然、社会、人生的独特感受和真切体验，做到感情真挚、立意新颖、结构巧妙，能够快速、即兴、引经据典，自由表达。

另外如我在《中国教育报》发表了《生生都是科代表，师师都是科主任——介评山东省邹平县黛溪中学的教学管理模式》(2007.6.29)；在《中国教育报》发表了《广学百家而后打造自家高效课堂——介评高效务实的山东省滨州市滨城区清怡中学教学模式》(2008.3.21)；在《中国教育报》发表了《一所新建学校快速崛起的成功奥秘——河南省荥阳三中"全参与教育"解读》(2009.5.29)，在《天津教育》杂志发表了《如何解决中小学教师的职业倦怠问题——介评大连市三十四中的目标化管理》(2006.12)。在《教师月刊》发表了《分层教学与小组合作学习是因材施教的有效组织形式——兼评河南省灵宝市第四中学的经验》(2011.7)，系统介绍了灵宝四中分层教学的经验。

另外，这几年我也注意发现和介绍一些教师个人教学改革的经验。如我在《中国教育报》发表了《一条激发学生写作潜能的新路》(2009.4.24)，介绍山东省邹平县成浩老师的"随笔化写作"教学经验。在《江苏教育》杂志发表了《校长要"以行为本"——兼评王俊校长的办学思想》(2006.3)，介绍江苏省宜兴市实验中学的办学经验。在《天津教育》杂志发表了《减负要从提高课堂效率入手——评介天津市第五十一中学杜惠青老师的课堂教学》(2006.8)，《怎样创造"师逸生乐"的和谐课堂——天津中学张素兰老师的课堂教学改革给我们的启示》(2006.10)等。

以上推广教改实验典型的过程，也是我学习和反思的过程。说实话，这几年我的教育思想很受以上经验的启发，我在实验的过程中也借鉴了他们的经验。

（四）系统进行和谐教学实验

我对和谐教学的实验始终没有放松，但原来往往面上指导的多，点上关注的少，由于自己不在中小学工作，很难保证学校完全按照我的设想上课。从 2008 年开始，在杨军红校长的支持下，我在天津市河东区实验小学设立了"教改大课堂"；2010年在梁峰校长的支持下，我又在天津市北辰区普育学校设立了"课改大讲堂"，每周三在普育学校听课、评课一天，每周四在河东实验小学听课、评课一天，系统进行实验。

　　天津市河东实验小学是一所规模较大的学校，两个校区，4000 多学生，100 多个教学班，师资力量雄厚，科研意识强，是一所条件很好的学校（现在分成了两个学校）。杨军红校长是天津市首期"未来教育家奠基工程"学员，是我指导的学员，所以我们的合作很好。所谓教改大课堂，就是教改实验室，定时定点有新课改的课。而教改大课堂的课不是一般意义的展示课，是研讨课，新的教学思想在这里碰撞，新的教学方法在这里实验，取得经验以后再在全校推广。

　　以往，学校里举办公开课，时间和地点都不固定，教师们想学习别人的课也不知道到哪里去听，更不可能及时听到专家的现场点评，公开课的效果非常有限。而现在的教改大课堂每周四上午有三个老师根据我的和谐教学法上课，然后是我的点评；下午是试讲下周大课堂的课。这样经过课前课后的指导，能够使上课教师真正理解和谐教学的理念，在这个过程中我们共同探索，不断发现好的经验，好的做法。河东实验小学的教改大课堂已经做成了一个品牌，后来不仅本校教师上课，也邀请外校甚至外省的老师来上课，特别是一些全国名校、天津市未来教育家奠基工程班的学员来上课，使老师们受益很大。学校在学期初就排好了一学期的教改大课堂的课程表并在网上向全国公布，许多外校甚至外省的老师都专程赶来听课，天津师范大学承接的"国培班"小学语文、小学数学班和"新疆班"的学员，每周四也集体前来听课，300 多人的大礼堂座无虚席。为了便于外校的老师来听课，河东实验小学的教改大课堂按学科排课，如这一周是语文专场，下一周是数学专场，再下一周是英语专场，除了体育课，各科都有专场。广州、银川、合肥、石家庄、济南、枣庄、赤峰、北京等许多外地的名校都派老师来上课，山东、河北等相邻地区的老师也专程派老师来听课。每周四上午三节课后是我的大会评课，我每次都把上课老师的教学模式总结板书出来，供上课和听课的老师参考。

　　我与河东实验小学的合作不限于课堂教学，还包括学校管理、学校文化建设、教师培训、德育工作等。《中国教师报》2009 年曾用一整版报道天津市河东实验小学的四大亮点：（1）三棵"校训树"——形象展示了学校的办学理念；（2）"日清周结"——一种地毯式的管理制度；（3）教改大课堂——校本教研的实验室；（4）三院一中心——一种新型的课外活动管理模式。所谓"三院一中心"是指"少年科学

在天津市河东实验小学评课并板书教学模式

院""少年文学院""少年艺术院"和"少年奥林匹克中心",下属 42 个学生社团,活动内容非常丰富。如"少年科学院"中有趣味数学、茶文化探索、计算机、魔术、科技制作、智能机器人、影音乐园等活动内容;"少年文学院"中有诗词朗诵、写作、古文诵读、小记者等活动内容;"少年艺术院"中有泥塑、沙画、创意画、素描、中国画、手工制作、合唱等内容;"少年奥林匹克中心"中有田径、健身操、足球、篮球、羽毛球、棋类等活动内容。学生可以自由申报,自主活动。

　　2009 年 2 月 12 日,我在《中国教育报》发表了《"日清周结":一所大规模学校的管理秘诀》,具体介绍了河东实验小学的管理经验,在全国引起了较大反响,很多地区和学校专程到这所学校参观学习。

　　天津市北辰区普育学校,是温家宝同志的爷爷温瀛士先生创办的一所历史名校,但原校址已在第二次世界大战时期被日军烧毁,现在新建的学校是一所九年一贯制学校,教师大部分都是刚毕业的研究生和大学生,校长梁峰是从山东引进来的名校长、特级教师、特级校长,天津市"未来教育家奠基工程"二期学员。所以我们的合作也非常默契。因为这里是九年一贯制学校,弥补了河东实验小学没有初中的不足。每周三上午我在普育学校"普育大讲堂"听三节初中的课，下午听两节小学的课，听完后及时点评，并及时总结板书出老师的课堂教学模式。和谐教学有一个五环节的基本课堂模式，但在不同的学段和学科要灵活变通，即使同一学科，也有不同的课型，如新授课、复习课、实验课等。我们要根据教学内容及时总结出各种教学模式的变式。所以这是一项做不完的工作，每次都有新的发现、新的收获，青年教师们成长得特别快。

在"普育大讲堂"评课

　　两个学校在教改大课堂中取得的经验及时推广到了全校，现在两个学校的各科教学都是运用和谐教学法。另外，在天津市大港二中、塘沽十五中、东丽区鉴开中学、西青区实验小学、东嘴小学、杨柳青二中、杨柳青三中，山东省滨州市清怡中学，青岛市经济开发区实验初中、育才初中，枣庄市薛城区临山小学、市中区文化路小学、诸城市实验小学、荣成市实验中学；河南省安阳市第七中学，郑州市惠济区老鸦陈小学；河北省廊坊市第四中学；内蒙古赤峰市元宝山小学等全国若干学校，都设立了教改大课堂，但由于精力有限，我不可能每周都去听课、评课，但他们都是按照和谐教学的理念和教学模式上课，效果都很好。

另外，近几年我在全国倡导了"运用知识树说课标说教材"活动，也是首先从天津市河东实验小学和普育学校开始的，通过说教材活动，提高了教师把握课程标准和教材的能力，提高了课堂教学的效率。目前已经举办五届全国性的"说课标说教材"展示活动。

回顾二十多年教改的教改实验，我的工作和专业几经变化，一再错位，如果我不是固执地坚持在中小学搞和谐教学实验，我也不会吃这么多苦头。如果我安心在大学教学，倾心研究自己所教的专业，也可能会成为一个博士生导师；如果我在大学专心做教学和科研管理工作，也可能会进入学校领导班子。但是我最感兴趣的还是在中小学搞教改实验，就像自己生了一个孩子，不管美丑，不管什么时候到什么地方，我都不愿放弃他，我不愿意中断我花费了大量心血培育的和谐教学法，我也不愿意舍弃那些追随我搞了几年、十几年甚至二十多年教改的中小学教师，他们是我的朋友、伙伴、和谐教学法的共同创立者，没有他们的支持和实践，也就没有和谐教学法的今天。所以虽然我一直在错位中奋斗，在曲线中前行，为此我可能丢掉了许多，但我对搞和谐教学实验的选择无怨无悔。因为这一生我如果有点值得纪念的东西，如果对社会有点贡献的东西，那就是和谐教学法。

我的和谐高效教学观

一、"和谐"思想的丰富内涵

（一）"和谐"思想已经成为党和国家的意志

在中国共产党第十六次代表大会的报告中，"和谐"一词多次出现，如"促进人与自然的和谐"，使"社会更加和谐""努力形成全体人民各尽其能、各得其所而又和谐相处的局面""巩固和发展民主团结、生动活泼、安定和谐的政治局面""推动多种力量和谐并存，保持国际社会的稳定"。"和谐"的思想已上升为党的意志和目标，显示了我们党对建设中国特色社会主义的认识更加理性、更加成熟。

在党的十七大报告中，"和谐"一词也多次出现，特别是在"深入贯彻落实科学发展观，要求我们积极构建社会主义和谐社会"一段中，反复强调"和谐"。"社会和谐是中国特色社会主义的本质属性。科学发展和社会和谐是内在统一的。没有科学发展就没有社会和谐，没有社会和谐也难以实现科学发展。构建社会主义和谐社会是贯穿中国特色社会主义事业全过程的长期历史任务，是在发展的基础上正确处理各种社会矛盾的历史过程和社会结果。要通过发展增加社会物质财富、不断改善人民生活，又要通过发展保障社会公平正义、不断促进社会和谐。实现社会公平正义是中国共产党人的一贯主张，是发展中国特色社会主义的重大任务。要按照民主法治、公平正义、诚信友爱、充满活力、安定有序、人与自然和谐相处的总要求和共同建设、共同享有的原则，着力解决人民最关心、最直接、最现实的利益问题，努力形成全体人民各尽其能、各得其所而又和谐相处的局面，为发展提供良好社会环境。"

党的十八大报告中也多次提到"和谐"二字。在谈到"过去五年的工作和十年的基本总结"时提到："不断实现科学发展、和谐发展……""统筹城乡发展、区域发展、经济社会发展、人与自然和谐发展……努力形成全体人民各尽其能、各得其所而又和谐相处的局面。"在谈到"夺取中国特色社会主义新胜利"时提出："必须坚持促进社会和谐。社会和谐是中国特色社会主义的本质属性。"

　　和者,和睦也,有和衷共济之意;谐者,相合也,有协调、无抵触、无冲突之意。琴瑟和鸣,黄钟大吕,这是艺术的和谐;和风细雨,桃红柳绿,这是自然的和谐。中国文化的一大特色就在于注重"和谐"。这里所说的"和谐",是人与人、人与自然之间的全面和谐,包括"和生""和处""和立""和达""和正"。我们今日常说的"和为贵""政通人和""家和万事兴"等,就是这一人文精神的具体表述。和谐是一种高境界。在新世纪新阶段,实现人与人、人与自然之间的和谐成为我们崇尚的价值观念,必将促进我国经济的可持续发展和社会的全面进步。

　　音律和谐,才能弹奏出优美动人的乐章。社会和谐,必将带来政通人和、国泰民安、中华民族繁荣昌盛的大好局面。

(二)"和谐"是中外哲学家不断探索的思想

　　和谐:指和睦协调。"和谐"一词最早出自《左传·襄公十一年》:"八年之中,九合诸侯,如乐之和,无所不谐",有配合适当和匀称的意思。在哲学史上,无论是在中国还是在西方,在古代还是在现代,人们都在孜孜不倦地探索着和谐的理念。在一定意义上可以说,和谐是人类永恒的追求。

　　1. 中国历代哲学家对"和谐"的探究

　　在中国古代典籍中,"和"的概念出现很早,在甲骨文和金文中都有"和"字;在《易经》"兑"卦中,"和"是大吉大利的征象;在《尚书》中,"和"被广泛地应用于家庭、国家、天下等领域中,用以描述这些组织内部治理良好、上下协调的状态。从春秋战国时期开始,思想家们把"和"作为一个哲学的抽象范畴加以研究,揭示了和谐的价值、本质和机制。

　　在中国哲学史上,老子(约公元前580—前500年)曾论证了和谐的思想。他在著名的《道德经》中指出:"道生一,一生二,二生三,三生万物。万物负阴而抱阳,中气以为和。"意思是说,道产生原初混沌的元气,元气生出天和地,天地生出阴气、阳气以及和气,和气生出千差万别的物质。万物都包含着阴和阳,阴阳混合适用就生成新和气。显然,这里的"和气"就是讲的和谐。"阴阳混合适中",就是讲阴阳二气相互依存、相互协调、相互作用,进而产生一种和谐状态。老子还从矛盾的角度论证了对立面之间相互依存的和谐。他说："天下皆知美之为美，恶已，皆知善，斯不善矣。有无之相生也，难易之相成也，长短之相形也，高下之相盈也。"意思是说，天下都知道美之所以为美，丑的观念也就产生了。都知道善之所以为善，恶也就产生了。所以，有和无相互转化，难和易相反相成，长和短相互显现，高和下相互充实，音与声相互和谐，前和后相互接随，这些都是永恒的，从而构成了世界的和谐。

代表儒家思想的"四书"之一的《中庸》也阐述了和谐的观点。如孔子（公元前551—前479年）曰："君子中庸，小人反中庸；君子之中庸也，君子而时中；小人反中庸也，小人而无忌惮也。"孔子说，君子的言行都按中庸的准则去做，而小人却违反了中庸的准则。君子之所以能做到中庸，是因为君子做事时时处置恰当；小人之所以违反中庸，是因为小人做事肆无忌惮。接着，孔子又进一步做了论证。子曰："道之不行也，我知之矣：知者过之，愚者不及也。道之不明也，我知之矣：贤者过之，不肖者不及也。人莫不饮食也，鲜能知味也。"孔子说，中庸之道之所以不能广泛推行，我是知道这个原因的，聪明人超过了它的界限，愚蠢的人又达不到它的要求。中庸之道之所以不能普遍让人明白，我也是知道它的原因的，有道德的人理解过高，没有道德的人却理解太低。人没有不吃不喝的，却很少有人能（准确地）辨别出食物的味道。孔子在这里大讲不偏不倚的"中庸之道"，实际上就是谈的事物的和谐状态。可以说孔子一生都在追求这种和谐状态，他认为周朝的"礼"所体现的君臣、父子、夫妻之间的和谐就是最理想的社会状态，正如他所说："克己复礼为仁。一日克己复礼，天下归仁焉。"为了恢复这种周礼，孔子甚至提出："非礼勿视，非礼勿听，非礼勿言，非礼勿动。"[①]

孔子的学生有子提出"和为贵"（《论语·学而》）的命题。这里的"贵"，是值得珍重的意思，含有价值判断的意义。所谓"和为贵"，就是认为和谐是天底下最珍贵的价值，是人世间最美好的状态。荀子提出"和则一，一则多力"（《荀子·王制》）的主张，他认为，在一个组织内部，人们和谐相处就能取得一致，取得一致力量就会增多，力量增多组织就会强大，组织强大就能战胜万物。孟子明确提出"天时不如地利，地利不如人和"（《孟子·公孙丑下》）的主张，认为战争的胜负取决于

---

① 杜莹，李殿斌. 和谐与社会发展. 河北经贸大学学报，1999（4）.

人心的向背，只要组织内部和谐，上下齐心合力，就能无往而不胜。在"天—地—人"中，"人"具有最高的地位；同样，在"时—利—和"中，"和"具有最高的价值。

北宋哲学家张载（公元1020—1077年）对此心领神会，作《太和篇》，把"和"提升到"道"的高度，并明确提出"仇必和而解"（《正蒙·太和篇》）的命题。清代哲学家王夫之（公元1619—1692年）对此解释道：从运动变化的角度看，阴气和阳气各有各的形象，因而相互对立、相互斗争。但是归根到底，它们是相辅相成的，没有始终对抗的道理。因此，二者的对立与斗争，最终必然以"和谐"的方式来解决。这种思维方式，被后人称为"和谐的辩证法"。

2. 西方历代哲学家对"和谐"的探究

西方哲学史上对于和谐理念的研究，也可以说是源远流长，丰富多彩。其研究进路有两条：一条是从总体上肯定和谐的价值与意义，可以称之为"总体的和谐"；另一条是具体地分析和谐的本质和机制，可以称之为"具体的和谐"或"辩证的和谐"。

在西方哲学史上，与中国的老子生活在同一时代的古希腊哲学家毕达哥拉斯（Pythagoras，约公元前580—前500年），明确把"和谐"作为自己哲学的根本范畴。兼数学家和哲学家于一身的毕达哥拉斯把"数"与"和谐"当作自己学派的基本概念，他们认为作为本原的数之间有一种关系和比例，这种关系和比例产生了和谐，和谐产生了秩序，万事万物都表现为和谐。从此出发，他首先提出了天体和谐的思想。所谓天体的和谐，首先是因为天体满足了完满的数目的规定。他们认为"十"这个数字是完满的，因此天体也是十个，除太阳、地球、月亮、金、木、水、火、土和银河系九个星体外，还假设了一个"对地"来满足"十"所做的规定。

其次，他们认为天体星球间有一种数目比例关系，这种关系造成了一种天体的和谐。这种和谐使苍穹无限的宇宙星空处于一种纷繁而不乱、多变而有序的永恒的运动之中，它很像一支气势雄浑娓娓动听的交响乐，发出一种美妙而和谐的音响。毕达哥拉斯学派甚至能证明人在静默中可以觉察到这种声音，这被叫作天体音乐。毕达哥拉斯通过数的大小、轨道、距离等比例关系论证了天体之间的和谐并揭示了天体运动的规律，而且赋予美学的价值。这种"天才"的猜测无疑是科学的，对此恩格斯曾给予很高的评价："就像数服从于特定的规律那样，宇宙也是如此，于是宇宙的规律性第一次被说出来了。人们认为音乐的谐音归结为数学的比例的是毕达哥拉斯。"在毕达哥拉斯哲学中还有一个基本的命题即"美德就是和谐"，他说："美德乃是一种和谐，正如健康、全善和神一样。所以一切都是和谐的。友谊就是一种和谐的平等。"毕达哥拉斯虽然对于和谐范畴的论证带有牵强、神秘的色彩，但对于和谐范畴基本内容的揭示是正确的，为人类对这一问题的深入研究做了基础性的先导工作，它对于人类理性思维的贡献并不亚于"毕达哥拉斯定理"。

在毕达哥拉斯之后，被列宁誉为辩证法的奠基人之一的赫拉克利特（Herakleitos，公元前 540—前 480 年与 470 年之间）也论证了和谐的思想。他从矛盾的角度出发认为"对立造成和谐"，他说："自然也追求对立的东西，它是用对立的东西制造出和谐，而不是用相同的东西，例如将雌雄相配，而不是将雌配雌，将雄配雄；联合相反的东西而造成协调，而不是联合一致的东西。"赫拉克利特在这里揭示了和谐的前提，即是指差别和对立东西之间的和谐，而在性质上相同的东西由于不能构成矛盾则谈不上和谐。赫拉克利特还从对立面之间相反相成的性质论证了和谐，他说："疾病使健康成为愉快，坏事使好事成为愉快，饿使饱成为愉快，疲劳使安息成为愉快……如果没有不义，人们也就不知道正义的名字。"

古希腊哲学的集大成者、百科全书式的思想家亚里士多德（Aristoteles，公元前 384—322 年），被恩格斯誉为古希腊哲学家中"最博学的人物"，他同样对和谐范畴做出了自己的解释，认为人应该选择一条"中庸之道"，才能做出有道德的行为。他说，"勇敢是鲁莽和怯懦的中道，节制是放纵和禁欲的中道"等。亚里士多德还认为，人的行为上的中道并不像 6 是 10 与 2 的算术中项那样简单、机械、绝对，而是在适当的时候、对适当的事物、对适当的人、由适当的动机和适当的方式来感受这些感觉，就既是中间的，又是最好的。这就是说中道具有相对性，同时亚里士多德在这里还渗透了一种和谐需要主体去选择的思想。

近代德国哲学家莱布尼茨（Leibniz，公元 1646—1716 年），则提出"预定和谐"的命题。他认为，世界万物是由一种叫作"单子"的基本因素构成的，而"单子"由于绝对单纯而不能再分割，没有"窗子"可供出入，因而彼此之间不能相互影响、相互作用；但宇宙万物却相互协调，构成一个和谐的总体。

这种"总体和谐"的思想，还被广泛应用到各个学科领域中去。例如，文艺复兴时期的德国天文学家开普勒（Johannes Kepler，公元 1571—1630 年）在观测行星运动的基础上，写出了《宇宙和谐论》一书，为我们描绘了一幅天体运动的总体和谐图像。法国经济学家巴斯夏（Frederic Bastiat，公元 1801—1850 年），则综合了"重农学派"的自然主义和古典经济学的自由主义思想，撰写了《和谐经济论》，鼓吹"所有合法的利益都是和谐的"，企图建立一种彼此协调而又自由竞争的总体经济体系。

（三）"和谐"是人类发展的内在需求

在 1987 年的联合国第 42 届大会上，由布伦特兰夫人任主席的世界环境与发展委员会提出了一份报告，题为《我们共同的未来》。该报告明确提出了"可持续发展"的概念，并将其定义为"既满足当代人的需要，又不对后代人满足其需要的能力构成危害的发展"。1992 年 6 月在巴西里约热内卢召开的第二次联合国环境与发展大会上，响亮地提出了"可持续发展战略"的口号，大会通过了《地球宪章》（又称《里约环境与发展宣言》）《21 世纪行动议程》《保护生物多样性公约》等一系列重要文件，并决定成立"联合国可持续发展委员会"（于 1993 年 2 月正式组建）。①

"可持续发展"概念的提出及其战略的实施，体现了"和谐"思想在人类发展问题上的积极作用。人类发展的和谐，具体体现在以下三个方面。

1. 人类发展与生态环境的和谐

在相当长的一段时间里，人类的发展观念是以自我为中心，而以自然为索取对象的。特别是近代以来工业文明在全球范围内的推进，带来了人口爆炸、城市膨胀、森林破坏、耕地缩小、资源巨量消耗、环境污染等一系列生态严重失衡的问题。1962 年，美国女科学家莱切尔·卡逊（Rachel Carson）在《寂静的春天》一书中，描绘了一幅由于农药污染所带来的可怕景象，惊呼人们将失去"春光明媚的春天"。此后，罗马俱乐部的《增长的极限》以及联合国的《只有一个地球》报告的发表，更增强了人们对于人类发展与生态环境必须取得和谐的认识。

1991 年 10 月，联合国环境规划署等组织提出了题为《保护地球——可持续生存战略》的报告，就如何实现"人类发展与生态环境的和谐"提出了具体的意见。

---

① 黎红雷. 和谐：世纪之交的哲学话题. 中国教育和科研计算机网，2004（10）.

这就是要将"保护"与"发展"相结合，通过保护将人类的行动控制在地球的承受能力之内，通过发展使人人都能度过长寿、健康和令人满足的一生。该报告提出了132项建议各国政府和人民采取的具体行动，要求人们做到：尊重和关心所有的生命；改善人类生活质量；保护地球的生命力和多样性；把人类行动控制在地球的承载能力之内；改变个人的态度和行为；使各个社区都能够关心自己的环境；为发展与保护的结合提供一个全国性的框架方案；为实施可持续的生活方式建立一个全球性的联盟等。

2. 经济发展与社会发展的和谐

传统的发展观念主要指经济发展，其中又特别指经济增长。实际上，很长一段时间里，在经济学家们的眼中，"发展"与"增长"是同义词。1970年以后，特别是1972年联合国斯德哥尔摩会议通过《人类环境宣言》以来，人们才逐步把发展看作是一个人与自然协调、经济与社会平衡的和谐过程。例如布伦特兰夫人指出："发展就是经济和社会循序渐进的变革。"自1990年开始，联合国开发计划署每年发表一份《人类发展报告》，确定"人类发展的目标就是为人创造一个能享受长寿、健康和有创造性生活的充满活力的环境"。这里既包含了经济发展，也包含了社会发展。

尽管在理论上，经济增长与社会发展之间存在着某种逻辑的联系，但在实践中，经济增长与人类进步之间并无必然的联系。这就必须通过适当的管理，方可充分利用经济增长所提供的机会，促进人类的发展。1995年的《人类发展报告》提出，可以通过以下四种方式建立经济增长与社会发展之间的理想联系：第一，重视对教育、健康和技术的投资，为人们提供就业机会，参与增长并享受增长的利益；第二，更平等的收入和财产的分配是建立增长与发展之间密切联系的关键因素；第三，依靠政府机构合理的社会开支，即使是在没有好的增长和好的收入分配的情况下，政府的这种支持亦能明显地促进发展；第四，授予人民权利，尤其是给妇女权利，是把增长与发展联系起来的可靠途径。

3. "经济—社会—生态"发展的和谐

综上所述，在人类的发展中，经济、社会、生态缺一不可，三者共同构成"可持续发展"的基本内涵。也就是说，所谓"可持续发展"，实质上包含着经济的可持续发展、社会的可持续发展，以及生态的可持续发展。其中，经济的可持续发展，主要指满足人类需求能力的提高和物质财富的扩大；社会的可持续发展，指人们生活质量的稳步改善和提高；生态的可持续发展，则指维持整个生态系统的健康发展等。

在人类发展的整体中，经济、社会、生态三者相互联系、相互制约而又相互促进，从而构成一个和谐的可持续发展系统。可持续发展鼓励经济的增长，因为它提供了社会的财富和发展的条件。但是，可持续发展不仅重视经济增长的数量，更加追求经济发展的质量，这就要求提高效益、节约能源、减少废物，改变传统的生产方式和消费模式，实施清洁生产和文明消费。可持续发展强调社会的进步，因为它体现了以人为中心的发展目的。由此，可持续发展的内涵应该包括改善人类生活质量，提高人类健康水平，并创造一个保证人们享有平等、自由、教育、人权和免受暴力的社会环境。可持续发展重视生态的平衡，因为它提供了人类发展的基础。因此，在发展的同时必须保护生态环境，包括控制环境污染，改善环境质量，保护生命支持系统，保护生物多样性，保持地球生态的完整性，保证以持续的方式使用可再生资源，使人类的发展保持在地球的承载能力之内。总之，人类的发展应该是"经济—社会—生态"复合系统的持续而健康的发展，是人类与自然整体系统的稳定而和谐的发展。

（四）"和谐"是多学科研究的命题

和谐（harmony）的含义非常宽泛，不同的学科对和谐的解释也不相同。《应用汉语词典》解释为：配合得适当和匀称，比喻感情融洽，气氛良好。和谐既是哲学的范畴，又是美学和心理学的范畴，也是教育学的范畴。

1. 和谐是一个哲学的范畴

在哲学中，"和谐"是指一个系统与外部客观世界之间及其内部各要素之间的关系处于一种谐调、平衡的状态。在西方哲学史上和中国哲学史上，许多哲学家都论证了和谐范畴，这在前边已经做了论述。

2. 和谐是一个美学范畴

"和谐"这个术语来源于古希腊。人们在两千多年前就认识到"和谐"是一种美。毕达哥拉斯认为，"美就是和谐"。亚里士多德认为，"和谐是美好的事物的基本特征之一"。赫拉克利特认为，"美在于和谐，和谐在于对立的统一"。德国莱布尼茨认为，世界每一部分都安排妥帖，具有一种"先定的和谐"。中国古代很早就有事物和谐的概念，春秋时期的晏子曾提出"和与同异"的命题。"和"即相反相济，也即多样对立的统一。《乐记》强调宫、商、角、徵、羽五音和谐，进而认为音乐可以使天地和、上下和，提倡"乐极和"的美学观。和谐不仅是整齐一律和平衡对称，更重要的还在于差异中见出协调，在不齐中见出整齐，在整体上给人以匀称一致、和顺适宜的感觉，并使主客体达到矛盾统一。艺术作品中的和谐除指内容或形式各有机组成部分之间的协调外，还指作品内容与其形式之间的统一。如建筑物的合理布局，音乐作品调性、音色、音调的配合，绘画中构图、线条、色彩的协调以及文学作品结构、语言、风格等的统一。"和谐"概念的审美内涵是发展变化的，现代艺术常常打破古典艺术适合传统审美心理的和谐格局，创造具备新的艺术审美特征的和谐。

　　和谐的美是多方面的，大自然中充满了和谐之美，绿草如茵，万木葱茏，百花争艳，蜂飞蝶舞，这是春的和谐；天高气爽，万里飘香，果实累累，丰收在望，这是秋的和谐；斗转星移，四季交替，展现出各具特色的美。漓江的和谐在于它青山碧水之秀美，三峡的和谐在于它峭壁飞流之险美，黄山的和谐在于它青松云海之奇美，泰山的和谐在于它云瀑奇峰之壮美。一山一水，一草一木，都构成一种和谐的美。艺术王国中也有许多和谐的形式，让人感到其中的美：格律、音韵、情感构成了诗的和谐；音节、节奏、旋律构成了曲的和谐。社会生活中的和谐，更有诱人的魅力。人与人之间和谐的关系使得人们能配合默契，协调一致，互相辉映，相得益彰，由此构成井然的社会秩序，良好的道德风尚，充实的内心生活，高尚的道德情操和广泛的兴趣爱好等。总之，和谐之美无处不在，无时不有，和谐跟我们的生活紧密相连。正如诗人郭沫若所说："和谐便是你，和谐便是我，和谐便是他……"因此，和谐是一个美学范畴，更确切地说它是一条美学规则，是人生乃至宇宙中的一种最高的美的境界。

　　3. 和谐是一个心理学的范畴

　　心理学家认为：和谐是"美好事物的基本特征之一，指事物和现象各个方面完美的配合、协调和多样中的统一，在心理机制上使人愉快、满足，并唤起人们对生活的热爱"。"和谐不是事物各个分散部分外在的联合在人感知中的印迹，而是它们基于本质联系的内外统一和相互渗透通过感知在人的感情和理智中产生的一种积极反映。"①

4. 和谐是一个教育学的范畴

教育学家认为，教育的作用就是促进人的全面发展。全面发展不是平均发展，而是使影响个人的发展的各个因素之间和谐、有序地发展。人的片面发展突出表现在人的某些部分得到发展了，同时它又压抑、束缚了另外一些部分的发展，也就是不和谐的发展。从某种意义上讲，人的全面发展也就是人的和谐发展。②

二、和谐高效教学的基本理论

（一）和谐是教学追求的最高境界

按照系统论的观点，教学过程本身就是一个系统。所谓系统，是由若干相互依存、相互制约的要素（或成分）为达到一定目的而组成的有机整体。教学这个系统，从静态分析，它是由教师、学生、教材、方法等要素构成的有机整体，而这一整体又总是处于一定的具体的教学环境之中。从动态分析，教学过程诸要素之间总是处于相互配合、不断变化的过程之中，教学过程与外部的教学环境也总是处于相互适应的变化之中。教学的结构是静态的，教学的功能是通过动态的变化来实现的。

所谓和谐教学就是按照系统论的观点，在教学活动中，力求使教学过程诸要素之间以及教学过程与教学环境之间始终处于一种谐调、平衡的状态，从而促进学生的基本知识、基本技能、基本思想、基本活动经验的发展，培养学生的创新精神、自学能力与合作意识。

和谐教学是一种具有完整的理论体系和具体的操作模式的教学法，它包括和谐教学的基本原理、教学原则和课堂教学模式。在具体的教学实践中，要运用和谐教学的方法、手段和策略。同国内外其他教学法一样，它是教学法中的一个独立的流派。它不是研究某一学科或某一学段的一种分科教学法，它是研究各个学科、各个

---

① 朱智贤. 心理学大词典. 北京：北京师范大学出版社，1989.
② 陈孝彬. 论和谐与和谐教育. 中小学整体改革简报，1999（2）.

学段教学的一种综合教学法。不同的学段和学科可以在和谐教学的基本原理指导下，运用不同的教学策略，形成具体的教学模式和方法。在运用和谐教学时要注意以下几个问题。

1. 和谐是教学的指导思想

在教学的过程中，各种教学要素如果配合得合理、恰当，达到一种和谐的状态，它们就会形成一种合力，促进课堂教学质量的提高，促进学生素质的健康发展；相反，如果它们配合得不够合理，就会形成一种分力，每种要素不但自身的优势不能发挥，还会抵消别的要素的功能，直接影响课堂教学的效果。教学过程与教学环境的相互配合也是如此。所以在上课之前，教师就要考虑如何使教学的各种要素之间以及教学过程与教学环境之间达到和谐的状态，这是教师从备课到上课一直贯穿的一种思想。

2. 和谐是动态的教学过程

在教学过程中，各种教学要素总是处于不稳定、不平衡的矛盾状态，和谐是暂时的、相对的，而不和谐是绝对的。教学过程中各种要素从不和谐到和谐，又会出现新的不和谐，从而在更高的层次上达到一种新的"和谐"。正是这种矛盾运动，推动了教学过程的不断发展，使教学过程处于一种动态的平衡与协调状态。教师的作用就在于准确把握各种教学要素和环境的变化规律，及时地调整各种要素的搭配关系，使教学过程始终处于一种动态的和谐状态。这就好比是一支乐队，教师是这支乐队的指挥。每一个乐手都想充分显示自己的特长，而任何不和谐的音符都会影响整首乐曲的效果。指挥的作用就在于协调各个乐手的演奏，使他们既能最大限度地发挥自己的功能，又必须与别的乐手密切配合，整体的功能大于部分的简单组合。

3. 和谐是教学的最高境界

和谐是一种完美，是自然界、人类社会、人类思维存在的最理想状态。夏夭兹博在《杂想篇》中说："凡是美的都是和谐的和比例合度的，凡是比例和谐的和比例合度的就是真的，凡是既美又真的也就在结果上是愉快的和善的。"这段话揭示了和谐与真善美的关系。教学的最终目的，就是使学生的基本素质和个性品质得到全面、充分、和谐的发展。

从以上分析可以看出，和谐既是一种教学指导思想，又是一个动态的优化过程，也是教学所追求的最终目的和最高境界。

根据系统论的观点，教学过程可以看作是一个母系统，这个母系统中的各个要素又是一个个的子系统。系统中的各个要素，各个部分只有密切配合，相互谐调，始终处于一种"和谐"状态，才能从整体上提高教学效果，实现教学的最终目的。下边分别论述教学过程内部各要素之间的和谐与教学过程与外部环境关系的和谐。

（二）教学过程内部各要素之间的和谐

一般来说，教学过程有四个最基本的要素，即教师、学生、教材、方法。这四个要素的相互配合，构成了六种关系，即教师与学生的关系、教师与教材的关系、教师与方法的关系、学生与教材的关系、学生与方法的关系、教材与方法的关系。其中，师生关系是一条主线。如右图所示。

这六种关系只有处于和谐状态，才能实现课堂教学的优化，才能提高课堂教学的效率。

1. 教师与学生要和谐

教师与学生是教学过程中两个最主要的因素，正是由于教师的教和学生的学才构成了教学过程。现代教学论特别强调师生之间的人际关系，良好的人际关系有助于提高课堂教学的效率，有助于发挥学生的聪明才智，也有助于师生的身心健康。美国著名教育学家卡尔·罗杰斯在《给学习自由》一书中说："在学习开初，教师的职业能力和渊博的知识，课的组织、视听工具的使用和教学程序的决定，讲座质量的高低和参考书的多少，全不相干，尽管这些因素在某一时刻是有用的，甚至是有益的。但是学习不靠这些，学习靠教育者和受教育者的相互关系，靠这关系之中的态度。"任何人都有希望被他人接纳、看重、欣赏的心理需要，这种需要在课堂上满足，靠的是教师、学生的相互给予，当然还包括学生与学生之间的相互给予。①

（1）教师要尊重和信任学生

教师要尊重学生的人格，不能打骂和侮辱学生，不能用语言和行为挫伤他们

---

① 孙克瑞．超级英语学习法．北京：中国审计出版社，1996．

的自尊心，要唤起他们成功的欲望，要真心实意地相信学生能学好功课。特别是对那些暂时落后的学生，更要尊重和信任他们。教师对学生的爱和信任往往会成为一种无形的动力，督促他们大幅度地进步。著名的罗森塔尔效应便说明了这一点。

1968 年，美国心理学家罗森塔尔到了一所小学，从 1～6 年级各选 3 个班，对这 18 个班的学生做了一番"煞有介事"的心理测验，然后把一份"最佳发展前途者"的名单交给了校长和有关教师，并一再叮嘱：千万保密，否则会影响实验的正确性。名单中的学生，有的本来是班上的好学生，有的却是班内很差的学生，但由于对罗森塔尔的崇拜，老师们也只得暗怪自己过去看错了这些"差生"。8 个月后罗森塔尔又来到这所学校复试，奇迹出现了，名单上的学生，个个成绩进步快，情绪活泼开朗，求知欲旺强，与老师的感情也特别深。然而罗森塔尔却告诉老师们，他的心理测验是做样子的，名单上的学生也是随机写上的。但为什么这些学生进步特别快呢？因为心理学家通过"权威性的谎言"暗示教师，坚定了教师对名单上的学生的信心，激发了教师独特的深情，教师掩饰不住的深情通过眼神、笑貌、语言、抚摸等滋润着这些学生的心田，使他们更加自尊、自爱、自信、自强，一股幸福、欢乐、奋发的暖流在孩子们的心中荡漾！这种由于教师的期待和热爱而产生的影响，就是有名的"罗森塔尔效应"。

当然，我们也经常看到相反的例子，有的教师由于方法不当而挫伤了学生的自尊心。山东《齐鲁晚报》的记者曾琳谈到这样一件事：有一次她到一所中学去采访，发现一位个头最矮的学生却坐在最后排听课。面对记者的提问，学生那涨红的脸上竟然落下几滴泪珠。原来，他的班主任创造了一个"奇迹"——按考分多少排座次。考分高的排前面，考分低的排后边。他的考分最低，便把他排在了最后。他含泪对记者说："我整天抬不起头来，感到同学们向我投来的都是鄙夷的目光，我甚至想到退学或者⋯⋯"他说自己已经努力了，但父母都是工人，自己不懂的东西他们更不懂，想向老师与同学们请教，又怕他们瞧不起，所以成绩一直上不去。他也想考高分，也想得到老师的信任和同学们的帮助，但他得不到。记者谈道：她接到许多学生的来信，他们在信中都倾诉了由于成绩差而在老师与同学面前抬不起头来的苦恼。这些学生，本来就有自卑感，而用排座次的方法把他们排在后边，这就更加刺伤了他们的自尊心，使之失去了对老师的信任与进取的信心，甚至破罐子破摔。①

其实，教师是有许多既尊重学生的人格、不挫伤其自尊心，又能了解、激励他们学习的办法的。例如，深圳高级中学设计了"学习水平发展曲线图"，以"测试时间"和"百分等级"为坐标，每次考试后，由科任老师算出每个同学的成绩在年级的百分比，再随试卷发给学生。每一科的成绩都在图表上反映出一条曲线。这样，同学们对自己每次考试的成绩和在年级处于什么水平清清楚楚，但对别人的成绩和水平却不太清楚。这便保护了同学们的自尊心，消除了他们的心理压力。②

（2）在课堂教学中，教师要发扬民主，善于发现和保护学生的积极性

苏霍姆林斯基在《教育的艺术》一书中说："课堂上一切困惑和失败的根子，在绝大多数场合下，都在于教师忘记了：上课这是儿童和教师的共同劳动，这种劳动的成功，首先是由师生间的相互关系来决定的。"愉快和谐的课堂气氛，可以激发师生双方的积极性和创造性，提高课堂教学的效率。而这种和谐的课堂气氛，首先表现为师生以诚相见，情感交融，在课堂上听不到呵斥声和叹息声，看不到苦恼和僵持的局面。这就需要教师充分发扬教学民主，善于发现学生的积极因素，善于处理一些偶发事件，保护学生的积极性，使师生关系和同学关系始终处于和谐的状态。

山东省禹城市第二实验小学的田亚林老师谈到这样一件事：他在教小学语文《太阳》一课时，一学生问道："老师说'太阳离我们三万万里远'，这里的'万万'是什么意思？"这个学生一问，其他学生便笑了，有的还在嘀咕："万万就是一亿呗，这还不知道。"那位发问的学生十分尴尬地坐下了。田老师马上意识到这个学生的自尊心受到了挫伤，于是停下讲课，向同学们提出了一个问题："既然万万就是亿，那么我为什么不说'三亿里远'而说'三万万里远'呢？"哄笑的课堂马上安静下来，一位学生举手发言说："一是用'万万'这个叠词读起来朗朗上口；二是表达的感情色彩强烈，给人的感觉好像格外远。"教师表扬了他。这时那位举手发言的同学露出得意之色，而首先提出问题的同学仍然低着头。教师抓住时机，接着问："大家想想，这个有意义的问题是谁最先提出来的？"所有的学生都用羡慕的目光去看那位首

---

① 齐鲁晚报，1998 - 12 - 21.
② 中国教育报，2002 - 08 - 29.

先提出问题的同学，那个同学也理直气壮地抬起了头。教师就这样把握住了每个学生的心理反应，时时处处设身处地地为学生着想，及时保护了学生学习的积极性和自尊心，调整了师生之间、同学之间的心理差距，在教学过程中始终保持着师生及同学之间的高度和谐。正如于漪老师所说："课堂生活其实就是师生间心的沟通，情的交流。不到心心相印的程度，是教不好学生的。"

山东省东营市胜利十四中的物理老师张久强在上课时曾提出这样一个问题："当电键闭合时，发现灯泡不亮，同学们说这是什么原因？""停电了！"后面一个平日较调皮的学生大喊了一声。在这同时，几乎全班所有学生的目光都转向了这位同学。按惯例，遇到这种情况，老师一定会大发雷霆。但张久强老师却话锋一转说："好！可能是这个原因。那么同学们再想一想，除了停电之外，还可能会是什么原因呢？"于是课堂上刹那间的"不和谐"瞬间消失。

福建省福州市华伦中学的吴赞明老师谈道，他班上的一个学生曾经写下这样一段周记：星期五语文课上，您连续叫几个同学起来背诵《钱塘湖春行》，他们都背不好，您脸色难看。这时突然叫到我，同时有几十双怀疑的眼睛一起盯住我，我心慌意乱，把原来预备好的忘得一干二净，思想怎么也集中不起来，就等着挨批。可令我惊奇的是，您没有发脾气，还用和蔼的口气说："我相信张静同学一定背得出来，别紧张，看看窗外有什么？"我抬头一看，哦，"山"！立刻就背出第一句，可又卡住了，我望着您期待的目光。这时，您又鼓励说："你们听，不是背得很好吗？山要对什么呢？"我眼前一亮，就很流利地背完了全诗（原诗首联是：孤山寺北贾亭西，水面初平云脚低）。这时，您对我大加赞扬。老师，你知道吗？当时我真的流下了泪，我将永远忘不了那一刻！这则周记很感人，吴老师的教学民主作风和对学生的启发爱护，确实值得我们敬佩。

（3）学生也要尊重和信赖老师

教师也特别希望得到学生的尊重，他希望学生们能认真听他讲课，能认真完成他布置的作业。老师辛勤的劳动也需要情感的回报。当他站在讲台上看到全班同学都在聚精会神地听他讲课时，他会有一种成功感，有一种幸福感，愉快的情绪会激发他的聪明才智，许多在备课时没有想到的妙语警句也往往会脱口而出，思路更加清晰，教态更加自然，效果会"出乎意料"得好。然而，当他看到台下有的同学在打瞌睡，看小说，相互说话时，他会感到自己的劳动受到了愚弄，情绪会变得烦躁、低沉，准备好的讲稿也可能会被打乱，课堂气氛会显得很不和谐。所以在课堂上，学生也要发自内心地尊重和信赖老师，要尊重老师的辛勤劳动，要相信老师能够教好自己。良好的师生关系是形成和谐的课堂气氛的基础。

（4）教师要关注每一个学生

师生之间的和谐还包括教师要关注每一个学生。教育公平包括教育起点的公平、教育过程的公平、教育结果的公平。学生不管家庭背景如何，只要符合某所学校的入学条件都应该进入这所学校，这是教育起点的公平；但是进了这所学校未必每个学生都能得到公正的对待，比如有的老师偏爱学习成绩好的学生，忽视差生，就会出现教育过程的不公平，这种教育过程的不公平会直接导致教育结果的不公平，有的学生就会考上理想的学校，有的学生就会落榜或考的学校不理想，所以教育过程的公平非常重要。要实现教育过程的公平，老师就要关注每一个学生，特别是那些学习成绩暂时差一些、行为习惯暂时差一些的学生，更需要老师的关注。老师只有关注到每一个学生，才能实现真正的因材施教，才能达到师生之间关系的真正和谐。当然，教师在课堂上对学生的关注除了自身的作用以外，很重要的是通过合作小组的形式，让学生相互检查和帮助，特别是大班额，仅仅靠教师个人来关注所有的学生是有难度的。

2. 教师与教材要和谐

新一轮基础教育课程改革提出教材仅仅是个例子，教师要用好教材，超出教材。有的老师认为既然教材是个例子，就不需要认真钻研教材了，主要是转变教学方式，所以上课时师生忙于互动和表演，而对教材的理解和掌握却很肤浅。其实，不管课程改革怎样改，钻研教材和把握教材是教师永远的基本功。一个教师只有把教材吃透了，才能灵活变通教学方法，才能用最少的时间给学生以最大的收获，才能提高课堂教学的效率。

如果随便问一个刚参加工作的青年教师：你能把握教材吗？他会很自信地说："没问题！你说课本中哪个题我不会做？哪篇文章我不会讲？"其实，把握教材不仅是指理解教材中的每个知识点，更是对教材的整体把握。要求教师熟悉本学科的课程标准，了解教材编者的意图，清楚整个学段教材的逻辑线索，能够把前后相关的知识整合起来。如同数学中的点、线、面、体一样，知识的掌握也分为四个层次。有的人只能掌握一个个的知识点，但不能把这些知识点连成一条线，如同一颗颗散落的珍珠，串联不起来，这是掌握知识的第一个层次；有的人能够把同类的知识前后联系起来，形成一条线，但不能把不同类型的各条线的知识横向并联起来，形成一个面，这是第二次层次；有的人能够把同一年级的知识纵向、横向联系起来形成一个面，但不能把不同年级一个学段的知识联系起来，形成一个知识的立方体，这是第三个层次。只有把整个学段的知识纵向、横向联系起来，才能形成一个知识体，这是第四个层次。一个教师如果达到了第四个层次，就会成为一个教学专家，在教学中不管从哪个知识点切入，都能把各种知识连接起来。一些特级教师之所以能随心所欲地驾驭教材，就在于他们达到了第四个层次。

　　一般的语文老师认为语文教学无规律可循，不像数学知识那样逻辑严密。而辽宁省盘锦市的魏书生老师通过对初中六册语文课本进行认真的分析，认为语文知识也是有内在规律可循的。他用"知识树"的形式概括了初中语文的知识结构（魏书生当年是用笔画的，下图是用电脑画的）。

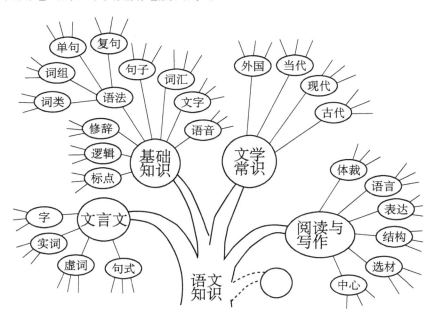

　　魏书生认为初中语文知识大致分为四大部分，如同一棵大树的四大主干：基础知识、文言文、文学常识、阅读与写作。再进一步分析就会发现每根主干又有许多分枝，如"基础知识"就包括语音、文字、词汇、句子、语法、修辞、逻辑、标点这样八个方面。共22个分枝。再进一步分析，每根分枝又有许多叶片或果实，如"语法"就包括词类、词组（现在叫短语）、单句、复句四个知识点。大约130多个知识点。他不仅自己熟悉整个学段的知识结构，还引导学生把握整个学段的教材。初一学生一入学，他让学生把初中三年的六册语文课本全部借到手，通读课文并画出这棵"知识树"。魏书生说：这棵知识树就像交通图。第一层次的知识像省，第二层次的知识像市，第三层次的知识像县，第三层次以下还有更细密的知识细胞，好比乡镇、村一样。学生先将教材知识划分为不同层次，再把握住了一、二、三层次这些主要的知识点，总体语文教材怎样读，总共要学哪些知识，哪些先学，哪些后学，哪些是已知的，哪些是未知的，就可以做到心中有数。这样学生自学时，就可以驾驶着思维的汽车，在知识的原野上奔驰，一个层次一个层次，一个类别一个类别地征服语文知识目标，就不会感觉语文知识混乱，无从下手了。

　　在一般的小学数学教师眼里，小学数学教材中有无数的概念，而北京市朝阳区实验小学的特级教师马芯兰老师说：小学数学就是掌握四个基本概念：合差倍分。"合"是最基本的概念，小学阶段要整个抓一个"合"字：有"合"就有"分"，在合分这两部分，就有不等和相等。每份都相等，就是特殊情况了，就有乘除。加减和乘除是有内在联系的。这个知识挖掘透了，就知道该在哪里下功夫，许多东西就水到渠成。知识就像一棵树，是有内在联系的一个有机整体。如果孤立地把知识分成若干块，那就是灌输。哪怕他理解了，也是孤立的理解。

　　根据这一理论，她从纵横两个方面对小学数学课本进行了重新调整和组合，在"纵"的方面，就是按照知识的纵向联系，归结为计算和应用题两条线，并使两条线的知识密切联系、互相渗透。基本的概念、法则、原理和数学能力是线上的中心环节。抓住这些中心环节，整条线就带动起来了。例如，百以内加减竖式计算法则，在计算这条线上，它是一个基本计算法则。重点学好百以内加减竖式计算法则，以后学习万以内、多位数加减计算时，学生就可以运用旧知识比较容易地掌握新知识，这就是知识迁移的作用。

　　在"横"的联系方面，就是把教材中有横向联系或互逆关系的知识，编排在一起，形成许多大大小小的"块"。例如，把十一类一步应用题组成一大"块"，把多位数加减与小数、分数、百分数加减，多位数乘除和小数乘除、分数和百分数应用题等分别分成不同的"块"。十一类一步应用题这一大"块"，又分为四小"块"，即把原教材中属于"求和""求剩余"的内容编为一块；把属于比较两个数多少的应用题编为一块；把属于"求相同加数的和的乘法应用题和相应的除法应用题"编为一块；把"属于比较两数倍数关系的应用题"编为一块。然后以基本的概念法则为中心，一块一块地进行教学。例如比较两个数多少的应用题，这一小块内容，"同样多"和"差"的概念就是学习这一块知识的基本概念。

这样以基本概念、原理、法则为中心，从纵横两个方面对原教材从结构上进行了调整和组合，形成了一个新的教材知识结构，大大提高了教学的效率，减轻了学生负担，每个学期都可提前2～4周完成预定的教学任务。

3. 教师与方法要和谐

在课堂教学中教师的首要任务是什么？是传授给学生知识？是发展学生的能力？都不是，这二者实际是教学的目的。如果学生对学习没有兴趣、没有信心、没有责任感，那么知识就会学不好，能力也发展不好。而一个有责任感的学生，他自己就会认真学习。在课堂上我们可以观察到，有的学生认真听讲、认真做作业，唯恐学习搞不好；而有的学生得过且过，从来不把学习当回事，能偷懒就偷懒，能不做就不做。这些都是学生责任感的表现。

不同的责任意识会形成不同的思维方式。比如一个单位，面对同一个问题，领导和职工的思维方式是不一样的，领导往往站在单位全局的角度考虑问题，因为他担负着领导全局的责任；而职工往往是站在个人和局部的角度来考虑问题，因为他只担负着具体的责任。这主要不是思想觉悟高低的问题，是社会角色的不同，正所谓"在其位谋其政"。如果领导干部有一天变成了普通职工，考虑问题的角度马上会发生变化，和普通职工的思维方式也完全一样。所以我们经常说要"换位思考"，就是在心理上把角色换一下，思维的角度和方式马上就不一样了。

学生责任感的大小不仅与学习的目的性和学习习惯有关系，与教师的教学方式也有关系。如果老师每次只让学生完成很小的任务，学生的压力小，责任小，思维的潜能就难以发挥。满堂灌的教学方式为什么不能调动学生学习的积极性和潜能？因为学生的主要任务就是听，学生只要把老师讲的内容记住就是好学生，学生学习的主动性、探究性和潜能就发挥不出来。过去我在大学教学时都是满堂灌,美其名曰"大学讲授法",50 分钟一节课,两节课连排,我一上课就讲,下课就走,基本不让学生自学。我发现有的学生整个学期不带书、不带笔记,空着手来上课。我问学生:"为什么不带书?""你讲得比书上的还细,我没有必要带书。""为什么不记笔记?""我没有必要记笔记,期末复习时把你的讲稿用优盘拷贝一下就行了,比笔记还清楚。"我无言以对。是我的教学方式决定了学生的学习方式。在满堂灌的教学方式下,学生只要认真听就是好学生,如果有谁不注意听讲,自己看书或讨论问题,就会被老师看作不遵守课堂纪律、不尊重老师的劳动。

还有的老师把满堂灌变成了满堂问,教师把教材上的内容变成了一个个具体的小问题,每个问题的难度都不大,就像把一个苹果切成了若干小片,学生不费力就能吃下去。所以学生在回答问题时不需要动脑,有些问题本身就暗含着答案,如"草原上的景色美不美?""我们应该不应该向英雄人物学习?"等。在这种教学情境下,学生没有责任感,没有压力,也不需要认真动脑,只要在课堂上表现活跃就是好学生。

其实人的潜能是很大的。有一位科学家说过:人的一生最悲哀的不是一年年的衰老和死去,最悲哀的是人们一生只发挥了他潜能的不到百分之十。人的潜能如同地下的石油,给它一定的压力才能喷发出来。人有了责任感就会自我施压,开发自己的潜能。这种责任感一方面靠提高学生学习的自觉性和目的性来加强,另一方面靠教师教学方式的改革来加强。

在教学中教师不要把问题切割得很小,而是一开始就把主要任务和全部任务交给学生,并且有时间和检查的要求,看学生怎么办?就如同把一个完整的苹果交给学生,要求学生在规定的时间吃完,看学生怎么吃?这时他就有了压力,有了责任感。有了责任感就有了动力,他就要想办法调动所有的智慧和潜能来完成这个任务。学生的思维方式和潜能往往是教师估计不到的。下面是著名数学家高斯破解数学难题的例子。

1796 年的一天,德国哥廷根大学,19 岁的高斯吃完晚饭开始做导师单独布置给他的每天例行的数学题。正常情况下,他总是在两个小时内完成这项特殊作业。像往常一样,前两道题在两个小时内顺利地完成了。第三道题写在一张小纸条上,是要求只用圆规和一把没有刻度的直尺做出正 17 边形。高斯没有在意,像做前两道题一样开始做起来。然而，做着做着，他感到越来越吃力。困难激起了他的斗志：我一定要把它做出来！他拿起圆规和直尺，在纸上画着，尝试着用一些超常规的思路去解这道题。当东方破晓的时候，他长舒了一口气，他终于做出了这道题。

作业交给导师后，导师惊呆了。他用颤抖的声音对高斯说："这真是你做出来的？你知不知道，你解开了一道有两千多年历史的数学悬案？阿基米德没有解出来，牛顿也没有解出来，你竟然一个晚上就解出来了，你真是天才！我最近正在研究这道难题，昨天给你布置题目时，不小心把写有这个题目的小纸条夹在了给你的题目里。"

多年以后，高斯回忆起这件事时说："如果有人告诉我，这是一道有两千年历史的数学难题，我不可能在一个晚上解决它。"高斯由于不知道他做的是一道谁都解不出来的数学悬案，他就能用一晚上的时间奇迹般地做出来，老师没有告诉他怎么做，而是无意识地把这个任务交给了他，调动了他的全部潜能和智慧，所以他做出来了。如果老师告诉他第一步怎么做，第二步怎么做，他是做不出来的，因为他的老师也未必做得出来，学生的潜能是老师估计不到的。

有些老师在教学时往往把问题考虑得很具体，把学生想象成大脑一片空白的容器，要按照教师设计的方式来装知识。一个小学语文老师为了让学生记住"蛙"字，给学生编了一个口诀，让学生一起背诵，想不到一个学生突然站起来说："老师，我妈叫夏永桂，'桂'字换换偏旁就是'蛙'字。我记住了，不用背你的口诀。"另一个学生也站起来说："老师，我爸爸书房里挂着一张画，画的就是青蛙和荷花，上面的'蛙'字写得特好玩，我记住了，不用背你的口诀。"还有一个学生说："我妈妈说青蛙肉不能吃，你看它带着一个'虫'字呢，这个字我也记住了，不用背口诀。"陆续有几个学生用自己的生活体验记住了这个字。

西方建构主义教学理论认为，学习不是把外部知识直接输入心理的过程，而是主体以已有的经验为基础，通过与外部世界的相互作用而主动建构新的理解、新的心理表征的过程。世界的意义并非独立于主体而存在，而是源于主体的构建。每一个人都以自己的方式构建世界的意义，因而对世界的理解是多元的，"一百个人就是一百个主体，并会有一百个不同的建构"。教师和学生分别以自己的方式建构对世界的理解，每一个教师和每一个学生对世界的意义的建构各不相同，因为在教育教学过程中，每一个人都是独立的主体。正由于此，所以教师不要把自己和成年人的思维方式强加给学生，教师的首要任务是激发学生的责任感，发挥学生的潜能，让学生结合自己的生活体验和知识基础来完成对新知识的认知和建构。比如还是教"蛙"字，老师可以说："同学们，你们看这个青蛙的'蛙'字，一个'虫'字两个'土'字，我给大家一分钟的时间，看哪个同学最先记住和能写这个字，并且要说一说你是怎么记住的。"就如同把一个完整的苹果交给了学生，时间明确，任务明确，看学生怎么办。每个学生都有了责任感和压力，而不是仅仅被提问的学生有压力，每个学生都要调动自己的生活经验和知识基础来记住这个字，而不是背诵老师提供的口诀。

4. 学生与教材要和谐

在教学过程中，不管是教师直接向学生讲授教材，还是学生在教师指导下自学教材，最终目的都是让学生掌握教材中的知识。所以学生与教材的关系也很重要。首先，学生要通过对旧知识的复习而与教材中的新知识联结起来，不能出现知识的断层，也不能出现"夹生饭"。其次，学生要通过预习，对新教材有一定的感性认识。其实，预习不仅是感知新教材，也是培养学生自学能力的过程。学生在预习过程中理解了的东西，教师在课堂上就可以不讲或少讲。学生在预习中不明白的问题，会在他头脑中留下很深的印象，老师讲课时注意力更加集中，对知识的理解和记忆也更加深刻。如果学生课前没有预习新教材，在老师讲课时往往会"跟着感觉走"，不知道哪些是重点和难点，思维跟不上趟，学习效果就差。

魏书生老师就特别注重让学生自学教材。学生刚入中学，他就让学生把初中六册语文教材拿到手，引导他们对全套初中教材进行分析，讲清初中阶段语文知识的总体结构，引导学生画语文知识结构图。他还让学生把六册课本加以比较，从比较中分析编排体例和编者意图。这样做费时不多，却有利于学生从系统的角度去观察分析问题，清楚地知道自己每天所学知识在整个语文系统中所占的位置，这叫自学总体的语文书。

每当寒暑假之前，他就把下学期的新教材发给学生，让学生在假期通览教材，然后写出《第×册语文教材分析》的文章。必须写清这样几方面的内容：列出本册教材的生字表（现代文与文言文分列）；列出本册教材的生词表；本册教材共多少单元，各类体裁的文章分布如何；对本册教材的知识短文进行分析；统计书后习题数及类别；分析书后附录。这叫自学一本语文书。

魏书生引导学生把一本书中体裁相同的文章集中读，比较着读，在比较中发现他们的异同点，找出规律性的东西。以小说为例，在讲小说之前先教给学生一些基本知识，从人物、情节、环境入手，比较人物性格及描写方法异同，开端、发展、高潮、结尾是怎样安排的，社会环境和自然环境各自有何特色等。其余记叙、说明、议论各类文体文章都给学生总结出一些规律性的方法，学生用这些方法去读一个单元或更多篇同一体裁的文章，既加深了对每一篇文章特色的认识，又加深了对某种体裁文章写法的理解。这叫自学一类文章。

另外，他还教会学生自学一篇文章的方法。他根据学生的实际总结出了"四遍八步读书法"。他还教给学生完成每一步任务的具体方法，如理清文章结构使用的五种方法，归纳文章中心的六种方法，分析文章写作特色的三种方法等。学生把这些方法叫作阅读的钥匙，他们拿这些钥匙去打开一篇篇文章的锁。

魏书生的实验是在语文教学中搞的，但其基本原理可推广到各科教学，在理科教学中同样可以让学生自学教材。如洋思中学的"先学后教"，就是老师不讲，先让学生自学教材。东庐中学的"讲学稿教学法"也是老师不讲，先让学生运用讲学稿自学教材，从过去的"老师带着教材走向学生"改为"老师带着学生走向教材"。这些都是较好地处理了学生与教材的关系。

5. 学生与方法要和谐

湖北大学异步教学论的创立者黎世法教授曾提出，最优的教学方法必须是符合学生学情的教学方法。是否符合学生的学情，是判断一种教学方法（教学结构）是不是最优的条件，也是判断一种学习方法（学习结构）是不是最优的条件。最优教学方法应是学生的最优学习方法与教师的最优教学的方法的总和。要确定教师教的方法，首先必须知道学生学的情况。教法一定要适合学情，这是教学活动的一条规律。

在教学过程中，教师的教法与学生的关系表现在多个方面。

第一，教师在选择教学方法时，必须了解学生的学习习惯、知识基础、接受能力、参与的主动性等，这就是所谓学情。每种教学方法，都有自己特定的适用范围，都不可能包打天下，所以根据学生的具体情况选择教学方法很重要。

第二，同一种教学方法，针对不同年龄阶段，不同学习习惯的学生也应灵活变通，不能千篇一律，机械照搬。

第三，任何教学方法，都必须取得学生的积极配合，不然只有教师一厢情愿，往往会事与愿违。如有些老师试图用启发式教学，结果学生启而不发，问而不答，课堂气氛很沉闷。教师在运用一种新的方法教学时，首先要告诉学生这种方法的优点、具体操作程序，便于学生主动配合。如让学生在课堂上自学讨论，如果教师不提出具体的要求，学生则不知道重点学什么，应该掌握哪些东西，在讨论时也往往流于形式，不得要领。所以学生的学法与教师的教法配合默契，才能形成课堂教学的和谐气氛，才能取得预期的教学效果。

第四，任何教学方法都是教法与学法的结合。教师在设计一堂课的教学结构时，不仅要考虑到教师怎么做，还要考虑到学生怎么做。要有意识地培养学生的自学习惯和自学能力。

新课改提出要转变学生的学习方法。因为长期以来，我国基础教育过于强调以接受学习、死记硬背、机械训练为特征的被动接受式的学习方法，这种被动接受式的学习方法已不能适应素质教育的要求，严重地阻碍了学生的身心发展。转变学生学习方法的目的是：使基础教育真正着眼于学生潜能的唤醒、挖掘与提升，促进学生的自主发展；着眼于学生的全面成长，促进学生认知、情感、态度与技能等方面的和谐发展；关注学生的生活世界和学生的独特需要，促进学生有特色的发展；关注学生的终身学习的愿望和能力的形成，促进学生的可持续发展。

现代学习方法不是特指某一具体的方法或几种方法的总和，从本质上讲，现代学习方法是以弘扬人的主体性为宗旨、以促进人的可持续性发展为目的，由许多具体方法构成的多维度、具有不同层次结构的开放系统。现代学习方法的基本特征如下。

（1）主动性

主动性是现代学习方法的首要特征，它对应于传统学习方法的被动性，二者在学生的具体学习活动中表现为："我要学"和"要我学"。"我要学"是基于学生对学习的一种内在需要，"要我学"则是基于外在的诱因和强制。学生学习的内在需要一方面表现为学习兴趣。兴趣有直接和间接之分，直接兴趣指向过程本身，间接兴趣指向活动结果。学生有了学习兴趣，特别是直接兴趣，学习活动对他来说就不是一种负担，而是一种享受、一种愉快的体验，学生会越学越想学、越爱学，有兴趣的学习事半功倍。相反，如果学生对学习不感兴趣，情况就大相径庭了，"强扭的瓜不甜"，学生在逼迫的状态下被动地学习，学习的效果必定是事倍功半。

另一方面表现为学习责任。学习是谁的事情，谁应当对学习承担责任？教师当然应该对学生的学习负责，但是如果学生自己意识不到学习的责任，不能把学习跟自己的生活、生命、成长、发展有机联系起来，这种学习就不是真正的自我学习。只有当学习的责任真正地从教师身上转移到学生身上，学生自觉地担负起学习的责任时，学生的学习才是一种真正的有意义的学习。

（2）独立性

独立性是现代学习方法的核心特征，它对应于传统学习方法的依赖性。如果说主动性表现为"我要学"，那么独立性则表现为"我能学"。每个学生，除有特殊原因外，都有相当强的潜在的和外显的独立学习能力。不仅如此，每个学生同时都有一种独立的要求，都有一种表现自己独立学习能力的欲望，他们在学校的整个学习过程也就是一个争取独立和日益独立的过程。低估、漠视学生的独立学习能力，忽视、压制学生的独立要求，从而导致学生独立性的不断丧失，这是传统教学的根本弊端。现代教学改革要求我们教师充分尊重学生的独立性，积极鼓励学生独立学习，并创造各种机会让学生独立学习，从而让学生发挥自己的独立性，培养独立学习的能力。值得强调的是，在基础教育阶段，对待学生的独立性和独立学习，还要有一种动态发展的观点，从教与学的关系来说，整个教学过程是一个"从教到学"的转化过程，即从依赖到独立的过程。在这个过程中，教师的作用不断转化为学生的独立学习能力；随着学生独立学习能力的由弱到强、由小到大的增长和提高，教师的作用在量上也就发生了相反的变化；最后是学生基本甚至完全的独立。

（3）独特性

每个学生都有自己独特的内心世界、精神世界和内在感受，有着不同于他人的观察、思考和解决问题的方式。也就是说，学生有着独特的个性，每个学生的学习在本质上都是其独特个性的体现。实际上，有效的学习方法都是个性化的，没有放之四海皆有效的统一方法，对某个学生是有效的方法，对他人却未必如此。正如多元智力理论所指出的，每个人的智慧类型不一样，他们的思维方式、学习需要、学习优势、学习风格也不一样，因此每个人的具体学习方式是不同的。这意味着我们提倡转变学习方法，要尊重每一个学生的独特个性和具体生活，为每个学生富有个性的发展创造空间。独特性因此成为现代学习方法的重要特征。

独特性同时也意味着差异性，学生的学习客观上存在着个体差异，不同的学生在学习同一内容时，实际具备的认知基础和情感准备以及学习能力倾向不同，决定了不同的学生对同样的内容学习速度和所需时间的不同。传统教学忽视学生学习的个体差异，要求所有学生在同样的时间内，运用同样的学习条件，以同样的学习速度掌握同样的学习内容，并要求达到同样的学习水平和质量。这种"一刀切""一锅煮"的做法，致使很多学生的学习不是从自己现有的基础出发，结果导致有些学生"吃不饱"，有些学生"吃不了"，有些学生根本不知从何"入口"。现代学习方法尊重学生的差异，并把它视为一种亟待开发和利用的教育教学资源，努力实现学生学习的个体化和教师指导的针对性。

（4）体验性

体验是指由身体性活动与直接经验而产生的感情和意识。体验使学习进入生命领域，因为有了体验，知识的学习不再是仅仅属于认知、理性范畴，它已扩展到情感、生理和人格等领域，从而使学习过程不仅是知识增长的过程，同时也是身心和人格健全与发展的过程。体验性是现代学习方法的突出特征，在实际的学习活动中，它表现为：

第一，强调身体性参与。学习不仅要用自己的脑子思考，而且要用自己的眼睛看，用自己的耳朵听，用自己的嘴巴说，用自己的手操作，即用自己的身体去亲自经历，用自己的心灵去亲自感悟。这不仅是理解知识的需要，更是激发学生生命活力，促进学生生命成长的需要。基于此，新课程改革特别强调学生参与，强调"活动""操作""实践""考察""调查""探究""经历"等。

第二，重视直接经验。重视直接经验，从课程上讲，就是要把学生的个人知识、直接经验、生活世界看成重要的课程资源；尊重"儿童文化"，发掘"童心""童趣"的课程价值。从教学角度讲，就是要鼓励学生对教科书的自我解读、自我理解，尊重学生的个人感受和独特见解，使学习过程成为一个富有个性的过程。从学习角度来说，就是要把直接经验的改造、发展作为学习的重要目的，间接经验要整合、转化为儿童的直接经验，成为儿童素质的有机组成部分，否则就会失去其教育意义和发展人的价值。

（5）问题性

问题是科学研究的出发点，是开启任何一门科学的钥匙。没有问题就不会有解释问题和解决问题的思想、方法和知识，所以说，问题是思想方法、知识积累和发展的逻辑力量，是生长新思想、新方法、新知识的种子。学生的学习同样必须重视问题的作用。没有问题也就难以诱发和激起求知欲，学生也就不会去深入思考，那么学习也就只能是表层和形式的。所以现代学习方法特别强调问题在学习活动中的重要性。一方面，强调通过问题来进行学习，把问题看作是学习的动力、起点和贯穿学习过程的主线；另一方面，通过学习来生成问题，把学习过程看作是发现问题、提出问题、分析问题和解决问题的过程。这里特别强调的是问题意识的形成和培养。问题意识是指问题成为学生感知和思维的对象，从而在学生心里造成一种悬而未决但又必须解决的求知状态。问题意识会激发学生强烈的学习愿望，从而注意力高度集中，积极主动地投入学习；问题意识还可以激发学生勇于探索、创造和追求真理的科学精神。没有强烈的问题意识，就不可能激发学生认识的冲动性和思维的活跃性，更不可能激发学生的求异思维和创新思维。总之，问题意识是学生进行学习特别是发现学习、探究学习、研究性学习的重要心理因素。

显然，上述五点特性不是截然分开的，而是相互联系、相互包含的，它们虽是从不同的角度提出的，却是一个有机的整体。

6. 教材与方法要和谐

我们常说教学要"因材施教"，在这里"材"是指学生，是指针对学生的不同情况而对症下药，不能对所有学生都要求一律。但这个"材"也可以看作是"教材"，要根据不同的教材采取不同的教学方法。和谐教学虽然有一个基本的教学模式，但在各科教学中要根据学科的不同和教材的特点有多种变式，形成更为具体的教学模式，如小学语文和谐教学模式、初中数学和谐教学模式等。甚至同一学科，根据课型不同也会形成不同的教学模式，如语文教学现代文教学的模式，文言文教学的模式，写作教学的模式，理科教学新授课教学模式，复习课教学模式，等等。这就是我提出的"一科多模"的观点。这些教学模式的不同，很重要的就是考虑到教材与方法的关系问题。另外在教学中要注意引导学生总结不同教学内容的规律，总结一类知识的学习方法等，都是要做到教材与方法的和谐。

以上是教学过程各要素之间的关系，它们相互之间如果配合恰当，形成一种动态的平衡，就会导致教学过程的优化与和谐，取得理想的教学效果。

（三）教学过程与外部环境的和谐

教学环境是指相对于教学过程本身之外的各种因素，当然这些因素也会直接或间接地渗透于教学过程之中，影响着教学的效果和质量。教学环境包括物质环境和心理环境两部分。物质环境包括教室环境的布置、教学的空间格局、教学设备、教学工具等；心理环境包括师生之间的关系、同学之间的关系、班风、学风等。教学过程只有与教学环境密切配合，相互适应，才能使教学处于和谐状态，提高课堂教学的质量。

1. 教学过程与物质环境的和谐

（1）创设优美的教学环境

教室环境的布置和整洁程度，对于美化学生的心灵，增强他们的身心健康都很重要。如在教室的周围墙壁上张贴名人画像和名言条幅，有助于激发学生的学习动机和陶冶他们的情操；张贴一些世界名山大川、名胜古迹的摄影作品和图画，有助于美化学生的心灵，增长他们的知识；张贴一些知识树、概念、法则表等，则有助于学生巩固课本知识，不断强化记忆。在教室后面的黑板上让学生轮流办黑板报，则能增强他们的写作能力、板书板画能力和思维能力。教室地面、门窗、墙壁经常保持干净、整洁，能使师生赏心悦目，精神焕发；如果窗台上摆满花草，则更能使人神清气爽，精神抖擞，消除疲劳。整齐的桌椅、漂亮的窗帘、明亮的灯光，能够创造一种和谐的氛围，使人产生一种自豪、愉快的心情。

（2）改善学习的物质条件

教学设备和工具除了必要的桌椅、黑板以外，还包括投影仪、电子白板、标本、模型、实验仪器等。特别是随着科学技术的发展，许多现代化教学手段正在走进课堂。多媒体的使用，不仅节省了大量的课堂板书时间，或者显示一些图画和视频，增强教学的直观性和趣味性；或者显示一些事物的发展过程，帮助学生理解教材的重点和难点。录音机播放音乐、广播剧和情景对话，可以活跃课堂气氛，增强课文的感染力。必要的直观教具和教学实验仪器，是帮助学生理解教材必不可少的物质设备。有条件的学校已经做到了班班都有多媒体，计算机辅助教学能够提高课堂教学的效率和密度，是单靠教师的讲解所不能比拟的。

（3）创设"活动化"情境

学生知识背景的激活，学习气氛的烘托，游戏情趣的激发，皆须有适宜的活动环境。我们要充分利用教室的空间，营造浓厚的学习气氛和宜人的活动环境。如在教室里开辟"自然角"，让每个学生自己动手种一盆小花、养一条小金鱼，每天照料它们，观察它们，从中陶冶性情，培育心灵；布置"百花园"，让每个学生自己动手制作一件满意的作品，如图画、模型等，悬挂在墙壁上，署上每个学生的名字并且鼓励他们月月更新，激发学生们不断提高永不满足的好胜心、进取心；创办"小商场"，让每个学生从家中带来小玩具等，学生们自由地"物物交易"，品尝生活的情趣；丰富"小书城"，让每个学生自愿献出自己的一些图书，把教室变成学生身边的图书馆和图书漂流站。教室的环境只有"活"化了，才能真正发挥教室的内涵，充分发挥每个学生的创造性，让立体化的教室对每个学生个性的全面发展起积极的推进作用，从而潜移默化地引导学生热爱生活、热爱学习，享受活动和游戏的快乐。

综上所述，教学过程如果没有良好的物质环境与之配合，则很难实现教学过程的和谐，不能取得理想的教学效果。

2. 教学过程与心理环境的和谐

如果说教学的物质环境是硬件的话，教学的心理环境就是软件。教学的心理环境包括师生之间、同学之间的人际关系和班风、学风等。师生之间良好的人际关系，能使课堂教学中师生配合默契、相互信任和尊重，增强课堂教学的效果。要做到这一点，不仅要求教师在课堂上要对学生亲切，课下也要爱护、关心学生，使学生从内心尊重、信赖老师。同学之间的团结友爱、密切配合也是搞好教学的必要心理环境。如在课上课下，同学们相互讨论、解决疑难问题，学习好的同学主动帮助学习差的同学等，都会影响到全班的总体学习水平和教学的效果。

（1）形成良好的班风和学风

班风和学风是包括多方面的，如全班同学学习的积极性，上课回答问题的主动性，教学活动中的参与程度，课下完成作业的情况，同学之间团结情况，对老师的尊敬情况以及讲卫生、爱劳动的习惯等。好的班风和学风会陶冶学生的情操，使他们养成良好的学习和卫生习惯；好的班风和学风会使教师的教学工作得心应手，事半功倍。所以教学过程与教学环境的密切配合并相互适应，是提高教学质量的必要条件。

（2）教师和学生融为一体

教育不是机械地把知识从一个头脑搬到另一个头脑里去，而是师生之间心灵的沟通、碰撞。学生学习活动的积极性与满足感是在一种民主平等、无压抑的师生关系中，在允许提问、允许改正、独立的人文关怀中获得的。因此，我们的教育不能局限于规范的、程序化的空间里。

教学应是师生共同创造的多元、动态、内涵丰富的、富有情感和生命力的活动。教学活动中，教师首先要走下神圣的讲台，丢弃"师道尊严"的枷锁，成为学生的朋友、顾问、甚至亲人。平等、和谐、融洽的师生关系让儿童的心灵安全和自由，使其思维流畅，语言丰富。教师和学生们一起表演、讨论、比赛、读书，有时甚至角色换位，充分激活儿童认知结构中的内源因素，主动介入当前的知识探究活动中，去感悟、去吸取、去创造。

（3）多让学生体验课程

新课程提倡让学生体验课程。所谓体验，一是让学生亲身参与各种活动；二是在教学中充分利用他们的直接经验。活动是学生发展的根基，学生生命的本性便是活动。教学中要让学生的眼、耳、口、手、足、脑多种感官全部活动起来，在外显的讨论、表演、操作、观察等多样活动中，运用全部认知和情感方面的储备，唤起内隐的求知欲望，强化学习的动机，激发活动的乐趣，给教学赋予生命活力。特别是丰富儿童的角色表演活动、情境表演活动，让儿童主动去感受、想象、创造。

3. 教学过程与空间格局的和谐

教学的空间格局，主要指教学空间的大小，空间的封闭或开放程度，教学物质设施的陈列状态，学生座位的编排形式，等等。它与教学组织形式关系密切，不同的教学组织形式对教学的空间格局有不同的要求，同时，教学空间格局的变化往往会导致新的教学组织形式的产生。

为了方便学生的合作学习，在我的实验学校学生的座椅都是4~6人一组围桌而坐。我们通过多年的实验证明，在课堂教学中学生小组4人一组或6人一组比较适宜，8个人有点多，不便于照顾到每个学生。

不管是 6 人一组还是 4 人一组，都是 T 形排列。本着组间同质、组内异质的原则，组与组之间学生水平差不多，便于小组之间的平等竞争。而每个小组内部又分为上中下，便于好学生帮助差学生。如下图为山东省青岛市开发区实验初中 6 人一组的排列方式。

下图为天津市北辰区普育学校 4 人一组的排列方式：

普育学校的分组是根据月考的成绩，4 人一组分为 A、B、C、D 四个等级，座次基本排列是：

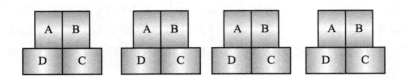

（四）课堂教学的有效性与价值取向

这几年，全国都在提有效课堂或高效课堂，这是与目前的考试升学制度分不开的。虽然有人提出教育是慢功夫，需要慢慢来，但升学是硬指标、就业是硬需求，如果教育脱离了当前的国情也会寸步难行。

1. 什么是课堂教学的有效性

现在我们都知道：教学是一门科学也是一种艺术。其实对这个问题的认识有一个漫长的过程。在 20 世纪以前，在西方的教育理论中占主导地位的教学观是"教学是艺术"，持这种观点的人认为：影响教学过程的因素是复杂的多方面的，每个教师的情况不同，每个班学生的情况不同，所以教学是无规律可循的，是难以用科学的方法进行研究的。教学只能是一种教师个性化的、没有"公共方法"的行为，是一种"凭良心行事"的、"约定俗成"的行为。

但是，随着 20 世纪以来科学思潮的影响，以及心理学特别是行为科学的发展，人们才逐步意识到，教学也是科学。也就是说，教学不仅有科学的基础，而且还可以用科学的方法来研究，教学是一种有规律的行为，教学的结果是可以测量的。所以人们才提出：教学不仅是一种艺术，也是一门科学。有效教学（effective teaching）的理念正是源于 20 世纪上半叶西方的教学科学化运动，它是"教学是艺术还是科学"之争的产物。

有效教学的核心问题就是教学的效益问题，即什么样的教学是有效的？是高效的、低效的还是无效的？所谓"有效"，主要是指通过教师在一段时间的教学之后，学生所获得的具体的进步或发展。也就是说，学生有无进步或发展是教学有没有效益的唯一指标。比如，一个教师承担了一个班的数学教学任务，在期末考试和总结的时候，人们看这个班是进步了还是退步了，是进步幅度大还是幅度小，以此衡量教师教学效益的大小。

但在日常教学中，我们更多的是看一堂课的教学效果。具体到一节课，所谓课堂教学的有效性是指：在规定的课堂教学时间内，师生对既定教学目标的达成情况。这个定义有两方面的规定性。

（1）强调课堂教学时间的规定性

我们提出向课堂要质量是指向 40 分钟（小学）或 45 分钟（中学）要质量，就是说，在规定的教学时间内教师要完成既定的教学任务，学生要实现既定的学习目标，而不是随意地把时间前伸和后延，如果学生在课前预习占用太多的时间也会增加学生的负担，如果给学生课后布置很多作业更是增加学生的负担。我曾经提出评价教师教学水平的标准：高水平的教师向课堂要质量，低水平的教师向课下要质量。这几年我研究了许多名教师的案例，他们的教学质量高、升学率高，而学生的负担却很轻，其奥妙就是向课堂要质量，所有的问题都在课堂上解决，很少留课后作业甚至没有作业。如辽宁的魏书生，北京的孙维刚、马芯兰等。我们在日常教学中也经常发现这样的现象：对桌办公的两个老师教平行班，一个老师整天忙得晕头转向，不是批作业就是给学生个别辅导，工作非常敬业，但师生的负担都很重，是以牺牲师生的身心健康为代价取得成绩的。而另一个老师可能课后作业很少，也很少给学生个别辅导，课后主要是研究教法，师生都不累，教学成绩却很好。其关键就是抓住了课堂教学这个环节，力争所有的问题都在课堂解决，不把问题和作业推向课后。

（2）强调教学目标的规定性

在课堂教学的开始，教师是否应该把教学目标告诉学生（书面的或口头的），这个问题争论了多少年没有定论。有的老师说：我在教案中有教学目标，但我不能告诉学生。为什么？因为我的课堂教学设计是很艺术的，事先学生不知道一堂课的教学目标，有一种神秘感，愿意听我的课。如果学生一开始就知道了一堂课的教学要求和目标，就不愿听课了。教学固然需要艺术性，但更要注重教学效果。在课程改革之前教师不告诉学生教学目标是可以理解的，因为过去是先教后学、以教定学，学生围着教师转，教师教什么、学生学什么，所以课前教师是否告诉学生教学目标并不重要，只要教师知道就行了。但课程改革提出要转变教与学的方法，要先学后教、以学定教，教师的教为学生的学服务，在这种情况下学生事先不知道一堂课的学习目标，就没法发挥主动性和积极性，就很难转变学习方法。另外如果一堂课没有具体的教学目标，很难评价这堂课效率的高低。所以美国的教育学家布卢姆说："有效的教学始于知道希望达到的目标是什么。"

2. 什么是课堂教学的价值取向

一堂课怎样才算是有效？有效的标准是什么？这里有一个价值取向问题。离开了价值取向讨论课堂教学的有效性是很模糊的。所谓课堂教学的价值取向就是教学目标的方向性问题。也就说，在一节课上？在有限时间内，师生做什么最有价值。做有价值的事才是有效的，价值越大效益越大。比如，在数学课上，教师带着学生做游戏，虽然数学知识没有学到多少，但学生很开心，有利于他们的身心健康发展。但这节课的主要任务是什么？在有限的时间内师生做什么最有价值？这就是价值取向问题。

比如，关于课堂教学的"预设与生成"问题，这在过去就有：教师的备课就是预设，教师在课堂教学中的灵活变通就是生成，并不深奥。我听过这样一节课：有个老师正在上数学课，讲一元二次方程组的解法，突然教室里来了一只猫，老师话题一转，引导学生讨论起了对动物的保护问题。有人觉得这是一堂自然生成的好课，是创新，是一堂跨学科的综合课。我认为：什么时候讨论动物的保护问题都有价值，但具体到这一节数学课，教学的主要目的是什么？这堂课要完成的主要任务是什么？在这里讨论动物的保护问题虽然也有价值，但却脱离了教学目标，是无效的或低效的。

再比如，在一节语文课上，老师让学生表演一个小品，虽然这个小品与课文的关系不大，但也能锻炼学生的表演能力和表达能力。对这样的课如何评价？特别在当前的课程改革中，有些教师只注重形式的活跃，堂堂都有分组讨论，堂堂都有表演和抢答。这就涉及课堂教学的价值取向问题。师生一定要明确：一堂课的主要任务是干什么，在有限的时间内首先要完成主要任务，主要任务完成了，课堂教学的效率才能提高。

美国哈佛商学院经常给学生讲述一种很有效的做事方法：80 对 20 的法则。即任何工作，如果按价值顺序排列，那么总价值的 80％往往来源于 20％的项目。简单地说，如果你把所有必须干的工作，按重要程度分为 10 项的话，那么只要把其中最重要的两项干好，其余的 8 项工作也就自然能比较顺利地完成了。课堂教学也是如此。在一堂数学课上，有价值的事很多，比如让学生唱歌，可以增加他的音乐素养；让学生表演，可以增强他的表演能力。但教师要清楚这节课的主要任务是什么，这节课主要是围绕什么来开展活动，评价一堂课的标准不是看搞了什么活动，而是完成了什么任务。

3. 课程目标的价值取向与长效和短效问题

新课程提出了三维的课程目标：知识与技能、过程与方法、情感态度与价值观。有的老师一直感到困惑：这三维的课程目标在课堂教学中是什么关系？应以什么为主？这实际上也是一个价值取向问题。对于三维的课程目标，我认为应以知识与技能为主线，过程与方法和情感态度与价值观都是以知识为载体来实现的。

所谓过程与方法，是学生在获得知识与技能的过程中运用了什么方法，是教师灌输获得的还是自主探究获得的，其价值不同；所谓情感态度与价值观是指：学生在学习的过程中是以什么样的情感和态度来参与的，是积极主动还是消极被动？是富有兴趣还是厌学乏味？通过一节课的学习学生的价值观、人生观、环保观等价值观念会发生什么样的变化？这些都以知识为载体。所以在课堂教学中不能淡化知识的教学。新中国成立后我们进行了八次课程改革，有成功的经验，有失败的教训，但基础知识和基本技能的教学是一条基本的经验，所以不能淡化。

一堂课的价值取向也有长效和短效的问题。具体到一节课，满堂灌的方法可能是最好的方法。有的老师说：如果让学生自学，可能十分钟还搞不明白，我给学生讲，三分钟学生就明白了。这就如同钻山洞，让学生自己钻，会在黑暗中摸索很长时间，甚至会碰头磕腿；如果老师领着学生钻山洞，很快就出去了，因为老师"学道在先，术业有专攻"。具体到一节课来讲可能会如此。但从长远来讲，特别是从学生的终生发展来讲就不是如此。现在提出了终身学习的概念，学生走向社会后还要不断地自学才能适应不断发展的社会，而这种自学能力不是走向社会后才培养的，而是在学校里，甚至从小学一年级就要培养。另外，学生在初始阶段，自学可能会花费很多时间，不如老师讲授学得快，但经过一个阶段甚至半年、一年的时间，学生的自学能力一旦形成，会成倍地提高学习的效率。正是从这些意义上，新课程提出转变学生的学习方法，为学生的一生发展奠基。所以课堂教学还有长效和短效的问题。我们在课堂教学中不能只图一时的效果而忽视学生终生发展的问题。

（五）整体建构是课堂和谐高效的有效手段

和谐教学不仅把教学过程看作是一个系统，它把教学内容也看作是一个系统，要求学生在整体感知教材、理解教材的过程中，尽快找到解决某一类问题的方法和规律，做到举一反三，提高学习的效率。

1. 整体建构符合人们认识事物的一般规律

许多人认为，人们认识事物的规律是先部分后整体，所以在教学中也是先部分后整体。首先解决一个一个的具体问题，最后形成对教材的整体认识。比如语文阅读教学，多少年来都是按照字、词、句、段、篇的顺序教学，先让学生理解生字、生词，扫清字词障碍，再划分段落和理解段意，最后总结主题思想和写作特点。教师往往逐字逐词、逐句逐段地进行分析，唯恐哪个细节讲不到，学生不明白，把完整的课文搞得支离破碎，直到快下课时学生才对全文有个整体认识。

事实上，人们认识事物的规律不是先部分后整体，而是先整体后部分，经过几个循环往复，最后形成对事物的清晰认识。比如，我们第一次看到一个人，不可能首先盯住他的眼睛看——双眼皮，再仔细看他的鼻子——高鼻梁，最后才恍然大悟：噢，原来是很漂亮的一个人！事实上我们只要用眼睛一扫描（类似学习中的速读），就可以马上得出一个整体的印象——这是个漂亮的人。然后有时间你会一部分一部分地仔细端详（类似学习中的精读）：双眼皮、高鼻梁、白皮肤、高个头、穿戴得体……在对部分的认识中不断加深最初的整体印象——这人确实很漂亮。也可能在对部分的认识中不断修正最初的整体印象——乍一看很漂亮，仔细一看，原来有一些缺陷。我们初到一个城市、一个单位，匆忙转了一个圈，有了一个整体印象，虽然对这个城市或这个单位的各个部门并不了解，但我们首先有了整体的印象，尽管这个印象是模糊的、粗浅的，我们会在以后对其各个部分的了解中不断加深或修正最初的整体印象。许多识字教学的经验也证明：小学生在最初学习汉字时，并不一定是笔画少的先学会，笔画多的后学会，有时候笔画多的字先记住了，而笔画少的字反而没有记住，这与字的结构有关系，孩子在认字时是整体感知，而不是一个笔画一个偏旁地去记。

2. 整体建构教学要求教师一开始就要把主要任务交给学生

由于传统教学担心学生一下子对整体把握不了，所以总是一部分一部分地让学生学习。如教小学数学"7 的乘法口诀"，教师往往让学生先学会"$1 \times 7 = ?$"，再学习"$2 \times 7 = ?$"，依此类推，直到下课前才学习完"$7 \times 7 = ?$"，这样学生学习的难度小，速度慢，不能养成整体思维的习惯。而整体建构的原则要求老师一开始就把"7

的乘法口诀"的全部任务交给学生，要求学生一次性思考解决这些问题："同学们，前边我们已经学过了 1 至 6 的乘法口诀，根据前边学习的规律和经验，你能不能想出 7 的乘法口诀？看哪个同学能在最短的时间内把这些答案写出来，并说说你是怎么想的。"每个学生思维的方法和习惯可能不一样，有的会总结前边 1 至 6 的乘法口诀规律，通过抽象思维和逻辑推理想出来，有的需要借助学具"摆一摆"通过形象思维才能解决。教师一下子把全部问题或主要问题交给了学生，学生就会从整体上想办法解决，而不是解决一个等老师再布置下一个。学生在自学的过程中（有时候需要教师的引导和点拨）只要找到了解决这一类问题的规律和方法，就会做到举一反三，很快解决这一类问题，甚至连没有学到的"8 的乘法口诀""9 的乘法口诀"也会迎刃而解，不需要老师再教，一节课可能会学习三至四节课的内容。

3. 整体建构教学要求学生首先从整体上把握教材

教师一开始把主要问题交给学生而不是一点一点地交给学生，学生就要用整体的思维方式解决问题。如学习小学语文《坐井观天》，在学生读第一遍课文时或听老师范读课文的时候就要求学生思考这样几个问题：本文的主要角色是谁？它们在争论什么问题？它们各自的观点是什么？它们各自的根据是什么？学生在读课文时就要整体思考这些问题，而不是读一遍解决一个问题，读四遍才能解决这四个问题。有的小学语文老师一堂课让学生读 17 遍课文：第一遍读解决生字，第二遍读解决生词，第三遍读解决分段，第四遍读解决段意……教学环节零碎，课堂效率低，学生也很累。而魏书生老师的"四遍八步读书法"，要求学生一篇课文读四遍就要基本完成任务。第一遍，跳读（以每分钟读完 1500 字的速度），完成两步任务：（1）识记作者及文章梗概；（2）识记主要人、事、物或观点。第二遍，速读（每分钟读完 1000 字），完成第三、四步任务：（3）复述内容；（4）理清结构层次。第三遍，细读（每分钟读完 200 字），完成第五、六、七步任务：（5）理解字、词、句；（6）圈点摘要重要部分；（7）归纳中心思想。第四遍，精读，完成：（8）分析文章写作特色的任务。这一遍读，速度服从需要，或一带而过非重点部分，或仔细推敲品味重点段落、关键词语。学生在整体把握教材的过程中，可借助知识树或知识结构图。

4. 整体建构教学要求学生及时把本节知识纳入更大的知识系统之中

每一学科的知识都有系统性，我们不仅要求学生在学习某一篇课文、某一节教材时要整体建构，还要把这一章节的知识及时纳入更大的知识体系中去。一个学段的一个学科可以画一棵知识树，每一册教材也可以画一棵知识树，知识树可以挂到教室的墙上，学生一入学就要让他学习这一知识树，让他知道在小学阶段或初中阶段语文学科或数学学科要学习哪些知识，要学习的每一部分知识都是这棵知识树上的一个分枝、一个叶片、一个果实。知识树就如同地图，一个学段的知识是中国行政区图，一本书的知识是一个省的行政区图，一章或一个单元的内容是一个地市的行政区图，一篇课文或一节内容是一个县的行政区图。学生虽然还没有走出本县，但要让他学习全国的地图和全省的地图，心中要有一个整体知识的轮廓，学习每一部分知识都要及时把它回归到大的知识树上来，就如同把本县、本省的地图放到中国的大地图上来一样。学生从一入初中就学习这棵知识树，等他初中毕业时，这棵树他已经学了无数遍，早已烂熟于心了。

（六）中小学语文、英语主题式单元整体教学

根据和谐教学整体建构的理念，中小学语文、英语等文科教学可以搞主题式单元整体教学。因为新的实验课本与旧的课本在教学理念和编排体例上有很大不同。如义务教育阶段的语文课本，旧的课本是按照文体的形式来编排的，分为小说单元、诗歌单元、散文单元、古文单元等。而新的课程标准指导下的课本是按照主题的形式来编排的，每一个单元（或一组文章）围绕着一个主题，在文章的选择上尽量照顾到古今中外不同体裁的文章。以人教版七年级《语文》上册为例，共6个单元（六组），其主题依次是：（1）对人生的憧憬、体验和思考；（2）对人生的议论；（3）色彩斑斓的大自然；（4）科普知识；（5）人间真情；（6）科学想象。一个主题一般是一个话题，围绕这个话题，从古今中外四个方面选择不同体裁和风格的文章（也有的单元不能全部照顾到这四个方面）。这与过去语文课本的编排有很大不同。过去按文体编排的文章，虽然体裁相同，但在文章的主题思想上差别很大，所以每篇文章都要归纳主题思想。现在既然一个单元就是一个主题，也用不着每篇文章都去归纳主题思想，一个单元的文章就是一个大的主题，只是每篇文章的侧重点不同而已，学习每篇文章时只要找出这些不同就行了。

英语课本的编排虽然与语文课本不完全一样，也是以主题的形式来编排的，如外语教学与研究出版社出版的初中一年级《英语》课本，每个模块就是一个主题，

如 Module 3 My new school，Module 5 Healthy food，Module 9 A trip to the Zoo 都是以主题的形式来选择材料的。

　　课本的编排体例变了，教学的方式也要变。教师要改变那种传统的教学思路，每篇文章都去总结主题思想、开发课程资源。那样往往时间不够用，师生都感觉累。要根据新课本的编排特点，搞主题式单元整体教学。

　　所谓主题式单元整体教学，就是教师要把一个单元看作是一个整体，围绕单元的主题把课堂教学、课外阅读、写作、语文（英语）实践活动有机地整合起来，集中开发课程资源。具体做法如下。

　　1. 引导学生把握一个单元的主题

　　教师在备课时首先要阅读整个单元的文章，把握单元的主题，在每个单元的第一课时，教师就要把这个单元的主题、每篇课文的侧重点、整个单元的教学思路和活动安排告诉学生，同时布置单元活动作业，便于学生明确整个单元的教学目标和思路，在课下积极做准备。以人民教育出版社出版（以下简称"人教版"）的小学四年级上册《语文》第六单元为例，这一单元的主题是"古今中外的人间真情"。在这个单元的第一课时教师就要把这个单元的知识树呈现给学生，引导学生从整体上了解一个单元的主题和选材的特点。

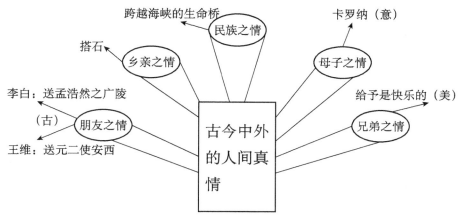

　　从上图可以看出，课本围绕着人间真情选了 6 篇文章，分别表现了朋友之情、乡亲之情、民族之情、母子之情、兄弟之情。其实，人间真情有很多，如夫妻之情、

姐妹之情、师生之情、同学之情、同伴之情、同事之情、邻居之情等。另外，表现每一种人间真情的文章也不仅是书上的一篇，可以说数不胜数，但课本的容量有限，不可能把各种人间真情、所有的文章都收到课本中来，也没有必要。全国每个地方的情况不同，教材的编写者不可能照顾到全国所有的学校和师生，所以新课程提倡师生要开发课程资源，要根据本地的情况补充资料，课文仅仅是个范例。一旦明白了这个道理，我们就不会把所有的精力都集中在课本上，也不必每篇文章都去总结主题思想，整个单元就是一个主题，每篇文章只是有所侧重。

同样一个主题，不仅在小学语文中有，在初中语文中也有。如人教版（五四学制）七年级上册《语文》第五单元，其主题也是"古今中外的人间真情"。虽然在选文上与小学有所不同，其道理是一样的（见下图）。

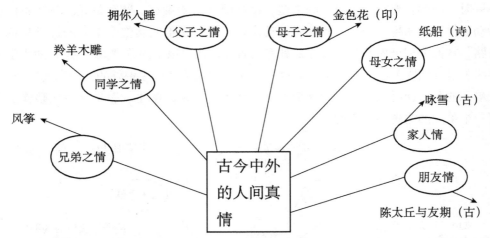

2. 整体设计一个单元的活动，把课堂教学、课外阅读、写作、语文实践活动有机地整合起来

既然一个单元是一个主题、一个整体，教师在备课时就要备一个单元，整体设计一个单元的教学时间和教学环节，把课堂教学、课外阅读、写作和语文综合实践活动有机整合起来。还如前边"人间真情"这一单元，在单元的第一课时，教师就要把整个单元的活动安排告诉学生。假设一个单元需要三周的教学时间，在这三周的时间里，布置学生在课下搜集和阅读表现人间真情的诗歌、散文、报道，搜集反映人间真情的歌曲、图片、视频，调查发生在本地区、本学校甚至本班的人间真情

的故事，体验自己与父母和家人的亲情，后两类要写成文章。在本单元结束的最后一节语文课或抽一个课外活动时间，安排一个主题班会或文化节，主题就是"人间真情"。在这个主题班会上，同学们展示自己搜集的文章并朗诵精彩的片段，展示自己搜集的图片和视频并讲述那感人的故事，表演表现人间真情的歌曲和小品，宣读自己的作文：发生在身边的真人真事，自己对父母和家人的亲情体验，等等。这就把课堂教学、课外阅读、写作、语文实践活动有机地整合起来。同学们再也不会感到语文学习枯燥乏味，课本上的东西离自己太远。他们会真正地体验到：语文是与现实生活紧密相连的，生活的外延有多大，语文的外延就有多大。课文仅仅是个例子，更多的东西需要我们自己来开发。每次主题班会都要进行评比、奖励。这样一来，同学们的积极性就调动起来了，如果一册课本有 5 个单元，一学期就有 5 个主题班会或文化节。学生们往往会被"明日的欢乐"所吸引。为了准备文化节，同学们在课下就要认真地阅读，积极地调查和写作，他们不再把语文作业看作是负担，他们是在准备一场精彩的演出，是在展示自己的积累和才华，如果一个文化节表现得不太理想，还有下一个文化节弥补缺憾。这样，学生们就会像盼着过年一样盼着上语文课，盼着过文化节。这正是新课程所提倡和期盼的。

　　现在许多中小学都在搞读书活动，让学生们读古文、背古诗，但这种阅读活动往往是无序的，每个年龄段的孩子应该读什么书很难有一个完整的规划。而与课堂教学结合起来就能较好地解决这个问题。中小学的语文课本是以主题的形式编排单元的，在教学一个单元的同时，提倡学生们课外阅读也读这一主题的书和文章，如学习"人间真情"这一单元，就向学生推荐反映人间真情的书和文章，如果另外一个单元是人与自然的和谐，就向学生推荐表现人与自然和谐的书和文章。这样就使课外阅读成为课堂教学的延伸和补充，就使开发课程资源落到了实处。教师也不必发愁如何开发课程资源，也不必发愁平时让学生读什么样的书。

　　现在中小学的作文教学有些也是无序的，每个学段大致有体裁的要求，但写什么主题，教师往往没有整体的规划，甚至随心所欲。如果和课堂教学结合起来，每个单元的主题就是学生写作的主题，围绕这个主题，让学生搞社会调查，写日记、写调查报告、写感想，学生们就不会觉得文思枯竭，就不会每两周写一篇作文还发愁无事可写。围绕主题写作，学生们可能在两周的时间就会写出若干篇日记和文章，"我手写我心"，本来是很自然的事，写作一旦与现实生活联系起来，学生们就会有写不完的东西。

　　新课程提倡搞语文综合实践活动，许多老师也觉得缺主题、缺时间、缺材料，不好组织。如果和单元教学结合起来，每个单元就是一个主题，就是一个主题班会或文化节，学生们为了准备这个主题班会或文化节就要积极进行调研、准备，语文实践活动不需要占用上课时间，学生们就像迎接新年一样精心地准备着、忙碌着、实践着，这项工作也落到了实处。

　　语文教学如此，英语教学也是如此。如外语教学与研究出版社出版的初中一年级上册《英语》Module 5 Healthy food，其知识树如下：

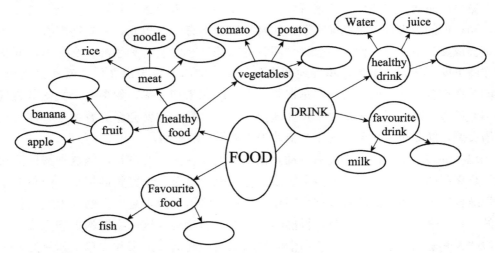

　　这一单元的主题是"健康食品"，围绕这一单元的主题，教师在单元的第一课时就布置整个单元的教学环节和活动，如果一个单元需要两周的时间完成，在两周末的一节英语课就是一个主题班会或英语文化节（也可把相关的两个单元组合在一起），学生们可以围绕着这一单元的主题搞课外阅读、调查、写作活动。课本中给出的单词仅仅是个例子，因为教材的编写者不可能照顾全国各地的所有食品和饮料，只是提供一些普通的大众的食品和饮料的单词，教师可发动学生课下到超市和蔬菜市场调查，有哪些蔬菜、水果和饮料书上还没有，让学生拿来实物或制作成卡片，画上图写上英文名字，看哪个小组或同学找到的最多，记得最多。书上可能只有20个有关食品和饮料的英语单词，而学生们根据当地的实际情况可能会扩展到50个甚至 100 个英语单词（知识树中空白的地方就是让学生自己补充），这就是开发课程资源。在主题班会上，同学们可以展示自己找到的食品图片和英文单词，可以唱自编的水果歌，可以展示自己找到的与主题相关的英语读物，可以自编自演与主题有关的英语情景剧。同学们再也不会感到学习英语困难，不会感到英语离自己太远，原来它也是生活中的一部分。这样学生对英语学习就会有兴趣。教材仅仅提供了一个范例，并不是只学书上的几个单词。正如广东省教研室的老师们所说的：教师要从对语言知识的提炼转变为学生对英语语言的体验；教师所设计的活动与训练应从指导学生"在游泳池中戏水"转变为让学生在英语的海洋中"游泳"；要变教应试英语为教应用英语。一旦明白了这个道理，英语教学就活了。

其他各科教学中如有按主题编排的单元，也可以用单元整体教学的路子，其道理是一样的。

（七）单元整体教学思想在数学教学中的运用

所谓主题式单元整体教学就是根据系统论的原理，把一个单元看作是一个整体，围绕这个单元的主题，教师在备课时要备一个单元（而不是只备一节教材或一篇课文）；在教学时教师也要整体安排一个单元的活动，把课堂教学和课外活动有机地整合起来，提高课堂教学的效率，开发课程资源。

我在钻研教材的过程中发现，不仅文科教学如此，理科教学也是如此。如新课标指导下的数学课本也是按照主题的方式来编排的。在这里，"主题"的含义不是语文教学中"主题思想"的意思，而是"话题"的意思。在中小学的数学课本中，每一章（单元）的题目都很明确，如"小数""分数""实数""多边形"等，这些都可以看作是"主题"，这一章（单元）的内容就是按照主题来选择素材和编排顺序的。现在提倡"一标多本"，即在教育部统一的课程标准指导下有多种版本的课本，教师在备课时要认真研读新课程标准，考虑课本的编写者围绕某一主题是怎样选择素材的，是按照什么样的逻辑关系来编排这些素材的。只要把这些关系搞清楚了，教师在教学的过程中就可以把一章的内容进行整合，大大提高课堂教学的效率。

在数学教学中运用主题式单元整体教学的思想，有如下作用。

1. 有利于发挥知识的迁移作用

在数学中，许多知识的规律是共通的，如加法中有交换律和结合律，乘法中也有交换律和结合律，它们的实质是一样的。大部分教师按照教材的编排顺序，全部讲完加法的运算定律后再讲乘法的运算定律，很少把加法的交换律和乘法的交换律放在一起讲，所以学生满脑子都是新知识，都是些互不相连的知识，不便于理解和记忆。按照主题式单元整体教学的思想，教师在一个单元的教学中可以打乱课本的编排顺序，充分利用知识的迁移作用，把一些联系密切的知识集中到一起讲。

如人教版实验教材的小学《数学》第八册"运算定律与简便计算"一章，主要是讲加法的运算定律和乘法的运算定律。按照整体建构的思想，在这一章的第一课时，教师就要通过知识结构图的形式，把整章的主题和结构告诉学生，让学生明白这一章要讲哪些知识，它们之间有什么联系。图示如下：

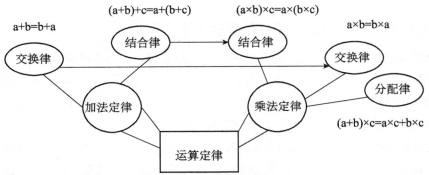

按照课本的编排顺序，教师要全部讲完加法的运算定律后才能讲乘法的运算定律。按照整体建构的思想，教师可以打破这一编排顺序，把加法结合律和乘法结合律放在一起。加法的交换律是"交换加数位置它们的和不变"（$a+b=b+a$）。讲完加法的交换律后老师可以直接向学生提出一个问题：在乘法中如果交换两个因数的位置，它们的积会变吗？学生通过尝试可以很容易地归纳出乘法的交换律：交换两个因数的位置积不变（$a×b=b×a$）。同理，在讲完加法的结合律后可以直接讲乘法的结合律。加法的结合律是"前两数相加或后两数相加它们的和不变"［$(a+b)+c=a+(b+c)$］。学完加法的结合律后老师可以直接向学生提出：在乘法中是否也有这样的规律？学生通过尝试会很快地归纳出乘法的结合律："先乘前边两个因数或先乘后边两个因数它们的积不变"$[(a×b)×c＝a×(b×c)]$。这样通过知识的迁移作用，学生可以把加法的交换律和结合律很容易地迁移到乘法的交换律和结合律，本来两课时的内容一课时就可以处理完，大大提高了课堂教学的效率。

再如，人教版九年级下册《数学》第二章"相似"，"相似"就是这一章的主题，本章的内容是围绕着"相似"来组织和展开的。这一章主要是讲了"相似多边形"和"相似三角形"，其实它们只是"相似"的例子。教师在处理这一章时首先要单元备课，把一个单元看作是一个整体，在这个单元的第一课时就要引导学生思考："相似"的图形有哪些？可以说数不胜数。单是一个"相似多边形"也说不完，如相似三角形、相似梯形、相似长方形、相似平行四边形等，而书中主要讲了"相似三角形"，这说明教材仅仅是个例子，许多课本上没有的东西要靠我们去开发课程资源。从"相似多边形"到"相似三角形"，是从一般到个别的关系，我们首先要引导学生掌握"相似多边形"的基本特征，通过对比的方法，学生可以由相似多边形的特征直接推导出相似三角形的特征，教师基本不用讲，板书如下：

$$
相似多边形
\begin{cases}
对应角相等\text{————————————}相应夹角相等\\
对应边的比相等\text{——}三组对应边的比相等\\
\\
周长的比等于相似比\\
面积的比等于相似比的平方
\end{cases}
相似三角形
$$

要把一个单元（章）看作是一个整体，围绕着单元的主题，理清单元内在的逻辑关系，充分运用知识的迁移作用，提高课堂教学的效率。在这一章，学生只要掌握了"相似多边形"的性质和特征，自己就可以推导出相似三角形的性质和特征。能否推导出相似梯形、相似平行四边形的性质？教师可以尝试一下。

2. 有利于运用数学的转化思想

教材的编写者为了照顾到全国不同地区学生的水平，所以把数学课本中知识的难度台阶设置得很小，便于学生循序渐进地学习。教师如果按照课本的顺序讲，学生学起来可能比较容易，但用的时间多，教学效率低，不利于培养学生的探究精神和创新能力。如果把一章的内容整合起来，引导学生寻找内在的规律，就可以大大提高课堂教学的效率，节省教学的时间。如小学数学中"乘法口诀"一章，按照课本的编排顺序，讲完了 3 的乘法口诀再讲 4 的乘法口诀，每个都要用一课时的时间，1～9 的乘法口诀要用 7～8 课时的时间。而运用整体建构的思想，一课时就可以把 1～9 的乘法口诀总结出来，再用 1～2 课时练习，还能节省 4～5 课时的时间。

数学教学中一个很重要的思想是"转化"，即把未知的问题转化为已知的问题。如学习乘法口诀的规律是："乘法变加法，递进加个几。""乘法变加法"的意思是：学习乘法之前学生不会乘法，会什么？会加法，只要把乘法转化成加法学生就会了。"递进加个几"的意思是："几"的乘法就递进加个"几"。

下边以 3 的乘法口诀为例，列表如下：

几辆三轮车	1	2	3	4	5	6	7	8	9
几个轮子	3	6	9	12	15	18	21	24	27

1 辆三轮车有 3 个轮子，2 辆呢？递进加个 3，是 6；3 辆呢？再递进加个 3，是 9。以此类推，学生很容易就把第二栏的数字填上。

4 的乘法口诀同理，递进加个 4，列表如下：

几辆三轮车	1	2	3	4	5	6	7	8	9
几个轮子	4	8	12	16	20	24	28	32	36

这样学生很快就会把 1～9 的乘法的 9 个表填好，然后编乘法口诀。学生根据箭头的指示编成口诀就行了，老师可以先示范，让学生仿着做：一四得四，二四呢？二四得八。学生几乎不用动脑，只要把表上的数字按照箭头的方向编成汉字口诀就行。一节课学生填写 9 个表并把它们编成口诀不困难，课下组织学生开展竞赛把乘法口诀背过，也不是很困难的事。这样既培养了学生自主探究的精神，又大大提高了课堂教学的效率。

再如人教版小学五年级上册《数学》有一章是"多边形"，"多边形"就是主题。在这一章的第一课时教师可以引导学生思考"多边形"有多少种：三角形、正方形、五边形、六边形、十二边形……说不完。书中主要列举了几种典型的图形，如矩形、三角形、平行四边形、梯形等。教师不要孤零零地讲一种图形，在这一章的第一课时，教师就要把整章的知识结构图呈现给学生，让学生了解整章内容的知识体系以及各部分之间的相互联系，图示如下：

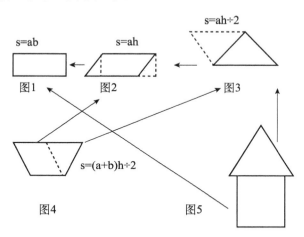

在讲这一章时就要充分利用数学的转化思想，要把未知的问题转化为已知的问题。如"平行四边形"的面积学生不会求，学生会什么？会求"矩形"的面积。教师引导学生把"平行四边形"转化成"矩形"，学生就会做了。怎么转化？加辅助线。辅助线是数学中常用的一种工具，可以灵活地切割和组合数学图形，教师要尽早引导学生掌握加辅助线的方法。"三角形"的面积学生不会求，会什么？会求"矩形"和"平行四边形"的面积，加辅助线，把"三角形"转化成"平行四边形"，学生就会了。"梯形"的面积学生不会求，会什么？加辅助线，把"梯形"转化成一个"平行四边形"和一个"三角形"，学生就会了。前边学过的知识是后边知识的基础，通过知识的迁移作用，把后边的知识转化成前边已知的知识，学生就会了。转化思想是数学中的一个重要思想，通过单元的整体建构图，学生可以清晰地看到各部分之间的相互联系，把零散的知识整合起来。

3. 有利于把握一章内容的逻辑关系

小学的数学相对简单，到了高中阶段，一章的内容比较多，如果不能准确把握整章内容的结构和各部分知识的逻辑关系，就会觉得满脑子都是概念，都是些支离破碎的东西。许多版本的高中数学教材往往在每章最后的小结部分，把这一章的知识结构归纳出来。按照整体建构的思想，在一章的开头部分，教师就要把一章的知识结构图呈现出来，首先让学生把握整章内容的结构，了解各部分之间的内在关系。

就如同到一个城市，首先要看这个城市的地图，在头脑中有一张地图，走到哪里都不会迷路。如人教版高二《数学》选修 2－2 第二章"推理与证明"，这一章的知识结构图如下：

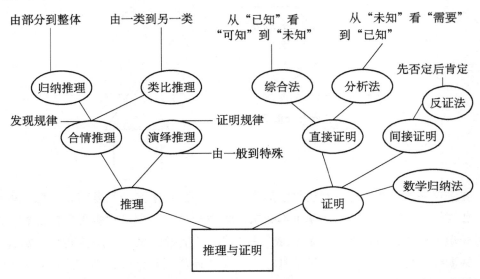

在这一章的第一课时，教师就要呈现这张知识结构图（或知识树），给学生分析各部分之间的内在联系。这一章包括两大部分：推理和证明。推理是思想、是思路，证明是技巧、是方法，在数学教学中思想比技巧更重要。而许多数学老师往往只注重技巧的教学而忽略数学思想的教学，所以学生遇到数学题时往往不知从何入手，苦于找不到解题的思路。"推理"主要包括"合情推理"与"演绎推理"："合情推理"是发现规律，"演绎推理"是证明规律。"合情推理"又包括"归纳推理"与"类比推理"："归纳推理"是由部分到整体，"类比推理"是由一类到另一类，"演绎推理"则是由一般到特殊。"证明"部分包括"直接推理""间接推理"和"数学归纳法"。"直接推理"包括"综合法"与"分析法"：综合法是从"已知"看"可知"到"未知"；分析法是从"未知"看"需要"到"已知"。"间接证明"主要是运用"反证法"。"反证法"是先否定（结论）后肯定（结论）。与以上两种证明不同，"数学归纳法"不能证明结论，是一种证明方法，证明与自然数相关的命题，其目的是在证明中做到由特殊到一般，用有限步骤达到无限步骤。如果在一章的开始，教师就用这张知识结构图把整章的逻辑思路告诉学生，学生头脑中就有了一张"地图"，在学习时就会自觉地产生联想，把各部分知识联系起来，容易理解和记忆知识。

总之，主题式单元整体教学的思想在各科教学中都可以运用。运用整体建构的思想，可以培养学生的逻辑思维能力和系统思想，可以帮助学生寻找教材内在的规律和解决问题的方法，可以避免教学中的无效环节和重复劳动，大大提高课堂教学的效率，减轻学生的负担。

三、和谐教学提高课堂教学效率的方略

《中国教师报》2009 年 12 月 30 日曾对我进行了一个"深度访谈"，促使我对几年来的和谐教学实验做了一个系统的梳理，概括为《提高课堂教学效率的五大方略》。《山东教育报》2014 年 5 月 5 日 3 版"关注"栏目又以《提高课堂教学效率的方略》为题转载了这篇文章。

提高课堂教学效率、减轻学生课后负担，这是目前全国中小学的一个热门话题，也是一个系统工程。如何才能更有效地提高课堂教学的效率？我这几年所做的工作可以归纳成一二三四五：一个设想、两个支点、三个途径、四个回答、五个环节，简称为提高课堂教学效率的五大方略。

一个设想可以说是我们课题研究的假想：和谐教学很重要的目的就是通过提高课堂教学的效率，减轻学生的课后负担，逐步做到课前无预习、课后无作业，把课后时间还给学生，把校外时间还给学生，让学生有充分的时间发展自己的爱好特长，这就是真正的素质教育。素质教育需要时间，如果学生课内课外都是忙于预习、复习课本上的东西，就没有自由支配的时间，也就谈不上素质教育。

提高课堂教学效率需要两个支点：第一个支点是教师对课程标准和教材的把握，另一个支点是培养学生的自学能力和科学的学习方法。不管课程改革怎么改，钻研课标、把握教材是教师永远的基本功。如果教师本身对课程标准和教材都没有吃透，就很难有效地引导学生。开车最怕路不熟，教学最怕教材不熟。作为一个出租车司机的第一个基本功就是熟悉道路。当客人报出地名后，你必须用最短的时间、最近的路线把客人送到目的地。作为一名教师也是如此，如果由于教师对课标和教材不熟，领着学生绕圈子，既浪费了学生的时间，又摧残了学生的身体。这不仅是教师的基本功问题，也是教师的职业道德问题。

第二个支点是要培养学生自学的能力和教会学生科学的学习方法。新课程提倡学生自主、合作、探究学习，这是为学生终身的发展着想。如何培养学生自学能力和教给学生科学的学习方法，我们主要是通过和谐教学五环节的课堂模式来实现。

三个途径的第一个途径是通过"说教材"活动，引导教师把握课标和教材，落实第一个支点；第二个途径是通过开展"教改大课堂"和"三级建模"活动，探讨高效的课堂模式，落实第二个支点；第三个途径是通过新型的"八说"的说课活动，对一节课的教学效率和效果进行认真的反思，以便不断总结，逐步提高。这也是校本教研的三大途径。

怎样才算是一堂高效率的课？许多老师心中没有数，要等专家或领导的点评才行。其实，每个老师上完了课不需要问别人，回答自己四个问题，就知道这堂课效率是否高。这就是我提出的"高效课堂要回答的四个问题"。

我们通过多年的实验，逐步形成了五环节的和谐教学基本模式。以下围绕这几个问题逐一说明。

（一）为什么要开展"说课标说教材"活动

近几年我每年在中小学听课、评课 600 节左右。我在听课的过程中有一种感觉，许多老师首先不是教学方法问题，是对课程标准和教材把握不到位的问题。在课堂教学中，"教什么"比"怎么教"更为重要。课改前后变的是什么？不变的是什么？变的是教学的方法，由过去的"先教后学"变为"先学后教"；不变的是教师对课程标准和教材的把握。如果一个老师连自己都不能准确地把握课程标准和教材，他对学生的指导也是误导。为了说明开展"说课标说教材"活动的理论依据，我在《天津市教科院学报》2011 年第 5 期发表了《中小学教学内容的四次转化和建构》，其基本观点如下。

中小学的教学内容从国家《基础教育课程改革纲要（试行）》的提出，到学生掌握必要的知识和技能，形成一定的能力和价值观，需要经过四次转化和建构。每一次转化和建构都是既遵循上一层级的标准要求，又是一次创新性的思维。可以说四次转化和建构就是四次创新活动。在这四次转化和建构中，教师的转化和建构是关键，学生的转化和建构是目的。

第一次转化和建构：

各科课程标准的制定者，把《基础教育课程改革纲要（试行）》的要求转化为"课程标准"，建构各科课程标准的框架，为教材的编写和教学、评价活动提供依据。

2001 年 6 月 8 日，教育部颁布了《基础教育课程改革纲要（试行）》（以下简称为《纲要》），在这个文件中明确提出了中小学的教学都要体现国家对不同阶段学生知识和技能、过程与方法、情感态度与价值观等方面的基本要求。但只有把《纲要》的基本要求转化为各科的课程标准，才能落实到教学中去。于是专家组的成员根据《纲要》的精神制定了不同学段和学科的课程标准。我们国家中小学的课程标准分为义务教育阶段和普通高中两大类，在内容上一般包括基本理念和思路、课程目标（总目标和阶段目标）、实施建议、附录四部分，不同学段和学科有所不同。

如《义务教育语文课程标准（2011 年版）》包括四大部分：

第一部分：前言，包括：（1）课程性质；（2）课程基本理念；（3）课程设计思路。

第二部分：课程目标与内容，包括：（1）总体目标与内容；（2）学段目标与内容。

语文是按 1～2 年级、3～4 年级、5～6 年级、7～9 年级这四个学段，分别提出"阶段目标"；课程总目标根据"知识和能力、过程和方法、情感态度和价值观"三个维度设计；阶段目标从"识字与写字""阅读""写作"（小学 1～2 年级为"写话"，3～6 年级为"习作"，7～9 年级为"写作"）"口语交际""综合性学习"五个方面提出要求。

第三部分：实施建议，包括：（1）教学建议；（2）评价建议；（3）教材编写建议；（4）课程资源开发与利用的建议。

第四部分：附录，包括：（1）关于优秀诗文背诵推荐篇目的建议；（2）关于课外读物的建议；（3）语法修辞知识要点；（4）识字、写字教学基本字表；（5）义务教育语文课程常用字表。

需要说明的是：虽然《纲要》中提出了三维的课程目标，而具体到各科的课程标准，不都是以三维的形式呈现，如《义务教育数学课程标准（2011年版）》，在目标的表述上，结合数学教育的特点，从"知识技能、数学思考、问题解决、情感态度"四个方面做出了阐述。而英语的阶段目标则是从"语言技能、语言知识、情感态度、学习策略、文化意识"五个方面提出要求。所以各学校在设计教案模板时，不要不分学科地一律套用"三维的课程目标"，而要根据各科课程标准的要求，体现学科的特点。

第二次转化和建构：

各科的教材编写者把课程标准的要求转化成教科书，建构完整的教材体系（包括学生课本、教师用书和必要的参考资料），为教学活动提供可供操作的依据。

根据《纲要》的要求，"实行国家基本要求指导下的教材多样化政策，鼓励有关机构、出版部门等依据国家课程标准组织编写中小学教材"。所以新课改以来打破了过去全国使用一套教材的做法，实行教材版本的多元化、多样化，为各地师生的教学活动提供了更多选择的机会和空间。

不同版本的教材由于对课程标准的理解不完全一样，在编写体例和材料选择上都有较大差距。所以教师一定要认真研究课程标准和教材的编写意图。特别是要看一下教材编写者对教材解读的文章，理解他们的编写意图和教材的特点。

如人民教育出版社课程教材研究所顾振彪老师在解读人教版《义务教育课程标准实验教科书语文（七至九年级）》教材时，谈了他们的编写意图，我们可以看出人教版教材是如何落实课程标准的基本要求的。

这套教科书以语文与生活的联系为线索，按"人与自我""人与自然""人与社会"三大板块组织单元。每个单元包括"阅读"与"综合性学习·写作·口语交际"两部分。在单元的编排上，整套教科书6册共36个单元（每册书6个单元），有36个主题。这些主题，是从"人与自然""人与社会""人与自我"三大母题中，选取的一些基本的生命命题或精神命题。例如七年级上册的六个单元的主题，每两个单元落实一个母题：感悟人生、理想信念（人与自我）、自然景物、科学世界（人与自然）、人间亲情、想象世界（人与社会）。下表以七、八年级的四册课本为例，可以看出编排思路：

		第一单元	第二单元	第三单元	第四单元	第五单元	第六单元
七上	阅读	感悟人生	理想信念	自然景物	科学世界	人间亲情	想象世界
	综合性学习·写作·口语交际	这就是我	漫游语文世界	感受自然	探索月球奥秘	我爱我家	追寻人类起源
七下	阅读	成长足迹	热爱祖国	杰出人物	文化艺术	探险传奇	动物世界
	综合性学习·写作·口语交际	成长的烦恼	黄河，母亲河	我也追"星"	戏曲大舞台	漫话探险	马的世界
八上	阅读	战争生活	凡人小事	建筑园林	科学世界	古代生活	古代生活
	综合性学习·写作·口语交际	世界何时铸剑为犁	让世界充满爱	说不尽的桥	走上辩论台	莲文化的魅力	怎样搜集资料
八下	阅读	人生轨迹	心灵之声	关爱自然	民风民俗	古代生活	古代生活
	综合性学习·写作·口语交际	献给母亲的歌	寻觅春天的踪迹	科海泛舟	到民间采风去	古诗苑漫步	背起行囊走四方

　　这些单元主题对培养学生尊重、关爱和敬畏生命，对建立人与自然、人与人之间的和谐、美好的关系，对培养学生的科学精神和科学思想方法都有不可低估的作用。同时，由于它们都是与生活密切相关的主题，因此使学生感到亲切，有兴趣，有利于激发他们学习语文的欲望，提高学习语文的效率。

　　第三次转化和建构：

　　教师把教材转化成自己的知识体系，建构具体的教学方案。

　　这次转化其实又包括了两步：第一步是教师把课程标准和教材的内容转化成自己的知识，只有自己理解和掌握了才能教会学生。第二步是根据自己的理解把课程标准和教材的内容转化成学生的知识、能力和价值观。

　　课改以来我们往往重视第二步转换而忽视了第一步转换，总认为教师对课程标准和教材的理解和把握没有问题，关键是怎样教会学生。其实第一步更为重要，只有教师真正理解和掌握了课标和教材，对学生的引导才能准确到位。教师不仅要熟悉教材，更重要的是要理解课程标准，因为课程标准中有些内容在教材中并不能都体现出来，特别是一册书、一个章节很难完整地体现整个学段课程标准的总体要求。

各科的课程标准，都有总体目标和阶段目标，而这些在教材中是看不出来的，必须学习课程标准。

在课程标准中有质的要求，也有量的要求，如在《义务教育英语课程标准（2011年版）》中，有量化要求的部分。

语言技能（包括听、说、读、写四个方面）：

一级（3～4年级）：能学唱英语儿童歌曲、说歌谣15首左右；视听时间每学年不少于10小时（平均每周20～25分钟）。

二级（5～6年级）：能学唱简单的英语歌曲和歌谣30首左右（含一级要求）；能看懂程度相当的英语动画片和英语教学节目，每学年不少于10小时（平均每周20～25分钟）。

三级（7年级）：课外阅读量应累计达到4万词以上。

四级（8年级）：课外阅读量应累计达到10万词以上。

五级（9年级）：课外阅读量应累计达到15万词以上。

语言知识（包括语音、词汇、语法、功能、话题五个方面）：

二级（5～6年级）：学习有关本级话题范围的600～700个单词和50个左右的习惯用语。

五级（9年级）：学习有关本级话题范围的1600～1700个单词和250个左右的习惯用语。

对于课程标准和教材的把握，这几年我们在全国开展了"运用知识树说课标说教材"的活动，取得了很好的效果。"说教材"就是以演讲的形式，运用知识树对一门学科的一个学段或一册书或一个单元（章、组）或一类知识（一个专题）的课程标准和教材进行解读和整合，并结合课程标准和自己的教学实际，说明教学建议、评价建议和课程资源的开发建议。所以，这项活动也简称为"三说一看"活动（说课标、说教材、说建议，看演讲）。

之所以是说"教材"而不是说"课本"，是因为教材包括了学生用书（课本）和教师用书，有些学科没有学生用书（如中小学体育学科、幼儿园各科），只有教师用书。

"说教材"也不同于"说课"。"说课"是对一篇课文（一节教材）或一课时的教学设计的说明，虽然也有对课程目标和教材的分析，但更多的是谈教学设计，是在微观层面上。

而"说课标说教材"活动是在中观层面（一个单元）和宏观层面（一册书、一个学段），角度不同、高度不同。特别是对课程标准的解读和把握，对一个学段、一册书、一类知识的整合，是说课达不到的。"说教材"活动并不代替说课，可把"说教材"的成果运用到"说课"的过程中，赋予"说课"新的形式。

在"说教材"的过程中，教师不管是教哪个年级的，都要把握本门学科整个学段的教材。只有这样教师才能高屋建瓴，从整个学段的高度来讲授一篇课文、一节教材。教师要把本学科整个学段的教材全部拿到手，对照课程标准认真地研读，在理解的基础上画出知识树，写出教材分析。写教材分析要从以下几个方面来写，一个教师如果把这七个问题说清楚了就是一个教学专家。

（1）课程标准对本学段的基本要求是什么（质的要求和量的要求），应如何落实这些要求；

（2）本套教材的编写特点和编写体例是什么；

（3）本套教材包括了哪些知识，是以什么样的逻辑线索把这些知识结构起来的（要画出知识树并加以说明）；

（4）本套教材哪些知识可以前后整合起来；

（5）本套教材所蕴含的能力体系和价值体系是什么；

（6）初中和高中要分别说明考试大纲的要求，链接中考和高考；

（7）如果学校领导让我从初始年级教到毕业班，我打算如何处理这套教材。

写完教材分析后，以教研组为单位人人登台演讲，把自己画的知识树投到银幕上（或画到黑板上），讲解自己对教材的理解和处理设想。

当然这项工作不可能一遍完成，要反复讨论，烂熟于心。所以我们的实验学校提出要"煮"教材，煮熟煮透，真正理清教材的三大体系并熟能成诵。

然后是说一册教材和一个单元的教材。也是按照以上七个方面说，只是说一册教材比说一个学段要具体一些，说一个单元就更具体了。在时间的安排上一般在暑假说一个学段的教材并说秋季学期的单册教材，在寒假说春季学期的双册教材。每次说教材活动都有评价表。现在许多学校和地区都开展了"说教材"的竞赛活动，搞得轰轰烈烈，效果很好。

"知识树"是和谐教学法常用的一种教学手段。就是以树状的形式表现教材的知识结构，形象直观，脉络清晰，便于教师把握教材的知识结构和逻辑线索。我们不仅在"说教材"时用，在上课时也用，一堂课至少要有两棵"树"："单元知识树"和"本课知识树"。有些比较长的课文还有"段落知识树"，形成"知识林"。如果是在黑板上临时板书，教师只要按照知识的逻辑线索用树状表示出来就行。如果用电脑制作课件，一般要用 PPT 模板，很好操作。我提出"用知识树绿化课堂，用知识林绿化校园"，许多学校做得很好，如天津市河东区实验小学、北辰区普育学校；山东省青岛市开发区实验初中、枣庄市市中区文化路小学、薛城区临山小学；河南省安阳市第七中学、灵宝市第四中学、淮阳县羲城中学等，在教学楼的走廊里和宣传栏里都喷绘了各科的"知识树"，形成独特的校园文化，便于学生预习和复习教材。

第二步，教师要根据自己对课标和教材的理解和把握，根据学生的情况，转化成具体的教案和学案。第一步转化不涉及教学步骤和模式问题，第二步转化就涉及教学模式和方法问题，涉及教师的教学理念、教学特色和风格问题。

第四次转化和建构：

由学生把教材和教师的知识转化成自己的知识，构建学科素养和能力，形成一定的价值观。

在这次转化中除了要继续转换学生的学习方式外，还要注意两个问题：一是培育学生形成健全的人格体系；二是培养学生探究未知世界的"志趣"。

第一，素质教育的核心是"人格教育"。

关于"教育要培养什么样的人"的问题，多年来我们几乎就没有停止过这方面的讨论。从 20 世纪 80 年代关于教育本质的讨论，到 90 年代素质教育的提出，到 2001 年开始的"基础教育课程改革"倡导的综合素质评价，到 2010 年《国家中长期教育改革和发展规划纲要（2010—2020 年）》提出的"坚持育人为本"，都是在探讨这一问题。虽然我们搞了近二十年的素质教育，但实际上在许多地方，"素质教育还只是停留于表层，徘徊于外围，还未深入到学校教育的内核"。

"人的核心素质"是什么？核心素质是"人格"。我们的学生可以成绩差一些，能力弱一些，但他们不会危害社会。一旦人格不健全，不但会毁掉自己的一生，还会危害社会。我们很多老师在教案中也有"情感态度与价值观"的目标，但在教学中怎样落实？不是生硬地在黑板上板书几个价值观的词就可以了，也不是让学生在课堂上不痛不痒地说几句就行了，要触及学生的灵魂，要通过综合实践活动和日常的教育教学工作建构学生的健康人格，是当前素质教育的首要任务。

第二，学习的真正动力源于对未知事物探求的"志趣"。

我们的学生为什么厌学？仅仅是因为学习负担过重吗？减轻负担学生就喜欢学习了吗？现在许多大学生在高中阶段为冲刺高考而拼命学习，一旦考入大学就不想学习了，他们把书烧掉或扔掉，他们说"学够了"。大学的轻负担并没有激发他们学习的愿望。学习的真正动力源于对未知事物探求的"志趣"。

社会等外部的需要能够激发人们一时的学习动力，如参加高考，参加各种证书考试，但当需求满足后就不想学习了。真正激发一个人内在学习动力的是他对未知世界探求的兴趣和好奇心。学习的过程仅仅有"趣"是不行的，仅仅有"志"也不行。有趣而无志，学习的动力不能持久；有志而无趣，学生会感到学习很痛苦。志趣是志向与兴趣的有机结合。在教学的过程中首先要培养学生对所学内容的"兴趣"，在兴趣的基础上再引导他们树立探求某种未知事物的志向。一旦"志趣"形成了，学习就成了"挡不住的诱惑"，就像制造了一辆"永动车"，想刹车都很困难。如居里夫人，整天在实验室里忙碌也不感到单调乏味，就在于她有了探求"镭"元素的志趣；如陈景润对"哥德巴赫猜想"的探求，虽然走的路很远，很累，但其乐无穷。有些科学家一生也未必能达到自己最初的目的，但无怨无悔。我们的教育只有培养了学生对探求未知世界的"志趣"，才算是成功的教育。

（二）为什么要开展"三级建模"活动

在我国基础教育课程改革十三年后的今天，许多学校都积累了丰富的课改经验，有的已经初步形成了自己的教学特色。但要深化基础教育课程改革，落实新的课程标准，体现课程改革的基本思路和理念，需要有稳定的教学模式，才能使学校的教学经验相对固化下来，便于青年教师按照新课改的要求尽快入轨。教学模式是在一定的教学思想和教学原则指导下相对稳定的教学结构和基本框架，是课改理念的基本载体，任何新的教学思想教学原则都要通过课堂教学模式来落实，所以有些专家说：课改进入深水区，改到深处是模式。

一所学校如何才能做到既有大致统一的教学思想，使全体教师有所遵循，又能体现不同学科的教学特点和不同教师的教学风格，做到既规范又灵活；既对广大教师有基本的要求，又不抹杀学科之间的差别，更不限制教师的创造性和积极性，使每个教师形成自己的教学风格。学校可以通过三级建模的方式逐步做到：一校一模，一科多模，一模多法。以下是我在《天津教育》杂志 2012 年第 10 期发表的《学校三级建模的基本思路和方法》。

1. 校级建模：一校一模

所谓"一校一模"是指，每个学校都应该通过多年的改革实验逐步形成适合本校的教学模式。许多课改名校都形成了自己的教学模式，如江苏省洋思中学倡导的"先学后教，当堂训练"模式，已经在全国产生了很大的影响。这几年我在天津市河东区实验小学与北辰区普育学校也通过"教改大课堂"，形成了和谐教学五环节的教学模式。这一教学模式从理论上说，适用于中小学各科的教学，但不同的学科和学段应该灵活变通。

每个学校的教学模式还是个大致的教学要求和框架，其背后都有一定的教学理念做支撑。如和谐教学五环节的模式，就体现了单元建构的思想、先学后教的思想、互查互助的思想、教学公平的思想等。

所谓单元建构的思想是指，教师要把一个单元的内容作为一个整体来看待，因为新课标下教材的编排是按照主题或模块设计的，一个单元就是一个主题或话题，这个单元的每篇文章或每节教材都是围绕这一主题来选编的，所以教师要改变传统备课"讲一课备一课"的习惯，把一个单元作为一个整体来安排，提倡单元备课。在导入新课时也要从整个单元的高度来导入一篇文章或一节教材，体现课程标准的要求和教材编写者的意图。所以第一个环节不是一般的"导入新课"而是"单元导入"。

所谓先学后教的思想是指，任何知识教师都不要急于先讲，而是先提倡学生自学，学生自学不会的通过小组合作来解决，小组不会的通过大组或全班讨论来解决，教师要退到最后一步。一堂课老师讲多少时间不要硬性规定，要根据教材的难度和学生基础来定，如果学生自学能够解决 80％，老师就只讲学生不会的 20％；如果学生只能自学 20％，老师就要讲学生不会的 80％。在课堂教学中不能忽略教师的主导作用，在"大组汇报"之后的"教师点拨"，不仅要解答学生的疑难问题，更重要的是引导学生探究所学知识的内在规律和学习这类知识最好的方法。

所谓互查互助的思想，是指在合作学习的过程中，首先要强调学生的相互检查相互督促，然后才是相互帮助，有问题才帮助，无问题不帮助。有些老师动辄让学生"讨论讨论"，但讨论的目的性不明确，往往表面上热热闹闹，实际上效果不好。所以，讨论的目的、时机、形式、效果非常重要，否则就会降低课堂教学的效率，增加学生课后的负担。

所谓教学公平的思想是指，我们不仅要注重教育起点的公平，更要注重教育过程的公平。在课堂教学中的教育公平主要体现在教师要关注到每个学生，不让一个学生掉队。如果教师只关注好学生而忽略学习困难的学生，就会使这些学生越来越差，教育过程的不公平会导致教育结果的不公平。所以，我们提出基础知识、基本技能要做到"堂堂清、人人清"，尽量不留课后作业。对于不会的学生要及时帮助，只有这样，才能不使一个学生掉队。每堂课的"达标测试"是很重要的，对于学生不会的问题要及时矫正和帮助。

其实每个学校的教学模式也都是根据一定的教育思想和教学理念来建构的，各科教师只有真正理解每个环节背后的教育理念，知道"为什么"这么做，才能知道"怎么做"，根据具体的教学内容和学生情况灵活变通。所以学校一级的教学模式是对全校师生教学的基本要求，体现了学校领导的教学思想。

2. 学科建模：一科多模

一个学校仅有一个模式是不行的，各门学科差别很大，如语文与数学差别很大，英语与物理差别更大。另外各门学科都有多种课型，课型之间差别也很大。如果各科老师都机械地套用学校的基本模式，也会抹杀学科和课型之间的差异，会给人一种"模式化"的感觉。我们看到一些老师在上公开课的时候才用学校的模式，而在小班上课时根本不用，他们觉得"学校的教学模式不符合我的学科特点"。导致这种情况的原因可能有两个：一个原因是学校的基本模式是领导坐在屋子里空想出来的，没有经过反复试验，可操作性差。也有的学校领导外出参观看到别的学校的教学模式就机械照搬，导致水土不服。另一个原因是学校领导没有考虑到学科和课型之间的差异性，全校各门学科"一刀切"。而"一科多模"就较好地解决了这一问题。

所谓"一科多模"是指，各门学科都要根据学校的基本教学模式，依据学科的特点，形成不同课型的教学模式。

课型又分大课型、小课型。大课型一般包括新授课、复习课、操作（实验）课、讲评课。大课型又包括一些小课型，如语文阅读新授课包括小说新授课、散文新授课、诗歌新授课等；各科的复习课又包括单元复习课、专题复习课等。所以一个学校有几十种教学模式不算多，教学模式越具体越便于操作。

教学模式的运用只有到了学科和课型的层面才便于操作。学科建模的目的一方面是体现学科性的特点；另一方面也是为了调动各门学科教师参与课改的积极性。如果只是停留在学校层面的建模，可能校长着急、老师不着急。现在很多学校是以行政手段的做法来推广校长的教学模式或外来教学模式，甚至校长扬言"不换模式就换人"，导致百课一面，表面上轰轰烈烈，实际上老师们怨声载道，影响了教学质量，苦了老师，累了学生。

学科建模的好处是可以调动各门学科教师的积极性，他们最熟悉自己的学科，他们可以在学校基本教学模式的基础上，根据学科的特点和课型的不同，灵活变通，形成本门学科不同课型的教学模式。这样的教学模式他们愿意用，因为这是他们试验的成果。另外，通过学科建模也是对学校基本教学模式的反思和验证，学校的基本教学模式只有通过各门学科的验证才能证明其合理性和可操作性。所以学校的基本模式也不是一成不变的，在学科教学模式的建构中反映出来的问题又可以反馈到学校基本模式，对其修正和完善。如在和谐教学五环节教学模式的基础上，形成了各科不同课型的和谐教学模式，这在后面和谐教学模式的变式中还会谈到。

3. 个人建模：一模多法

所谓"一模多法"，是指在学校基本教学模式和学科教学模式的基础上，每个教师可以根据具体的教学对象和教学内容，运用多种方法，形成自己的教学设计和教学风格。

学科之间、课型之间不仅有差异，教师个人之间更有差异。每个教师的教学基本功不同、教学经验不同、对教材的理解不同，教学艺术和技巧也不同。如何发挥教师个人的积极性，避免一门学科的雷同性和模式化，就需要"一模多法"。

实际上个人建模就到了教学设计的层面。每个人对教材的理解不同、教学风格不同，同一教学内容、同一教学模式，也会形成不同的教学设计。

在实际教学中我们也会看到，即使同一备课组的几位老师教同一教学内容，模式相似，具体做法也不同。这种不同主要表现在教学设计的不同、教学方式不同、教学艺术的不同，从而导致教学风格的不同。

　　首先是教学设计的不同。教学模式仅仅是一个基本的框架和结构，但具体到一篇文章一节教材，由于内容不同，教学对象不同，每个老师的教学设计不会机械地套用一个模式，而是在学科教学模式的基础上灵活变通。教学设计的不同既表现在同一学科不同教学内容的不同，也表现在同一内容不同老师的不同。

　　其次是教学方式的不同。同一教学环节，每个人的教学方式也有可能不同，如"导入新课"这一环节，有的老师创设情境导入新课，有的老师提出问题导入新课，有的老师开门见山导入新课，都可以。如"自主学习"这一环节，有的老师运用导学案让学生自学，有的老师不用导学案也能达到自学的效果。

　　再次是教学艺术的不同。同样的教学内容，同样的教学模式，有人上课学生兴趣盎然，有人上课学生昏昏欲睡，其中很重要的就是教师的教学艺术，教学艺术反映了教师个人的基本功。

　　所谓教学艺术，是教师在课堂组织和讲授中所表现出来的富有艺术性的教学技能和技巧。事实证明，教师的教学艺术直接影响教学的质量和效果。高超的教学艺术，不仅能使教师出色地完成教学任务，还会对学生产生终生难忘的深远影响。虽然我们现在提倡在课堂教学中发挥学生的主体作用，强调学生的自学与合作探究，但学生积极性的调动和教师的精讲点拨，都离不开教师的教学艺术。

　　有人说："一堂具有高度艺术水平的课，应该表现出哲学家的雄辩，科学家的严密，演说家的魅力，艺术家的激情和幽默，军事家的智慧组织才能。"教学艺术包括：语言艺术、提问艺术、板书艺术、多媒体课件制作与使用艺术、组织教学艺术、课堂设计艺术等。

　　语言艺术要做到：准确清晰，具有科学性；简洁练达，具有逻辑性；生动活泼，具有形象性；通俗易懂，具有大众性；抑扬顿挫，具有和谐性。

　　提问艺术要做到：设问要准，提问要活，发问要巧，问中有导，听答要诚。

　　板书艺术要做到：布局合理、行款讲究、字迹秀丽、书写端庄、构思巧妙。

　　多媒体课件制作艺术要做到：清晰大方、图文并茂，使用恰当。

　　教师通过"一模多法"，既能落实学校提出的教学模式和体现学科性的特点，又能根据具体的教学内容和对象，逐步形成个人的教学风格。

　　"教学风格是教师在一定的理论指导下和长期的教学实践中逐步形成的独具个性

的教学思想、教学技能技巧、教学风度的稳定性表现。"①

如山东省枣庄市薛城区舜耕中学不同教师的教学风格：

特级教师褚衍伟——激情课堂

特级教师徐鸿雁——激趣课堂

齐鲁名师刘庆云——明理课堂

教学能手曹昭岢——明脉课堂

特色教师吕　峰——导练课堂

舜耕名师石　丽——导演课堂

骨干教师王广菊——传真课堂

青年教师董雨晨——传情课堂

另外，"一模多法"也是对学科建模的反馈和矫正。不同学科不同课型的教学模式在实践中是否适应，通过个人建模又会发现一些问题，积累一些经验，可以对学科教学模式甚至学校的基本模式进行反馈和矫正，使其不断完善。

通过以上的三级建模，可以较好地解决"教学有法、教无定法、贵在得法"的问题，也会做到上课"有模式而不唯模式"。

三级建模实际上是一个动态的过程，不是一次完成的，其建模的过程也是比较灵活的，既可以先从顶层设计，即学校建模，再逐级具体到学科建模和个人建模。

（三）普通教师怎样总结自己的教学法

不管是构建一种新的教学法还是教学模式，中小学教师感到最难的就是归纳总结。如何使普通教师也能总结出自己的教学法或教学模式？我在《中国教育报》2010年6月4日7版发表的《普通教师也能创立自己的教学法》，为大家提供了可操作的思路。

每个教师从教几年，都会形成自己的教学套路，实际上就是教学法。但一般的教师不敢奢望自己也会有教学法，更不敢说出口，怕招人讥笑。因为在传统的观念中，只有知名教学专家或著名的特级教师才会创立教学法。其实，每个人都可以在

---

① 关甦霞. 教学论教程. 西安：陕西师范大学出版社，1987.

实践中创立适合于自己的教学法，如果加以总结和提炼，还会具有推广价值。如天津市和平区"名师创名法"活动中，39位中小学教师演讲了自己的教学法，令人感动和鼓舞，这一活动再次印证了普通的中小学教师也可以创立属于自己的教学法。但这又不同于一般的经验总结，需要按照科学而规范的程序，对自己的教学经验进行提炼、加工，并进行理论的升华才行。只有上升到理论的层面才具有普遍性，才能被别人借鉴和学习。实际上每个人在总结自己的教学法的同时，也是对自己的教学进行反思的过程，是进一步学习理论的过程，是一次创造性的劳动。也可能一开始并不那么严谨科学，但只有在总结和提炼的过程中才会发现问题，才能不断地完善和升华。所以每个学校都应该提倡"当名师创名法"的活动，提倡教师成为专家型的教师和教育家型的教师。

或许每个教师形成自己教学套路的过程是一种不自觉的行为，现在就要对自己的教学行为进行认真地审视和反思，就要考虑它的理论价值和实用价值。只有不断地总结自己的教学法，才能使教育科研活动成为一种自觉的行为，才能克服职业倦怠，产生一种"成名成家"的理想冲动，焕发出新的职业活力。

一般来说，一个老师要总结自己的教学法应从以下几个方面入手。

1. 给教学法起个名字、下个定义

过去有的老师教了几十年学，已经形成了自己的教学套路，但因为没有名字所以推广不出去。总结自己的教学法首先要有个名字，名正才能言顺。名字不要太复杂，太复杂了不容易记住，不便于推广。也不能太简单，太简单指向性不明确，不知道这种教学法的使用范围。

教学法分为综合教学法和分科教学法。一般来说，适用于各科教学的方法是综合教学法，如和谐教学法、尝试教学法等。一个区域、一个学校总结出的教学法大多是综合教学法，因为它适用于多学段或多学科，如辽宁省调兵山市教育局推广的"问题引导教学法"，江苏省洋思中学的"先学后教，当堂训练"教学法，都是综合教学法。这类的教学法一般有一个基本模式，但在某一学段或学科中使用还要有具体的教学模式，在具体学科使用时往往要加以说明。如"和谐教学法在小学语文教学中的使用"，或者干脆再起一个名字："小学语文和谐教学法"。

但作为中小学教师，自己使用的教学法一般要具体到某一学段某一学科，所以教学法的名字要具体，要具体到哪一学段哪一学科，有的还要具体到课型，指向性要明确。这样从教学法的名字上人们就能看出它的适用范围和特点。如天津市耀华中学侯立瑛老师给自己的教学法命名为"高中数学实验课五步教学法",从名字上看指向很明确,不仅看出这种教学法适用于高中数学,还具体到了"实验课"。高中课程改革以来,数学课有了多种课型,如新授课、习题课、复习课、测验课、讲评课、讨论课、实验课、综合课、活动课等,而这种教学法是专门用于数学实验课的。再如天津市和平区教研室吴永强老师给自己的教学法命名为"小学语文阅读教学读悟式教学法",指向也很明确,不仅能看出学段、学科,还能看出课型——阅读课。

教学法的名字要简洁好记,要有新意,能反映教学法的实质和特点。如河南省西峡县第一高中杨文普校长等人创立的"三疑三探"教学法,让人一听名字就觉得响亮,能看出教学的大致环节,有新意,不与别人雷同。再如山东省高青县教育局推广的"五步导学法",也很简洁,从名字上就能看出这种教学法的特点:课堂教学的环节分为五步,课堂教学强调对学生的引导而不是灌输。

这就如同一件商品,不但要有名字,还要说明是什么。下定义就是界定这种教学法的内涵和外延。如辽宁省调兵山市赵国副局长主持创立的"问题引导教学法"是指:在课堂教学中,教师依据课标和教材,精心设计问题,以问题激发学生的学习兴趣,以问题引导学生自主学习与合作探究,从而达成教学目标、提高教学效率的方法。

如天津市第 57 中学段崇伟老师的高中生物任务驱动法的定义:在教学过程中,以完成一个个具体真实的任务为线索,把教学目标隐含在每个任务之中,引导学生去发现、去思考、去解决问题,在完成任务的同时培养学生的创新意识、创新能力和自主学习能力。

2. 说明教学法的环节和操作程序

对于一种教学法人们更为关心的是怎么操作,这就是教学环节和操作程序问题。有的称为几段几环,即把一堂课先分为几个阶段,每一阶段又分为几个环节;有的分为几环几步,即把一堂课先分为几个环节,每个环节再分为几个具体的步骤。也有的只分为几个环节或几个步骤。

每个教学环节的表述要简洁,字数和表述的方法要一致,这样给人的感觉比较整齐和规范。而操作程序的表述要具体。如我的和谐教学法分为五个环节:

（1）单元导入，明确目标；

（2）自学指导，合作探究；

（3）大组汇报，教师点拨；

（4）巩固练习，拓展提高；

（5）达标测试，课堂小结。

在每个环节中又有具体的操作步骤。如"单元导入，明确目标"这一环节的操作步骤是：（1）呈现单元知识树复习旧知；（2）导入新课；（3）呈现本课的学习目标并告诉学生。

如洋思中学的教学方法只有八个字："先学后教，当堂训练"。在实际操作中可分为两个大的环节：（1）先学后教；（2）当堂训练。"先学后教"是知识的新授环节，"当堂训练"是对所学知识的巩固练习和拓展环节。每个环节又包括几个具体的操作步骤。如"先学后教"包括三个环节：明确目标、自学指导、检查点拨。前两个环节是"先学"的内容，第三个环节是"后教"的内容，这里的"教"也不是系统讲授，而是"点拨"的意思。

如河南省西峡县的"三疑三探"教学法，包括三个大的教学环节：设疑自探、解疑合探、质疑再探。每个教学环节又分为基本操作、目的意义、注意事项三部分。如"设疑自探"的基本操作是：（1）设置问题情境，导入新课；（2）引导学生提出问题，师生归类整理，从而形成本节课自学提纲；（3）让学生自学课本，独立探究，解决问题；（4）教师巡视。

有些教学法还要说明根据不同的情况如何变式。如前面所提吴永强老师的"小学语文阅读教学读悟式教学法"，其基本教学环节是：（1）初读——悟的基础；（2）再读——悟的提升；（3）品读——悟的核心；（4）美读——悟的升华；（5）诵读——悟的再现。在解读这一教学法的操作程序时，由于各个具体教学活动在教学目的、教材特点和学生学习水平等方面都存在着许多变量，因此在实际教学的应用操作中，"读悟式"教学法还产生了多种课型变式，如探究型变式、研读型变式、情境型变式、体验型变式、比较型变式等。这样的教学法就给使用者提供了更多的发展空间，而不是机械地照搬一个模式。

3. 阐述教学法的依据和创新价值

一种教学法的提出要有依据，这种依据可能是历史的，可能是现实的，可能是理论的，或者几个方面都有。历史的依据是说明该教学法的提出不是无中生有，而是对历史的继承和发展；理论的依据是说明该教学法的提出有扎实的理论基础，不是无本之木；现实的依据是说明该教学法的提出有现实的必要性，能解决现实教学中的问题。在阐述自己教学法的时候要说明比前人和别人创新了什么，创新性是一种教学法存在的价值。下面分别介绍几种教学法的依据。

（1）历史的渊源。如邱学华老师在创立自己的尝试教学法时，首先谈到尝试教育思想在我国源远流长，他从古代的孔子、孟子到近代的陶行知，再到当代的叶圣陶等著名教育家的论述中，阐述了在教学中要让学生尝试自学的必要性，为自己的教学法找到了历史的依据。

（2）现实的需要。如李吉林老师创立小学语文情境教学法始于20世纪70年代末。时任语文教师的李吉林在教学中发现，语文教学远离学生的生活，远离语言学习应有的真情实感，学生的学习乐趣被淹没在大量枯燥乏味的字、词、句、篇的分析和训练中。受国外在语言教学中情景教学训练的启发，为了努力突破传统的条条框框、改变灌输式教学，李吉林老师开始了语文情境教学的探索。这是一种现实的需要，能够把国外的东西与现实教学结合起来就是一种创新。

（3）理论的依据。理论的依据可以是多方面的，如哲学的依据、美学的依据、教育学的依据、心理学的依据、自然科学的依据等。但注意不要把各种理论都不加选择地搬来装潢自己的门面，而是要找到直接的依据才行。如暗示教学法的直接依据就是暗示学和心理学。和谐教学法的依据不仅有哲学基础、心理学基础、教育学基础，还有美学基础，因为"和谐"本身也是一个美学概念。

（4）介绍教学法的实验或实践效果。人们关注一种新的教学法首先是看其教学效果。有些规范的教学法要通过对比实验。如果是对比实验，就要说明实验的对象、时间、实验班和对比班的具体情况，对比的内容和考核的方法，还要说明实验中的控制因素和各种变量。如果没有严格的对比实验也要用数据和案例说明在实践中的效果。如天津市汇文中学的薛莉老师，在谈到自己的"中学语文课前五分钟训练法"时说：如果以一个初中教师为例，按每学期两个教学班、一百个学生计算的话，一个学期要进行100次这样的活动，一个学年则要进行200次这样的活动，那么初中三年这样的活动至少要进行600次，每个学生作为主角三年中至少有6次作为课前五分钟的焦点人物亮相，有290多次观摩别人的展示并进行评论，语文实践能力会在语文实践活动中稳步提高。有了这一连串的数据说明，人们对这一教学法的效果与可行性会深信不疑。

总之，每个中小学教师都可以在实践中创立适合于自己的教学法，但这种教学法不是自然生成，而是不断总结和反思的结果。只有不断总结自己的教学法，才能提高教育理论水平，才能提高教学效果，才能与别人分享自己的研究成果，才能逐步成长为专家型教师和教育家型教师。

（四）为什么要开展"八说"的说课活动

我在《中国教育报》2013 年 4 月 3 日 10 版发表的《赋予传统"说课"新说法》，对传统的"说课"提出了新的思路和方法。

"说课"是一种传统的校本教研和区域教研形式，通过说课，教师可以说明自己的教学设计意图，可以反思课堂教学的得与失。但传统的说课没有相对固定的模式，教师在说课时随意性也比较大，更难以把自己的课堂教学与课程标准结合起来。如何使"说课"这一传统的教研形式更规范、更新颖，更能落实课程标准的要求，更能促进教师的专业化发展？从 2012 年下半年开始，我们在实验一种新的"八说"的说课模式，效果很好。"八说"，即说教材、说学情、说模式、说设计、说板书、说评价、说开发、说得失，分别说明如下。

1. 说教材，即教材分析

在传统的说课中，教材分析这一环节往往被教师忽略，有的老师轻描淡写地说："在座的各位老师对这篇文章（或这节教材）都很熟悉，我就不说了。"对教材的分析是上好一节课的关键，我在听课的过程中发现，有些教师的课堂教学效率低不是教学方法问题，而是对课程标准和教材把握不到位的问题。在这一环节，我们要求教师要从课程标准的高度，至少要从一个单元的高度来分析今天讲的这一篇文章或一节教材。因为新课程标准指导下教材的编写特点是主题式编排，一个单元就是一个主题或一个话题，整个单元是围绕这一话题来选编文章或例题的。如人教版的初中《语文》八年级上册第二单元，这个单元的主题是"对普通人的爱"，所以这个单元分别选编了鲁迅的散文《阿长与山海经》（对自己保姆的爱）、朱自清的散文《背影》、李森祥的小说《台阶》（都是对老父亲的爱）、杨绛的散文《老王》（对一个普通的三轮车夫的关爱），还有余秋雨的散文《信客》（对一个普通邮差的关爱），都是对普通人的爱。所以教师要从单元的高度来分析一篇文章。

有时候还要从立体的高度跨单元甚至跨册来分析一节教材。如讲初中数学"等腰三角形"，教师不仅要从本单元的高度，而且要从整个初中数学中"三角形"这一类知识的高度来分析这一节教材。在初中数学的"图形与几何"领域中，三角形是一大类，主要包括一般三角形、特殊三角形、三角形之间的关系、三角形与其他图形的关系等。而等腰三角形是特殊三角形。在人教版的初中《数学》教材中，等腰三角形安排在"轴对称"一章中，编者是借助"轴对称"原理来研究等腰三角形的一些特殊性质。不同版本教材的编排意图不同，教师在分析教材时还要理解编者的意图。只有这样才能做到"高占位把握课标，立体式驾驭教材"。

2. 说学情，即学情分析

教师要上好一节课，必须了解学情，这里的"学情分析"主要包括三个方面：学生已有的知识基础、已有的生活经验、已有的学习方式和学习习惯等。

教师在传授新知识之前首先要了解学生已有的知识基础，主要是与本部分内容相关的知识。如小学五年级学生学习"分数的意义和性质"，首先要了解学生在学习本部分知识之前是否学过分数，在几年级分别学过分数的哪些知识（如在小学二年级学过"分数的初步认识"，三年级学过"同分母分数的加法与减法"等），在讲授新知识时才能有所衔接。再如学生学习一篇"议论文"，教师要知道学生在学习本篇课文之前是否学过议论文，是否知道议论文的三要素。这样在备课时才能做到有针对性。

有些知识对学生来讲是初次接触，是全新的，但老师要了解学生是否有这方面的生活经验。如小学二年级学习"分数的初步认识"，虽然学生对"分数"这一数学概念是未知的，但学生对这一类的生活常识并不陌生。如在家或在学校里分水果或分月饼时知道要"平均分配，要公平"，其实"平均分"就是分数的一个重要知识点。孩子们对这类的知识并不陌生，所以教师在引导学生自学时要充分启发他们生活中已有的生活经验，这对于他们学习新的知识是个重要的基础和引桥。

对学情的分析还包括学生已有的学习方式、学习习惯。比如教师要借班上课，要在课堂教学中运用小组合作的形式上课，老师在课前就要了解这个班的学生平时是否有合作学习的习惯，是否会合作学习。如果老师要求学生自学课本，老师也要了解学生平时是否有自学的习惯，是否会自己读书，等等。这些已有的学习习惯和方式也影响到一节课的设计与效果。

3. 说模式，即教学模式

一些学校通过多年的课改已经总结出了全校相对统一的教学模式，但学科之间的差距很大，不能机械地照搬一个模式。另外，每门学科又有不同的课型，如新授课、复习课、实验课，也不能用一个模式。这里说的教学模式是指在学校基本模式的指导下，本门学科本种课型的具体教学模式。如语文阅读课新授课的教学模式，物理实验课的教学模式等。教师在介绍所用教学模式时，不仅要说明这种教学模式的基本教学环节，还要说明运用这一教学模式的理论根据、指导思想、教学策略等。

4. 说设计，即教学设计

有些教师说课时在这一环节往往轻描淡写地说一句："刚才大家都听了我的课，知道我是怎么做的了，我就不说了。"在这里说教学设计，很重要的是谈为什么。也就是说，在前边对教材分析的基础上，在对学情分析的基础上，根据本门学科的教学模式，这节课设计了几个教学环节，每个环节的预设时间是多少，每个环节的根据是什么，设计的意图和目的是什么。

如有的老师语文新授课的第一个环节是"单元导入，明确目标"，教师要谈为什么从单元的高度来导入一节课，为什么每节课都要明确学习目标。如最后一个环节是"达标测试，课堂小结"，教师要说明为什么每节课对基础知识都要达标测试，其根据是什么，主要测试什么，如何测试，等等。课后说课不是向听众重复介绍这节课的教学过程，而是重点谈为什么，设计的依据和目的，要体现教师的教学思想。

5. 说板书，即板书设计

近些年随着多媒体教学手段或导学案的运用，有些教师上课没有了板书或板书随意化。从目前的教学情况来看，多媒体还不能完全取代板书，因为多媒体课件是流动的，而板书是相对静止的。多媒体课件的演示一般都比较快，学生记录不下来。而板书留在了黑板上，便于学生记录和思考。学生看着教师的板书就能了解教师讲课的思路，就能了解教材的逻辑线索。所以有经验的教师很注重板书设计的艺术。通过教师的板书也能够看出教师对教材的把握情况。学生把教师的板书记在本子上，课后看着笔记本就能复述教材的主要内容。体育外堂课没有板书设计，但老师要说

"场地设计"，因为体育老师在备课时很注重场地设计。

6. 说评价，即课堂评价

课堂评价是课堂教学的重要组成部分，包括教师对学生的评价和学生对教师的评价，学生相互之间的评价等。根据课程标准的要求，在课堂教学中要做到评价主体多元化，评价方式多样化。具体到本节课中，主要是指教师是怎样开展评价的，在课堂教学中主要是评价了什么，其设计意图是什么，效果如何。如有的老师讲数学课，在评价内容方面，基础知识通过巩固练习和达标测试做到步步清、人人清，其目的是关注每一个学生，实现教育过程的公平，不让一个学生掉队。而在评价方式上注重评价到组，对小组实行捆绑式评价，其目的是鼓励学生的合作学习，让学生形成合作的团队。

7. 说开发，即课程资源的开发

每节课都会有课程资源的开发，只是教师自觉不自觉的问题。如在讲课时联系现实生活的例子，给学生补充课文外的资料或视频等，都是课程资源的开发。如有的老师讲小学语文《跨越海峡的生命桥》，补充了课文中提到的为杭州青年做骨髓移植手术的李博士的背景资料，补充了台湾大地震的视频资料等。教师要说明本节课开发了哪些课程资源，其目的是什么，效果如何。

8. 说得失，即教学得失

一堂课结束后教师要反思本节课的得与失，也就是说，本节课自己认为成功的是什么，不足的是什么，为什么，今后怎么办，要做出反思。

说课分为"课前说"和"课后说"。如果"课前说"就是"七说"，不说"得与失"，因为还没有上课，只有"课后说"才是"八说"。另外"课前说"对教学设计、教学评价、课程资源的开发等要具体，要让听众知道你是如何设计并实施以上措施的。如果"课后说"，听众已经听过你的课，知道你的具体做法了，所以说课时重点是谈为什么，谈设计的意图，其过程不用太具体。这是"课前说"与"课后说"的不同之处。

（五）和谐高效的课堂要回答的四个问题

怎样才算是一堂和谐高效的课？许多青年教师上完了课往往心中无数，总是等专家和领导评价后才知道是否高效。其实，教师上完课后只要问自己四个问题，就知道这堂课的效率如何。我在《人民教育》杂志 2010 年第 6 期发表了《高效课堂的四个要件》，《山东教育报》2010 年 3 月 29 日 3 版全文转载，题目改为《高效课堂要回答的四个问题》。

问题一：这节课让学生获得什么，获得多少？

这是明确教学目标的问题，教师在备课时就要考虑。虽然同一年级同一学科全国各地用的教材不一样，但课程标准是全国统一的，因此，教师应准确把握课程标准。当然，教师依据课程标准确定教学目标并不是机械照搬，而应根据学生的实际情况灵活变通，根据每节课的教学内容和学生实际来确定目标。另外，国家课程标准是最低标准，是基本的门槛，不同学校和教师可根据学生的情况适当高于这一标准。如上海格致中学提出"国家课标校本化"，就是要求教师根据学校的实际把课程标准具体化，变成学校的标准、各班的标准、教师的个人标准，这样才能把课程标准落到实处。

另外，教师不仅要清楚让学生获得什么，还要明确获得多少，学到什么程度，只有这样教学才具有可操作性和可检测性。如学习英语单词，就不能笼统地说要学会本课的 10 个英语单词。什么叫"学会"？按照课程标准的要求，有的单词要"四会"（听说读写），有的单词要"三会"（听说读），教师必须明确地告诉学生，哪几个单词要达到"四会"要求，哪几个单词要达到"三会"要求，在下课前要根据这个目标来检测学生。

问题二：让学生用多长时间获得？

这是课堂教学的效率问题。课堂效率是与时间挂钩的，离开了时间就无所谓效率高低。高效课堂是向 45 分钟或 40 分钟要效率，每节课的教学目标都应是当堂要完成的任务，而不是 24 小时要完成的任务。有的老师说我这节课的任务还需要课后两个自习或几个小时的家庭作业才能完成，那就不是当堂达标，而是加重了学生的课外负担。目前，在课堂教学效率和时间的问题上主要有以下几种表现。

（1）课前无预习，课后无作业

这是水平和效率最高的课堂教学。如北京 22 中的数学特级教师孙维刚，就是用这种方法使一个普通中学的实验班学生全部考入大学。在从初一到高三的 6 年大循环中，他从来不布置课外作业，所有问题都在课堂上解决。

再如天津市和平区中心小学的王晓卉老师，教小学数学，15 年不留家庭作业。在她的课上，学生们可以随时"开小差"；在她的课下，学生们没有家庭作业。她说："所有的事情都可以在课上完成，这样根本没必要为学生留课后作业。"每次接手一个新班时，她都会向家长们发出这样的承诺："保证每天不给孩子们留书面家庭作业，保证孩子们的睡眠时间，保证孩子们的活动时间，把游戏的时间还给孩子们。"

王晓卉老师把自己的课分为新授课、练习课、复习课和总结题型课。"前三种课，我要求每个学生都要认真听讲，而后一种课，学生可以根据自己的水平自由选择。比如，我讲的题型，你都会那就没必要浪费时间，你可以做些难度更高的习题。而如果你的成绩处于班级末尾，跟不上我的进度，那也不用着急，先自己做些简单的基础练习，我会在课余时间帮这样的孩子尽快赶上。"

总结自己可以不留作业的"秘诀"，王晓卉表示，对于小学生来说，他们每节课的注意力只能维持在 10～15 分钟，这种情况下，老师考虑的是如何在最短的时间里让学生掌握最多的知识。此外，合理整合教学内容，把枯燥的数学原理融入生活中，寓教于乐也是王晓卉吸引学生注意力的有效方法。

对于这种不留作业的"另类"老师，每次接班初期，都会有家长提出质疑。但随着孩子的成绩和学习习惯越来越好，家长们开始佩服起王晓卉老师来。王晓卉老师说："不留作业，并不代表孩子们回家无事可做。每周五我都会把下一周要讲的要点和习题发给学生，他们要进行有效的预习，而且每天要对当天课上自己不太熟练的地方进行复习，这样才可以保证课上的高吸收率。其实学生学得好不好，跟留不留作业没有关系。"

（2）课前有预习，课后无作业

有的学校在课前给学生发预习学案，要求学生必须完成书面的预习作业，在上课时教师先检查学生的预习情况，学生已经会了的教师就不再讲，学生不会的教师加以点拨。在课堂上完成必要的练习题，课后不再布置巩固性的作业，但要布置下节课的预习作业。实际上，每节课后仍有作业，只是把巩固性的作业变成了预习作业。有的老师说预习不是作业，预习有多种形式，如果学生自由看书，没有书面的硬性规定，就不是作业；如果老师打印了学案练习题并且让学生必须完成还要检查，就是作业。如果每门课都布置大量的课前预习作业，学生的负担自然就会加重。

（3）课前有预习，课后有作业

目前，大部分学校是课前有预习学案，课后有巩固作业，可以说一堂课前后夹击，学生没有轻松的时间。甚至有的学校搞循环式教学，不分课上课下，课堂无边界，这样的课堂教学效率就会大打折扣，学生的负担就会大大加重，除了学习书本知识，基本没有从事其他活动的时间。

在一些同课异构活动中，同样上一节课，有的老师提前让学生用了 3~4 课时预习课文，并与学生进行反复演练，第二天上课时让学生展示表演，听课的人都为之惊叹，但这样的课并没有效率可言。而有的教师仅仅是课前与学生交流 10 分钟就开始上课，虽然课堂不热闹，但学生学得很扎实。这就如同赛跑，当发令枪响的时候，运动员都应该站在零点起跑线上，而有的却提前跑到了 60 米处，这就没有可比性了。因此，公开课或同课异构活动应该是当堂完成教学任务，教师不能提前与学生见面或布置预习作业，只有这样才能看出一堂课效率的高低。

问题三：让学生怎样获得？

这是教学方法的问题。目前的教学方法很多，但归纳起来主要是"先学后教"和"先教后练"。

"先学后教"就是让学生自主学习、合作探究。只要学生自己看书能解决的就要让学生看书，教师不急于讲，学生不会的可通过小组合作来解决。学生实在不会的教师再加以点拨，教师一定要退到最后一步。先让学生说，学生回答错了不要紧，教师可以纠正，但一定要给学生这个机会。

"先教后练"是一开始就由教师讲，讲概念、讲例题，讲完之后让学生练习、巩固。采用这种教学方式的教师有一个基本假设：今天是新授课，学生对这一部分知识是一无所知的，所以我要从最基本的概念开始讲起。难道学生真的是一无所知吗？教师让学生自己看书了吗，如果教师没有给学生自学的机会怎么就知道学生自己看不懂？比如，有一位教师在讲数学例题时，只是自己在黑板上讲例题，讲完就出几道题让学生练，上完了课学生也没有翻开书。我问这位教师为什么不让学生看书。他说书上的例题每一步都很清楚，连答案都有，学生看会了就不认真听讲了，有的学生很浮躁，看一遍就不想看了，深入不下去。什么是"会"？学生看明白了不一定会，能够写出来、能够给别人讲明白才是"会"。教师先让学生在限定的时间内自己看书，看完后合上书，把例题的每一步都写出来，并且讲给同桌听，说明每一步为什么这么做，根据是什么。如果每个学生能够给别人讲明白，就是真会了。课堂上不要怕学生看书，不要怕学生浮躁、不认真，而应跟上检查措施。"三分教学、七分管理"，任何先进的教学方法如果没有管理做保证就落不到实处。

衡量一堂课效率的高低，不但要看学生是否当堂掌握了，还要看学生是怎样掌握的，是教师灌输给他的还是通过他自学掌握的，这有本质的不同。

问题四：是否每个学生都达成了教学目标？

一节课的效率高不高主要看达标率。如果目标合理而适度，学生就应当堂达标且要人人达标，只有少部分学生达标的课不能算是好课。有些教师在"达标测试"环节往往流于形式，主要表现在：（1）只检查好学生。教师随便提问几个好学生，这几个学生会了教师就以为全班学生都达标了。这种检查有很大的随意性和偶然性。在一节课上，教师要尽量检查到每类学生，关注到每一个学生。单靠教师的提问很难做到这一点，可通过合作小组相互检查的做法来实现。（2）虽然全部检查，但对落后学生没有补救措施。有些教师在下课前也搞全班检测，做对的举手，但对没有举手的同学教师没有问错在什么地方，课后谁来给他补课，何时汇报结果。没有具体的补救措施，这些学生就会逐步变成落后生。

虽然对于需要拓展和拔高的问题以及能力的训练和价值观的问题，不可能做到堂堂清、人人清，但对于每堂课的基础知识、基本技能、核心概念，应要求每个学生都要掌握。这既是课程标准的基本要求，也是落实教育公平的基本措施。我们一定要把课堂教学提高到促进教育公平的高度来看待。

要做到"堂堂清、人人清"，首先要做到"步步清"。如文言文教学，第一步要求每个学生都要熟读，这包括字音字义、断句、熟练程度等。不要只检查几个好学生，而是分组让每个学生都要读，同学相互检查、相互帮助，向老师汇报，大家都过关了就是"步步清"了。然后是翻译课文，要求每个学生在理解的基础上合上书、不看课本注释、不看参考资料、不能相互讨论，能够独立翻译出来，这才是真会了。只有把课堂教学的每一步都夯实了，每个学生都检查到了，才能做到堂堂清。这样做看似耽误时间，其实是节省了重复劳动的时间和课后大量作业的时间。不然仅靠下课前的几分钟搞一个达标测试，不会的学生也没有时间清了，只能放到课后，又加重了学生的课后负担。

　　"堂堂清"的方法很多。如有的学校让学生当堂练习,教师逐一批改。这样做,教师的工作量比较大,也不能全部看完。另一种办法就是通过合作学习,让学生2人一小组、4~6人一大组,先由小组的两个人相互检查,大组长复查,教师巡回检查。这样一个都少不了,能够覆盖到全体学生,班额大点也不怕。2人小组不能解决的由6人大组解决,大组不能解决的由教师来解决。个别不会的由本组同学帮助补课并向教师汇报。只有充分发挥学生的作用,教师才能省心省力,才能培养和锻炼学生的能力。魏书生说的"只有懒老师才能培养出勤学生"就是这个道理。此时,教师在下课前能自豪地说:"这节课所学的基本知识我班内的每个学生都掌握了",这就是一堂好课,一堂高效率的课,一堂和谐的课。

　　如果一名教师在课后能对以上四个问题做出明确回答,就知道自己的课是否和谐高效。

(六)怎样评价教师的教学水平

　　在日常教学工作中,我们经常谈到有的老师教学水平高,有的老师教学水平低。那么衡量教师教学水平高低的标准是什么?我在《天津教育》杂志2006年第7期发表了《怎样评价教师的教学水平》一文,提出了如下观点。

　　1. 低水平的老师向课后要质量,高水平的老师向课堂要质量

　　如果单纯比较教师的教学成绩,不足以衡量一个教师的教学水平。同样的教学成绩,有的老师可能每天都布置大量的课后作业,学生在题海战术中"身经百练",也能考出好的成绩,但这是以耗尽学生的时间和精力为代价取得的。这样的老师工作态度很好,很认真,虽然课堂教学效果未必好,但课后任劳任怨,每天都要批阅学生大量的作业,保持较好的升学率和教学成绩。但这样的老师教学水平不高。真正高水平的老师不是向课后要质量,而是向课堂要质量,向45分钟(或40分钟)要质量。他们力求让学生在课堂上学会、掌握,做到"堂堂清",课后就可以不布置作业。他们的教学成绩很好,而学生的负担很轻。他们把课后时间还给学生,让学生有充分的时间发展自己的爱好特长,老师教得轻松,学生学得也轻松。这才是高水平的老师。

　　武汉外国语学校高中部的物理特级教师何文浩,课下从来不给学生留作业,学

生的全部学业都在课堂上完成，而他的教学成绩在全国却是一流的。多年来他带的班高考升学率达100%。以1996年为例，他任班主任的班三分之一的学生被北京大学和清华大学录取，物理平均分竟达到120分以上，有一年的平均分达到了138分。何文浩老师向学生家长说明课后不留作业的原因时说："这么多年的教学经验告诉我，留作业造成许多学生不必要的劳动。你们想一想，我上课时留的作业是一样的，已经会了的同学就是重复劳动，不会做的又浪费他们的时间，许多同学上课不注意听讲，他们认为反正课后做作业补齐就是了。而不留作业，就能让他们把精力都用到课堂上，最大限度地调动他们的学习积极性和热情。"不留作业，何老师把45分钟的课堂当成学生学习物理的全部时间。为了这45分钟，他得准备十几个小时、几十个小时。何老师讲课时只拿一支粉笔上讲台，从来不拿书和备课笔记。为了只拿粉笔上课，他可以说出从高一到高三任何一册物理教科书任何一页上的内容，他的脑子里有成千上万个不同难度的练习题可供学生选择。

　　类似这样课后不给学生留作业而教学成绩很高的例子很多。实际上，真正高水平的老师向课堂要质量，低水平的老师向课后要质量，靠加班加点和大量课后作业来提高教学成绩。我们可以这样说：在教学成绩相同的情况下（学生基础相当），老师的课后作业越少，教学水平越高。

　　2. 低水平的老师教知识，高水平的老师教方法

　　在有些老师的眼里，学生是一个需要填充东西的空桶，老师像蚂蚁搬家一样，把书上的知识运到学生的脑子里。为了让学生在考试的时候有一个好的成绩，老师力求把书本上的每一句话都给学生讲清楚，让学生把书本上的每一个练习题都练会，唯恐哪个问题没有讲到学生不明白，哪个练习题没有做到学生不会，所以老师讲得很累，学生学得也很累，但考试的时候一旦不是书本上的题目，学生就没了办法，老师也只能后悔自己没有猜到这道题。这样的老师靠题海战术拿成绩，力求穷尽所有的题目，把自己能够想到的、找到的题目都让学生做，以为做多了总能碰上考试的题目。殊不知，知识是不能穷尽的，练习题是做不完的。这样的老师即使教学态度再好，也不是高水平的老师。真正高水平的老师上课不是教知识，而是教方法。还是那句老话："授人以渔，而不是授人以鱼"。学生一旦掌握了方法，自己就会去学习知识，自己就会去找练习题做。知识是学不完的，但知识的规律是有限的，在

课堂有限的时间内，就要让学生掌握有限的规律。知识的规律掌握了，解决问题的方法找到了，学生就可以做到举一反三，课本上的练习题不必都做，书本上的话不必都讲，学生学得轻松，老师教得也潇洒。

我的一个实验老师许伟，在天津用和谐教学整体建构法上了一节初中数学公开课——《二元一次方程组的解法》，在课堂上他讲的例题很少，更多的是引导学生探究这类问题的解决方法，引导学生感悟和体会"化未知为已知""化复杂为简单"的数学划归思想，让学生掌握用"代入法"和"加减法""消元""消次"的方法，结果一课时学生不但掌握了二元一次方程组的解法，连三元一次方程组、四元一次方程组、一元二次方程组的解法都会了。许老师说：我这一节课把初中整式方程的问题都讲完了，以后这类的问题都是复习课和练习课了。在课堂上老师让学生自己编题来验证这些规律和方法，学生思想非常活跃，学得也很轻松。

小学语文有一篇课文《画家和牧童》，讲的是唐代大画家戴嵩画了一幅"斗牛图"，商人称赞"画得太像了！"教书先生赞扬"画活了！"而牧童却说"牛尾画错了"。有的老师在教这篇课文时让学生反复诵读，逐句分析课文，力求把课文中的每一句话都讲清楚，重点句子还要反复读、反复讲。其实这样的课文只要引导学生找规律，学生很快就能掌握课文的结构和主题。凡是小说、故事、寓言、童话等题材的文章，都有人

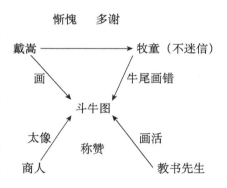

物或人物的化身，我把他叫作"角色"，实际上这类的文章就是谈角色与角色之间的关系，只要把他们的关系搞清楚了，文章的结构和主题也就明白了。学生可借助知识结构图在短时间内把握课文的结构和主题。上面是我在听课时画的这篇课文的知识结构图。

学生一旦掌握了这些分析课文的方法，老师没有必要讲得太多，学生拿到一篇文章自己就会分析，老师教得轻松，学生学得愉快，何乐而不为！所以低水平的老师教知识，高水平的老师教方法。

3. 低水平的老师微言大义，高水平的老师整体建构

许多老师在讲课时喜欢精雕细刻，微言大义，好像不"挖地三尺"不足以表现

老师的水平。在语文课上，即使很短的一篇课文，老师也要分成 2～3 课时来处理。有的老师把课文的每一段都投影到银幕上，逐句分析，讲深讲透，有些连作者都想不到的事情也被老师挖掘出来了。其实文学作品仁者见仁，智者见智，教师没有必要把自己的观点（主要是照搬教师用书上的观点）强加给学生。北京的语文特级教师韩军曾算过一笔账："800 字、1000 字的文章，有的老师竟讲 3 课时（135 分钟）；20 字的《登鹳雀楼》，在小学二年级竟讲析 35 分钟，热热闹闹一节课，数数字数 20 个。"这样的教学少（课堂容量少）慢（教学进度慢）差（教学效果差）费（浪费时间）。

其实，真正高水平的老师不会把教材讲得太细，而是把一篇课文、一个单元、一册教材、一个学段作为一个整体，让学生整体建构。一般的老师一篇课文讲2～3 课时，而山东潍坊市的韩兴娥老师一课时讲 2～4 篇课文，还不布置与课文有关的课后作业。她在教语文时不求面面俱到，只求重点突破，一个课时学习 2～4 篇课文轻而易举。学生在阅读课文后教师直奔中心提出问题，或点击难点释疑解惑。如学习《桂林山水》时，只提"桂林的山、水各有什么特点"一个问题。学习2000 多字的《狱中联欢》只提两个问题："课文中写了哪几个节目？如何理解课文的主要内容？"学生在三年级就把小学六年的课本全部学完，参加小学毕业考试，人人都是优秀。

北京市朝阳区实验小学的马芯兰老师，对小学六年 12 册数学教材进行了反复研究，她认为："知识就像一棵树，是一个有机整体，是有内在联系的一个有机整体。小学数学就是掌握四个基本概念：合差倍分，'合'又是最基本的概念。小学阶段整个抓一个'合'字。有'合'就有'分'，在合分这两部分，就有不等和相等。每份都相等，就是特殊情况了，就有乘除。除和减法有关系，总数除以 3，那总数减 3 行不行？加减乘除是有内在联系的。这个知识挖掘透了，老师就知道该在哪里下功夫，许多东西就水到渠成。"运用这一教学思想，马芯兰老师重新编排教材，引导学生用三年的时间学完五年的数学教材（五年制），用四年的时间学完六年的数学教材（六年制），学生没有课后作业，毕业成绩平均 93 分以上。

教学是艺术，更是科学，科学就要讲究效率。如何在有限的时间内让学生学习更多的东西，如何提高课堂教学的效率，把课后时间还给学生，是每一个老师必须认真考虑的问题。不要把讲台作为表演的舞台，在这次课程改革中教师要完成角色的转化：从知识的传授者变为学生学习的组织者、引导者和激发者。

（七）和谐教学模式的五大环节

我根据新课程所提倡的"自主、合作、探究"的思想和多年的和谐教学实验，逐步形成了五环节的和谐教学模式。下面简要说明各个环节如何操作。

1. 单元导入，明确目标

新旧教材的主要不同是：旧教材是线形结构，新教材是模块结构。一个单元就是一个模块、一个整体，所以在教学时也要把一个单元作为一个整体。每个单元老师不要一上来就讲"第几课"，而是呈现单元的知识树，引导学生阅读"单元导读"（文科理科教材都有编者的一段话，一般是在标题下单独成页），这一段话很重要，体现了课标的要求和编者的意图。教师要清楚：随便从报纸和杂志上选一篇文章和讲课本中的一篇文章是不一样的，课本中的文章融进了课标的要求和编者的意图。教师引导学生了解整个单元的编写意图和知识结构后再导入新课，说明本节课的学习目标。

如天津市普育学校的闫文硕老师讲初中语文《记承天寺夜游》的课件。

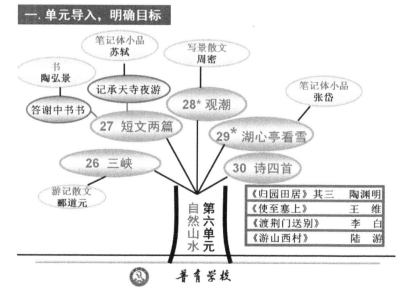

一. 单元导入，明确目标

学习目标：

1. 掌握"遂、盖、但"等文言虚词的用法，识记"户、念"等常用文言实词的意义。
2. 品析文章语言，感受月夜小景之美。
3. 体会作者被贬之后月下夜游的微妙心境。

普育学校

2. 自学指导，合作探究

每堂课老师都不要急于先讲，本着"先学后教"的原则，先让学生自学，而这种自学是在教师指导下的自学。老师的自学指导要做到四明确：明确时间、明确内容、明确方法、明确要求。只有做到了四明确，学生才能集中精力高效自学。

根据一节课的教学任务和知识点，教师可分为自学指导一（或问题探究一）、自学指导二（或问题探究二）……每个自学指导或问题探究都是一个小循环，包括学生的自学、同学之间的互查互助、教师的检查点拨。为了提高自学与合作的效率，我们在课堂的座位排列由传统的"排排坐"变为"团团坐"或"对桌坐"，每个小组2人，每个大组4～6人。学生自学以后首先是2人小组的相互检查和互助，如果有问题大组讨论，没有问题大组不再讨论。

我们经过多年的实验证明：2人小组的合作密度最大、效果最好。如果一开始就是6～8人的讨论，会出现少部分学生占据话语权、大部分学生当观众的现象，这是极不公平的。而2人小组首先是相互检查，然后是相互帮助。2人小组能够解决的问题大组就不要讨论了，小组不能解决的大组再讨论。大组讨论的是问题而不是已经会了的东西。我不主张在课堂上让学生表演。在课堂有限的时间首先要解决主要问题，解决学生不会的问题，学生已经会了的东西就不要表演。有些表演可以放在课后。那种少部分学生表演、大部分学生当观众的做法会浪费大家的时间，大大降低课堂教学的效率。

　　强调课堂上的合作学习就是"动车组原理"。我们乘坐的普通列车是依靠机车牵引的，车厢本身并不具有动力，是一种"动力集中技术"，只有机车（火车头）有动力，拖车没有动力。而动车组是一种"动力分散技术"，把动力装置分散安装在每节车厢上，运行的时候，不光是机车带动，车厢也会"自己跑"，这样把动力分散，更能达到高速的效果。传统列车时速都在 100 公里左右，提高到 160 公里以上就很难了，而现在的高铁和动车，速度可达到每小时 300 公里以上，从上海到北京的时间由原来的 10 小时缩短到 5 小时。京津城际高速铁路也是采用动车组，时速可达 350 公里，北京到天津的时间由原来的 70 分钟缩短到 30 分钟。动车组的理论运用于教学也是很有启发意义的。

　　过去我们常说的一句话是：要想火车跑得快，全靠车头带。传统教学就是一种"动力集中技术"，老师是火车头，带动全班几十个学生跑，尽管老师很卖力，仍然教学效率不高，其原因就在于学生是"拖车"而不是"动车"，没有学习的动力。过去认为大班额是影响教学效率的主要原因，一个老师负责五六十个学生，难以照顾每个学生，所以教学效率低。后来提倡小班化教学，每个班不超过 30 个学生，仍然没有解决教学效率低的问题，关键就在于还是采用"动力集中技术"，只有老师一个人有动力，学生没有动力。所以现在要提高课堂教学效率的关键是如何由传统的机车带动变为"动车组"，由教学的"动力集中技术"变为"动力分散技术"。合作学习的理论与动车组理论是一致的。

　　还如闫文硕老师的几个自学指导课件：

二、熟读课文，处理字词

自学指导一：

　　请你放声读课文，至少读三遍，一读注意勾画出拿不准的字音，二读注意停顿与节奏，三读试着读出点文言文的味道来。

合作学习流程：

1. 个人放声朗读。
2. 同桌互读、互查字音与节奏。
3. 小组内练习朗读，选择最适合本组特点的朗读方式，向大家展示你们小组的朗读风采。

三. 疏通文意，理清文脉

自学指导二：

请你结合课下注解疏通文意。

合作学习流程：

1. 自己疏通文意，注意在文中标注出不懂的字词。
2. 组内讨论交流，尝试共同解疑。
3. 组内仍有疑惑，组间探讨交流。

普育学校

三. 疏通文意，理清文脉

自学指导三：

文章虽只有84字，但是层次划分丰富多样，有人划分成两层，有人划分成三层……你是怎么划分的呢，谈谈你的道理。

合作学习流程：

1. 自己在文中划分层次。
2. 组内讨论交流。
3. 班级分享，各组派代表说出本组的一种或几种看法。

普育学校

3. 大组汇报，教师点拨

在学生自学的过程中大组长要检查，老师也要巡查。老师巡查的主要目的是了解学情而不是辅导。学生自学后各组大组长要向全班汇报，一方面要让全班同学知道相互的学习进度和效果；另一方面对于在自学和讨论中出现的共性问题集体解决。各组组长在汇报时要说明本组还有谁不会，问题是什么，现在解决没有。对于基本的核心知识和基本技能一定要做到步步清、人人清，这是促进课堂教学公平的重要手段。

对于学生在学习或汇报中的疑难问题，老师要启发全班学生讨论解决。学生不会的老师再点拨。老师在点拨时一方面要回答学生的疑难问题，另一方面要帮助学生总结知识的内在规律和学习这一类知识最好的方法。在课堂教学中教会学生学习的方法比传授具体的知识更重要。在这一环节我们主要通过知识树的形式对教材的主要内容进行归纳概况。

4. 巩固练习，拓展提高

每堂课学习新知识后都要通过变式练习及时复习巩固所学知识，这是课堂常规。在这一环节难的是能否做到堂堂清、人人清。这不仅是课堂效率问题，也是教育公平的问题。教育公平主要体现为教育起点的公平、教育过程的公平、教育结果的公平。义务教育阶段的学生根据就近入学的原则都能到一个学校来上学，这是教育起点的公平。但学生来到一个班不一定都能得到公平的对待，如有的老师在课堂上只关注学习成绩好的学生，不关注学习差的学生，这就是教育过程的不公平。而教育过程的不公平会直接导致教育结果的不公平。每堂课所学的基本概念、核心知识，要求每一个学生都要掌握，这是课程标准的底线。对于那些没有掌握的学生老师一定要采取具体措施进行补救。每堂课下课时老师敢拍着胸膛说"这节课所学的基本知识每个学生都掌握了"，这才是达成了教学目标。

对于学有余力的学生要拓展提高，做到保底不封顶。对于拓展的内容不做统一要求，要做到分层教学。

5. 达标测试，课堂小结

本着基础知识堂堂清、人人清、步步清的原则，每堂课在下课前要有达标测试。达标测试题不能走过场，要及时反馈。在达标测试时要注意如下问题：

一是测试题不能太简单。有的老师的测试题都是选择、判断题，学生不到 1 分钟就做完了，这是走过场，不能反映一节课学生所学的基础知识。测试题小学不能少于 2 分钟，初中不能少于 3 分钟。

二是测试题既有基础题又有提高题。这是本着分层教学的原则，基础知识要求每个学生都要会，对于提高题学生可以自己选做，主要是针对成绩好的学生，让学有余力的学生不断提高，不要全班齐步走、一刀切。

如天津市普育学校李娜老师讲初中数学"平面直角坐标系"的达标测试题，见下页图。

三是学生做题要像考试一样独立完成，不能看书，不能讨论，只有这样才知道

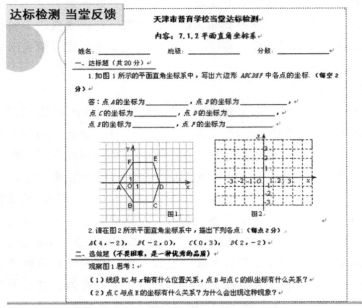

天津市普育学校当堂达标检测

内容：7.1.2 平面直角坐标系

姓名：_____ 班级：_____ 分级：_____

一、达标题（共20分）

1.如图1所示的平面直角坐标系中，写出六边形 *ABCDEF* 中各点的坐标。（每空2分）

答：点 *A* 的坐标为_____，点 *B* 的坐标为_____，

点 *C* 的坐标为_____，点 *D* 的坐标为_____，

点 *E* 的坐标为_____，点 *F* 的坐标为_____。

图1

图2

2.请在图2所示平面直角坐标系中，描出下列各点：（每空2分）

$A(4, -2)$，　$B(-2, 0)$，　$C(0, 3)$，　$D(2, -2)$

二、选做题（不是困难，是一种优秀的品质）

观察图1思考：

（1）线段 *BC* 与 *x* 轴有什么位置关系，点 *B* 与点 *C* 的纵坐标有什么关系？

（2）点 *C* 与点 *E* 的坐标有什么关系？为什么会出现这种现象？

普育学校

学生是不是真会。不怕学生不会，不会的老师和同学可以帮助他；就怕不知道谁不会，耽误了学生的学习。

　　四是学生做完后老师可以用投影当众批改一份样卷，也可以给先做完的学生每个组批阅一份，或者出示标准答案。教师批改样卷的过程就是点拨的过程，有些不会的问题学生也就会了。

　　五是学生要交换批改，因为后进生不容易看出问题，有的看出来也不说，只有两人一组交换批改才能暴露问题。

　　六是学生批改后组长汇报，老师记分，对于错了的学生，老师要当堂反馈，看是否已经会了，如果还不会老师要责成组长课后给他补课或老师亲自补课，要关注到每个学生。

　　达标测试的基本流程是：学生独立完成—教师批改样卷—小组交换批改—组长汇报，教师记分。

　　对于达标测试，有的老师担心在课堂上完不成，会影响教学的进度。其实达标测试也是练习，是一种更规范、更严格的练习，所以老师在备课时要对练习题统筹考虑，尽量不要重复。另外老师在备课时要留出达标测试的时间来，即使少拓展一些，也要保证把基本的东西教给学生，这是课堂价值观的问题。

课堂小结包括三层含义：

一是老师要结合课件或板书，对本节课所学的核心知识进行归纳概括强化，加深学生的印象。

二是单元回归。所谓单元回归就是要把下位概念回归到上位概念。要把本课的知识树回归到单元知识树上，从一开始的"单元导入"到最后的"单元回归"形成一个完整的教学过程，让学生在头脑中总是有一个整体的知识结构。这节课下课前的单元知识树就是下一节课"单元导入"的知识树。如果是一个单元的结束，还要把这个单元的知识树回归到整册书的知识树上来。

如山东青岛市开发区实验初中的刘君老师讲初中语文《猫》最后的单元回顾：

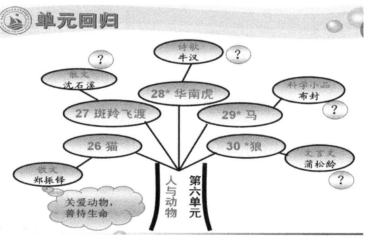

三是对小组的表现要进行小结。每个学习小组就是一个团队，每节课要评出优秀小组，每天要评出日冠军组，每周要评出周冠军组，每月要评出月冠军组。对于月冠军组的组员，学校要向家长发喜报，鼓励学生相互合作。只有对合作小组进行捆绑式评价，小组内的学生才会相互检查、相互监督、相互帮助，形成一个战斗的团队。

前面谈的是一个基本的教学模式，在教学实际中可根据教学内容分为几个"自学指导"或"问题探究"，如"自学指导一""自学指导二""问题探究一""问题探究二"……每个"自学指导"或"问题探究"就是一个小循环，包括：自主学习—小组互查互助—大组讨论和汇报—教师点拨—巩固练习。这叫"小循环、步步清"，一步一个脚印，把基础知识夯实。在课堂教学中没有"步步清"就做不到"堂堂清"。而一开始的"单元导入，明确目标"和后面的"达标测试，课堂小结"是教学常规。

四、与和谐高效教学相关的其他理论问题

（一）课堂教学的辩证法

基础教育课程改革以来，提出了许多新的教学理念，对这些教学理念的理解和实践会有很多不同，有的甚至反差较大，所以许多一线教师感到困惑，不知道孰是孰非，无所适从。在建构高效和谐的课堂时要注意处理好一些辩证关系。

1. 课前预习与课堂自学的关系

新课改提出让学生自主学习，但没有明确是在课前自学还是课上自学。现在有些学校为了提高学习成绩，提倡学生课前自学。教师设计好"导学案"让学生在课外逐项完成，教师或学生小组还要检查批改。这种自学已经不是传统意义上的预习，而变成了一种"预习作业"。预习是一种好的学习习惯，凡是好学生都有预习的习惯，特别是在过去教师满堂灌的情况下，教师的讲课速度比较快，如果课前不预习一下，听课时会感觉"跟不上趟"。而把预习变成"预习作业"就变味了，如果每门课都布置预习作业，学生有多少课外时间？多年来我们呼吁减轻学生的课外负担，而这种做法却加重了学生的课外负担。所以，我们主张学生从上课开始自学，每堂课本着"先学后教"的原则，只要学生自己能够看懂的教师不讲，既培养了学生的自学能力，又减轻了学生的课外负担，这才是真正的高效教学。所谓效率是指"单位时间的达标率"，如果把学生的学习时间任意延伸到课前和课后，反而加重了学生

的负担，是不提倡的。

2. 课上紧张与课外轻松的关系

多年前洋思中学的蔡林森校长就提出一个观点：每堂课要像考试一样紧张。这句话听起来好像有些不合时宜，其实仔细想想很有道理。现在由于中考和高考制度没有大的变革，各中学依然有升学率的压力，让学生完成一定的学习任务既是中考和高考的需要，也是课程标准的要求。现在许多初中和高中教师都感觉课时紧，所以修订后的义务教育阶段 19 门学科的课程标准不同程度地降低了知识的容量和难度。让学生在课堂上紧张起来高效地学习，就是让学生在课外有更多的自由支配时间，发展自己的爱好特长。如果学生在课堂上忙于表演展示，过于轻松，课外势必要紧张，要忙于各种预习作业和巩固作业，这就是教学的辩证法：课上不紧张，课外就会紧张。另外课堂上学生的紧张主要是思维活动的紧张，而不是肢体的紧张（体育课等除外），过多的交往互动势必会干扰学生的独立自学，应该让学生在课堂上有较完整的时间独立自学和思考。老师要潜下心来育人，学生也要静下心来学习。

3. 走进教材与走出教材的关系

新课程提倡走进教材与走出教材。所谓走进教材是指首先要学好教材，所谓走出教材是指不要局限于教材的例子，要根据学生的情况适当变通和拓展。新课改提倡"一标多本"，即一个课程标准有多种版本的教材，各个地区可以自选，每种教材的编写特点和编写体例不同，同一概念举的例子也不同。正是从这个意义上来说我们提倡"走出教材"。虽然不同版本的教材质量不同，但都是经过教育部中小学教材审查委员会审定通过的，每套教材都是一个完整的知识体系和逻辑体系，如果学生能按照一套教材认真学好，特别是对于基本概念和基本理论能深入理解，就能做到"以不变应万变"。然而，现在很多学校不是在教"课本"，而是在教"教辅"，特别是初三和高三毕业班，师生都抛开课本，用各种教辅资料进行大密度的题海训练，一方面加重了学生的负担；另一方面忽视了课本上的基本知识体系。洋思中学的蔡林森校长多年来一直坚持首先让学生学好课本，文科要读课本，理科也要认真读课本，有些公式概念要求学生背下来。他说要提高学习成绩的最好方法就是老老实实学好课本，这既减轻了学生的负担，又使老师和学生有了抓手，他的很多考试题目都是来自书上的例题和练习题原题。只要我们的学生能够把课本学好了，课程标准的基本要求就达到了，学生的中考和高考也就没有大问题。

4. 自主学习与合作学习的关系

新课改提倡学生自主学习与合作探究，有些教师就认为每堂课没有合作讨论就不是新课改的课，不管问题的难易都要让学生讨论或小组展示一番，其实有些问题是不需要合作的。自主学习与合作学习不是并列关系而是先后关系。每堂课都要本着"先学后教"的原则，先让学生自学，如果学生自己学会了，就没有必要合作。只有那些自己不能解决的问题才需要通过小组合作来解决，小组合作不能解决的问题需要老师的指导点拨来解决。如果不管什么问题都一味强调合作，会影响学生的独立自学，也会浪费课堂时间，降低课堂教学的效率。

5. 教师主导与学生主体的关系

尽管"主导"与"主体"不是一对逻辑范畴，多年来也备受质疑，但由于多年来人们已经习惯于这种表述方法，所以也没人再对这种说法较真。但在课堂教学中教师的主导作用主要体现在什么地方，是否只要把学生发动起来就算是发挥了主导作用？"先学后教"的做法就是在发挥学生的主体作用，不管是文科还是理科，先让学生自学，学生有充分的自主权利。教师的主导作用不仅是对学生不会的知识进行辅导，更主要的是根据课程标准的要求对学生进行正确的引导，所以我们特别提倡教师要认真把握课程标准和教材。现在有些课看起来很热闹，其实教师本身对教材就没有深入的研究，对学生的引导也很肤浅，这实际上是弱化了教师的主导作用，也是不负责任的表现。

（二）要杜绝课堂教学的"伪合作"[①]

基础教育课程改革以来，人们对于合作学习越来越重视了，好像一堂课没有合作学习就不是新课改的课。课堂上老师最常说的一句话是"讨论讨论"，学生在课堂上最活跃的形式是交往互动。但为什么要合作？合作的效果如何？有些老师在设计教案时缺乏深入的思考，认为只要学生围桌而坐就是合作，只要七嘴八舌地议论就是合作，只要小组分工就是合作。我们把形式上合作而实际上没有合作必要或合作

---

① 王秋月. 课堂教学的"伪合作"课例评析. 人民教育，2014（14）.

方法不当的现象称之为"伪合作"。这样的合作教学往往为合作而合作，浪费了学生的时间，影响了课堂教学效率，有的甚至会加重学生的课后负担。

案例一：不讨论不能回答问题

一次上小学数学课"认识厘米"，教师为了激发学生的兴趣讲了一个故事：古时候有个叫阿福的人到裁缝店去做衣服，古时候没有尺子，师傅就用手给他量并让徒弟记录：身长三拃、胸围四拃……过了几天阿福到裁缝店试穿衣服，衣服小了。师傅问"怎么回事？"徒弟说："身长三拃、胸围四拃……没错呀。"但衣服为什么变小了？当老师提出问题后立刻就有学生举手要回答，老师说："大家不要着急，四个人一组讨论讨论再来回答。"学生分组讨论得很热烈。几分钟后老师让一个学生回答："师傅的手大，徒弟的手小，所以身长同样是三拃，衣服变小了。"课后听课者问上课的老师："当你一提出问题后有的学生就要回答，为什么不让他回答？"上课老师说："现在提倡合作学习。学生没有经过讨论怎么能让他回答问题呢？"

在本案例中，教师对于学生为什么要讨论的目的性并不明确。在课堂上学生讨论问题一般有两种情况：一种情况是个人不会的问题需要集体讨论来解决，"三人行必有我师"；另一种情况是对于一些需要拓展的问题可以让学生讨论，头脑风暴式的集体讨论有助于激发学生的发散思维。而本课例中的问题比较简单，大部分学生都已经知道原因，学生中有会的就直接让他回答，不必讨论。即使学生回答错了也没有关系，教师可以了解学生的逻辑思路，根据学生的回答因势利导，做到顺学而教。另外像这样的问题主要是用于导入新课激发兴趣，即使个别学生不会也可以通过全班讨论的方式来解决，不一定先分组讨论再全班讨论。课堂学习要考虑时间和效率，要尽快地切入正题，对于一些非关键问题要少兜圈子。教师不要养成什么问题都"讨论讨论"的习惯，因为不是所有的问题都需要讨论，如果那样课堂教学的效率会大大降低，有些本来能够完成的课堂任务也会因时间拖沓而完不成，加重学生的课后负担。

案例二：人为割裂完整的学习过程

一节初中语文课学习文言文《桃花源记》。一上课老师就开门见山地说：这节课有四个学习任务：有感情地朗读课文、翻译课文、解释通假字、分析课文的主题和写作特点。全班分4个学习小组，每个小组合作完成一个任务再全班交流展示。组长抓阄后各组积极性都很高，负责"读课文"的小组就一起摇头晃脑大声朗读；负责"翻译课文"的小组就七嘴八舌地进行讨论，把文言文翻译成白话文；负责"解释通假字"的小组就借助工具书查找文中通假字的含义；负责"分析课文"的小组就集体讨论，一人执笔记录。课堂气氛很活跃，经过一段时间的小组合作后，各组轮流展示。

教学不是修马路。如果修马路的话，一个施工队完成一段，连接起来就可以跑汽车。但学生的学习与修马路不同，每个人必须独立完整地经历学习的全过程，自己的学习不能让别人代替。作为一篇文言文，掌握字词—诵读课文—翻译句子—理解文意—分析特点，每个学生都应该经历全过程。有些事情是可以让别人代劳的，但学习不能让别人代劳，别人理解了不等于你也理解了，别人读熟了不等于你也读熟了。不能一个组只完成一项任务，在别的方面不动脑。虽然在听别的组汇报时自己也有收获，但那不是自己思考学习的结果，是吃别人嚼过的馍。课程改革以来提倡学生合作探究，但合作的前提是独立思考，没有经过自己独立思考的东西印象不深。

教师把学生完整的学习过程割裂开来，还不同于分解教学的任务或学习的难点。为了便于组织教学，教师可以把一节课的教学任务分解，或者把学习的难点分解，但每一个任务或难点都要让学生独立思考，不会的问题再通过小组合作或全班合作来解决。类似前边的小组分工，会导致学生只关注自己小组分工的问题而不会主动学习别的内容。

另外这种分工的难易程度也不同。例如，"有感情地读课文"与"分析课文"的难度差别很大，在同样的时间里学生分工的难度不同、学习的收获也不同，负责"读课文"的小组表面上看任务轻松捡了便宜，实际上也浪费了他们的时间。本来他们还可以在读课文后再翻译句子和分析文章，而因为小组的分工变相地剥夺了他们独立学习的权利，是不公平的。另外"读课文"的小组表面上看大家一起摇头晃脑地读书，只能算是"群读"而不能算是合作，有合作学习之形无合作学习之实。

案例三：只考虑提出问题而不考虑解决问题

一节初中历史课学习"北方民族大融合"，教师要求各组循环提出问题让别的组回答。班内有六个学习小组，黑板分为六栏，各组讨论问题后由一个学生把问题写到黑板上相应的栏目内，然后依次提问和回答。如一组提出问题让二组回答，二组提出问题让三组回答，依此类推。整堂课热闹非凡，问答声此起彼伏，老师也不断地激励各组加油，大有相互挑战一比高下的势头。在课堂上听课者问一个小组的学生："你们组提出的问题你们都不会吗?""会呀。""会为什么还要提出?""让别的组回答呀。"

从听课者与学生的交谈中我们就会看出：这样的合作主要不是为了解决问题而是为了提出问题。在学生讨论的过程中听课者也注意到，各组只是七嘴八舌地提问题由组长记录，然后写到黑板上，本小组内没有讨论怎么解决这些问题。显然提出的问题都是自己会的，不会的也不敢提，因为别的组回答后还要进行评判，如果连自己都不会就不敢向别的组提问。所以这样的相互提问只能在浅层次上，并且大部分答案书上都有。这种为提问题而合作的做法只会浪费学生的时间，达不到合作学习的真正目的。表面上的课堂热闹并不能解决深层次的问题，这样六个组循环提问会耽误很多时间，一个组回答别的组只能当观众，导致课堂效率的降低。学生在课堂上浪费的时间需要课后弥补，势必会加重学生的课后负担。在课堂上不但要看小组合作的形式，还要看合作的内容与目的，如果问题简单，这种合作就没有必要，自己能够解决的问题为什么要让别人回答? 合作的目的不是为了活跃气氛，而是为了解决自己不能解决的问题。

案例四：只考虑合作的形式而没有考虑合作的效果

一节小学英语课学习两个英语单词：nose（鼻子），eye（眼睛），老师教读了几遍发音后就让学生两人一组到前边来合作表演。两个学生到台上来戴上老师准备的面具，相互指着对方的鼻子说 nose，指着对方的眼睛说 eye。一组说完后再换一组，孩子们都排队等着上台，老师给学生戴面具、摘面具，累得头上冒汗。孩子们都兴趣盎然，争着上台表演，全班合作表演用了 15 分钟。

本节课有两个问题：第一，老师是否有必要给学生准备面具? 第二，是否有必要让学生两人一组到台前合作表演。其实，这两个单词很多孩子在幼儿园就学过了，难度不大，不合作学生也能学会；另外，每个学生自己都有鼻子和眼睛，在自己的座位上指着自己的眼睛和鼻子说完全可以，既节省了上下台的时间，增加了学习的频率，又熟悉了自己的身体部位，记忆更深刻，教师没有必要给学生准备面具。在课堂上不是所有的问题都需要合作，自己能够解决的问题就不需要合作。

课堂学习的效率与频率是相关的，如果学生在单位时间内学习的内容太少必然会影响学习的效率。现在有些课堂看起来很热闹，学生交往互动，你来我往，但学习的容量很少，也导致了课堂效率的低下。本例中在 15 分钟内每个学生只有 1～2 分钟说单词的机会，别的时间都在当观众，自然效率低。如果让学生在自己的位子上都大声地练习，短时间就能重复若干遍。如果是为了激发学生的学习兴趣，可以让学生 2 人一组同时表演，一个班 40 个学生就是 20 个小组，20 个小组同时进行，学习的效率就提高了。我们不能增加课堂时间的长度，但可以增加学生活动的宽度。现在一方面是学生课后负担重，另一方面是课堂效率低，二者是有因果关系的。

案例五：对合作小组的评价不能带有随意性

一节小学语文课学习《地震中的父与子》，老师一上课就强调要比一比哪个小组得分最多，对于优胜组老师还有奖品，一下子就把学生的胃口吊起来了，各组都跃跃欲试。当老师提出一个问题后全班都举起了手，老师只好点名回答："一组的××同学回答"，这个组得了 5 分。当老师提出另一个问题后全班又都举起了手，老师只好说"三组的×××同学回答"，这个组得了 10 分。到下课的时候有三个组有分数，有三个组没有分数，老师给得分组发奖品时没得分的小组直喊不公平。

课堂上对合作小组的评价是很有必要的，没有评价小组合作就没有动力，也难以持续合作下去，所以有经验的老师都强调评价到组不到人，鼓励组间竞争组内合作，这样小组内的同学可以相互督促、相互帮助，共同进步。但这种评价必须给学生创造公平竞争的条件，每个组都有回答问题的机会，凭实力竞争而不是靠老师的恩赐。而上面的案例中，由于老师提出的问题比较简单，各组都举手，老师的点名带有随意性，谁回答谁得分，没有回答的小组自然感觉不公平。在课堂上老师要提出带有一定难度的问题，让学生"跳一跳摘桃子"，那样才能发挥小组合作的作用，大家群策群力，集体攻关，得来的分数才有成就感。另外老师的赋分也有随意性，有的学生回答得 5 分，有的学生回答得 10 分，主要不是根据题的难易程度，而是老师的信口一说，学生自然感觉不公平。当一节课结束的时候，不能有的组有分数，有的组没有分数，这样的评价也是不公平的，每个组都有平等竞争的机会，才会有小组竞争的乐趣和积极性。

有的学校对合作小组实行捆绑性的评价，在分组时就本着"组间同质组内异质"的原则，4～6人一组，在课堂上的回答分为"探究性的汇报"和"结果性的汇报"。探究性的汇报一般是指新授知识，学生通过自学和小组讨论后在班内汇报，这样的汇报不需要每个组都汇报，主动汇报的小组得分，有不同意见的也可以补充。结果性的汇报是用于巩固练习和达标测试，要求每个组都汇报，小组得分多少根据成员的对错而定。这样一堂课下来每个组都有几轮分数，每个组都有公平竞争的机会。并且每节课要评出优胜组，每天要评出日冠军组，每周要评出周冠军组，每月要评出月冠军组。被评为月冠军组的学生学校要给家长发喜报。只有这样合作学习才会形成一种常态，学生才会重视老师对小组的评价，这样的评价也才能起到鼓励学生合作的作用。

（三）"慕课"的实质及其应用范围[①]

近年来，"慕课""微课""翻转课堂"已成为课堂教学改革的流行语，其来势之猛，大有颠覆传统课堂、迎来课堂教学革命之势。这种源于美国的教学形式，目前已经引起了国内许多中小学和教育行政部门的重视，如山东省昌乐一中宣称是省内第一家"慕课学校"，从2013年秋季新学期开始在初一、高一各取两个班进行翻转课堂实验。山东省济南市历下区教育局也于2013年7月颁布了"翻转课堂"教改实验实施意见，提出在全区义务教育阶段学校积极开展数字化网络环境下学习方式的探索，开展"翻转课堂"教学的研究。[②] 特别是华东师范大学于2013年9月成立了慕课中心，并组织了高中、初中、小学慕课联盟（C20MOOCs）[③]，开展了一系列的研讨活动。甚至有的专家放言："慕课将翻转基础教育课堂""将来可能一门课就是一个优秀教师上课，别的都是辅导员"，教师未来的选择就是"当讲师还是当辅导员"。

"慕课来袭"似乎使人们看到了基础教育课程改革的新动向，"慕课"真的能翻转中小学的传统课堂吗？"慕课"与"微课"的实质是什么？在课堂教学中的效果如

---

① 王秋月．"慕课"、"微课"与"翻转课堂"的实质及其应用．上海教育科研，2014（8）.

② "翻转课堂"改变灌输教育．大众日报，2013－11－27.

③ 徐倩．慕课能否撼动课堂．上海教育，2013（10A）.

何？其适用范围是什么？"翻转课堂"会成为今后课堂改革的主流吗？

1. "慕课"翻转的是教师讲课的时间和地点，并没有翻转接受性学习的本质。

"慕课"是一种大规模开放式的在线课程（Massive Open Online Courses, MOOCs）。"翻转课堂"（Flipped Classroom 或 Inverted Classroom）是指学生在家里观看教师事先录制好的或是从网上下载的讲课视频，回到课堂师生面对面交流和完成作业的一种教学形态。"慕课"强调的是用"微视频"（微课），区别于传统的一节课 45 分钟的网上教学或"空中课堂"，每段视频不超过 15 分钟，便于集中学生的注意力和分解难点，力求保持学习的有效性。

基础教育课程改革以来，人们提倡由过去的"接受性学习"变为学生自主合作"探究性学习"。有的"慕课"推广者强调这种新的教学形式有助于学生的探究性学习，是"先学后教"，是对传统课堂的颠覆和翻转。事实上"慕课"所提倡的"先学"已不是新课改意义上的"先自学"，而是"先听课"。所谓"先学后教"，是在老师没有讲授之前让学生自学课本，并特别强调在课堂上自学，教师根据学生的自学情况再进行点拨。而现在的"慕课"是"先听课"。学生在家里或课外不是自学课本，而是观看教师的讲课视频。学生不用自己探究，教师把重点和难点都进行了分解，甚至对课文的分析或对例题的解题步骤都讲得很具体，学生只做练习题就可以了。与传统的接受性学习不同的是：过去是在课堂上听老师讲课，现在是在家里听老师讲课，只是换了个时间和地点，翻转的是时间和地点，但没有翻转接受性学习的实质。新课改所提倡的探究性学习也被翻转回了接受性学习。其实，慕课的本意是为缺课学生补课用的，而不是提倡大部分学生都用这种方式学习。"慕课在发达国家主要应用于成人的高等教育，而不是基础教育。在欧美国家的基础教育领域对于慕课等新技术的应用并不风风火火，而是相对保守。"[①]

我们现在提倡的"探究性学习"，是在老师没有讲授之前先让学生自学课本，而不是先听老师讲解。学生自学不会的通过小组合作来解决，小组合作不能解决的全班讨论来解决，大家都不会的再由教师点拨来解决，老师一定要退到最后一步。教师讲多长时间、讲什么，不是根据课前的预设，更不是事先录制好微视频，而是根据学生的自学情况"以学定教""顺学而教"。教师在课堂上只讲学生不会的、不对

---

① 钟启泉．回到常识才能谈点基础教育．上海教育，2014（4B）．

的，学生通过自学能够解决的问题不需要老师讲。而现在的"慕课"是根据教师的预设，并不知道学生通过自己看书学会了什么、不会什么，又回到了接受性学习的老路上去了。

"探究性学习"强调的是让学生通过自己的实验、推导、求证得出结论，建构知识。所以修订后的义务教育课程标准更注重学生的探究过程。而"慕课"所倡导的"微视频"，虽然教师在视频中也引导学生探究知识的形成过程，但这种探究并不需要学生的独立动手动脑，是观看教师的"探究过程"。更不用说自控能力差的学生会直接看问题的结论，没有耐心去看老师的推导探究过程。

2. "慕课"与"翻转课堂"会加重学生的课外负担

"翻转课堂"是否会加重学生的课外负担？这是我们更为关注的问题。现在各级教育行政部门都强调要减轻学生的学业负担，有的地方强调小学低段课后零作业，中学的课后作业每天不超过一小时或一个半小时。虽然各地的具体规定不同，但减轻学生课后作业是大势所趋，这里的课后作业不仅指复习作业，也包括预习作业。如果每节课课前都让学生在家自学 15 分钟，中小学一天 6～7 节课，至少要有 5 节新课，就需要观看 75 分钟的"微课"，这还不包括学生看后理解消化和做练习的时间，更不包括中学生必要的课后复习作业，是否会加重学生的课后负担？

上海市教委基础教育处处长倪闽景先生说："从现在的慕课现状来看，有人认为可以实现基础教育的课堂翻转，大量的知识可以放在课外通过网络来自主学习，但是我认为这种做法是有悖教育伦理的——在课程标准高度统一和考试模式极其单一的情况下，让学生大量利用课外时间学习，势必会加重学生课业负担。"[1] 华东师大的钟启泉教授也认为："某些慕课还不如说是应试教育课堂搬家，应试教育精致化、普及化。"[2]

其实"翻转课堂"在我国已不新鲜，有些学校已开展了多年的"翻转课堂"实验，只是没有强调用"微视频"。如江苏省南京市东庐中学的"讲学稿教学模式"是部分翻转，山东省杜郎口中学"三三六教学模式"和昌乐二中"二七一教学模式"是完全翻转。东庐中学的讲学稿分为两部分：一部分是课前自学部分；一部分是课

---

[1]　倪闽景．用研究的态度推进慕课在基础教育的应用．上海教育，2013（10A）．

[2]　钟启泉．回到常识才能谈点基础教育．上海教育，2014（4B）．

上探究部分。要求学生在课前自学完基础知识，课上先检测学生自学部分，然后师生共同探究难点部分。以杜郎口中学为代表的完全翻转课堂模式则是在课前让学生学习课本，课上主要是讨论交流、展示。

现在有的寄宿制学校声称不是让学生在家看，而是在自习课上看，好像没有占用学生的课外时间。实际上这样的学校已经大大延长了学生一天的学习时间，自习课虽然教师不讲课，但学生看老师的"微课"还是等于教师讲课，只是换了个形式和时间。我们提倡学生预习，但不提倡"过度预习"，过度预习会加重学生的课外负担。

不管什么教学形式，都要以减轻学生的课外负担为前提条件。我们说的提高课堂教学效率，是向课堂40分钟或45分钟要效率，而不是向24小时要成绩。要通过提高课堂教学效率，在保证完成国家课程标准的前提下，把课后时间还给学生，让学生有更多的时间发展自己的爱好特长，落实国家中长期规划中所提出的让学生了解社会、动手实践，参加社区服务和社会实践活动。现在有些学校的翻转课堂是课前忙自学，课上忙表演，大大加重了学生的课外负担。

山东省临朐县的李守祥老师是个山区的小学数学教师，他在济南市山东师范大学附属小学听了一节"翻转课堂"的课，写了一篇博文《走进翻转课堂》，说明翻转课堂占用学生的课外时间比较多。博文如下：

> 2014年4月24日上午，我们走进山东师大附属小学观摩翻转课堂。为了获得更好的听课效果，我选择了前排就座，与我挨坐的是刘松老师，后来才知道她是附小校长。今天讲课的是位年轻女教师，授课内容是人教版四年级《语文》下册第25课《两个铁球同时着地》。
>
> 这节课上得很有特色，无论是教学环节设计还是教学目标的达成，都严谨到位，也反映出授课教师的良好素质和较高驾驭课堂能力。早就听说师大附小很"牛"，有一流的师资、一流的生源、一流的管理，"让每个孩子成为最好的自己"成为他们的办学理念，教育教学质量非常高，享有很高的社会声誉，今日一见，名不虚传。
>
> ……
>
> 这节课到底效果如何呢？我关注着课堂的每一个细节。老师提前给学生发

了"任务单"，让学生预习课文，按要求完成任务。上课后，老师让学生拿出"任务单"，集中展示，交流汇报的方式是按照小组依次进行。从效果来看，课堂容量很大，小组合作很好，学生出色完成了学习任务。

做这个"任务单"得用多长时间？我出于好奇，下课后询问了一个女生，她告诉我说用了两天共 5 节课时间。她说的是真的吗？为了获得第一手资料，在刘松校长的安排下，我深入到教室，采访了这个班的王怡然同学。当时正值大课间，教室里留有几个学生收拾东西，其中就有 39 号的王怡然。我看了她的"任务单"，完成得非常好，字写得很漂亮，我表扬了她，她很高兴，还告诉我说平时在家练习写毛笔字。当我询问这个"任务单"完成情况时，她说整整花了两天时间，占用了 3 节语文课，晚上在家还干了 1 个小时，是通过网络搜索完成的。两个学生的回答虽然不一致，但有一点是相同的：那就是花了较多时间才完成这个"任务"。

对于这节课，听课的老师有各种评论，由于我是数学老师，对语文教学没有发言权。于是我请教了山东师大副教授路书红老师，她既是我们的培训老师，也是师大附小的家长，她的孩子读六年级，是优秀生。她说："就这个任务单而言，她的儿子做完至少也得用 1 小时以上"，同时她还说，"翻转课堂"是个新生事物，既不能拒之，也不能盲从，任何教学方法都不是万能的。"翻转课堂"给人提供了一种新的教学模式，现在正处于探索阶段，学生做这个"任务单"用得时间长一些，将来熟了，用的时间可能会缩短。

"翻转课堂"作为一种新型授课模式是对传统教学的一个很大革新，它的出发点非常好，将知识内化的过程放在课堂内，将知识传授的阶段放在课堂外。但有个问题就是：在课堂外进行学习活动，由于学生学习的主动性、自控能力、学习起点水平等差异很大，这是否会影响一部分学生建构知识？课外学习时间的延长会增加学生学习负担，如何予以化解？期待着专家学者们给出答案。

另外，目前我国中小学的教材"一标多本"，即一门学科一个课程标准下的教材有多种版本，各地用的教材版本不统一，教学进度不统一，也使"慕课"不能成为一种主流的教学形式而同时运用于不同地区不同学校的同一年级的学生，更没法实现"一门课就是一个优秀教师上课，别的都是辅导员"的理想目标。

即使是同一版本同一进度，不同学校之间学生的水平不同，也不可能完全按照一个教学进度进行，这样有可能导致好学生吃不饱，差学生吃不了。事实上现在很多学校一个班的学生两极分化的现象很严重，老师在课堂教学中要分层教学，针对不同水平的学生采取不同的措施，而这是"慕课"和"微课"那种统一制作的方法所做不到的。华东师范大学的钟启泉教授指出："所谓名牌中学教案，在其他学校用甚至西部地区用，那么教师还有作用吗，教育还需要考虑班级情况吗？教育需要当面交流，课堂是不可复制的，这都是教育常识。"①

3. 把"微课"用于课堂教学，并不能提高课堂教学的效率

有的学校提出：我们不让学生在课外看"微课"，不加重学生的课外负担，而是在课堂上看老师课前制作的微视频，能增加学生学习的兴趣和课堂教学效率。为了检验这种做法的效果，笔者也观摩了一节用"微视频"（微课）教学的高中政治课。

这节课是学习"关于世界观的学说——哲学是系统理论化的世界观"。在 45 分钟的一节课上老师播放了 7 段微视频，其中两段是补充的生活中的案例，5 段是教师对基本概念和理论的讲授和归纳。课前备课组进行了集体备课，分工录制了微视频，在课上播放的 5 段分析教材的微视频也是不同老师录制的，目的是分担工作量。每个老师上课时都可以使用，做到资源共享。上课的老师还特别强调因为录制微课花费了不少的时间，大大加重了备课的工作量。所谓"微视频"就是"课件加旁白"，不出现老师本人的画面，一是录制简单，二是不分散学生的注意力。在上课的过程中老师不断地插播"微视频"，如对基本理论的分析，对知识的归纳概括，都是通过播放微视频来解决的。在播放微视频的时候，老师站在一边，与学生共同看着屏幕上的课件，听着自己讲解的声音，俨然成了旁观者。在课后的反思和研讨会上，听课的老师提出了许多问题："既然老师就在现场和学生面对面，为什么不直接用课件给学生讲解，而让学生看自己课前录制好的视频呢？难道课前老师录制的声音比现场讲解更生动吗？"整堂课老师像一个视频播放员，师生之间的现场互动减少了，老师在微课中的讲解也是课前预设的而不是根据学生的自学情况现场生成的。当老师一脸麻木地站在一边听自己的录音时，整个课堂显得单调乏味。有一位听课的老

---

① 钟启泉. 回到常识才能谈点基础教育. 上海教育，2014（4B）.

师毫不客气地说："这实际上是穿上现代化外衣的接受性学习。"讲课的老师感觉自己费力不讨好，显得有些委屈。本来学校对于这种改革充满了希望，打算购置设备制定措施在全校推广，由于课堂效果令人失望，学校领导也只好决定"等等再说"。

现在有的学校每个学生发一个平板电脑，让学生在课堂上看老师的"微视频"，这种做法也值得思考：既然在课堂上师生都在场，让学生看老师的视频与现场讲课有什么不同，仅仅是让学生们感到新鲜吗？上海市教委的倪闽景先生认为："这种做法又太资源浪费——好容易学生们在一起上课，结果各自低头在电脑前学习，就失去了课堂教学最宝贵的交流和沟通的资源。"① 这个观点与华东师范大学的钟启泉教授不谋而合。钟教授认为："教学的过程一定是人际互动智慧碰撞……没有思维碰撞，教育就无法完成。"②

4. "慕课"及"微课"的积极作用与适用范围

我们说"翻转课堂"会加重学生的课后负担并没有忽视"慕课"和"微课"带来的积极作用。"慕课"和"微课"是借助先进的信息技术和网络平台实现的，其积极作用不能低估。它首先表现在优质资源共享和自学的灵活性上。目前传统课堂的小班上课，由于一个学校教师水平的参差不齐，一些优秀教师所教的班有限，别的班的学生没法享受优秀教师的资源，更别说学校之间的差距更大。多年来屡禁不止的择校问题，与其说是择校，不如说是择师。虽然优质学校的硬件设施好于薄弱学校，但家长更看重的是优质学校的师资水平。而传统的手工式的教学方式，再优秀的教师也只能教几个班的课，不可能让外班外校的学生享受到这种优质资源。俗话说"庄稼种不好误地一年，学生教不好误人一生"。如何发挥优秀教师的讲课资源，"慕课"和"微课"可以部分地解决这一问题。

通过以上的分析我们认为，"慕课"不能完全颠覆传统的实体课堂，不能代替老师在课堂上的现场点拨和指导，只能作为课堂教学的一种补充。其作用主要表现在以下几个方面。

（1）适于教师在备课时借鉴学习

通过"慕课"可以募集到许多优秀教师的讲课课件，这些优秀教师对课程标准

---

① 倪闽景. 用研究的态度推进慕课在基础教育的应用. 上海教育，2013（10A）.

② 钟启泉. 回到常识才能谈点基础教育. 上海教育，2014（4B）.

的理解、对教材的分析、对课堂教学的设计都是难得的课程资源，如果教师在备课时能学习借鉴这些优秀资源，一方面会提高个人的专业素养；另一方面可以直接借鉴学习，提高自己的教学水平。因为微视频不同于过去网上的课堂实录和优秀教案，它是以 PPT 课件的形式配以教师的讲解，对教师的备课能起到直接的启迪借鉴作用。

（2）适于转化学习困难的学生

在课堂上同样的授课时间，学习困难的学生并不能完全掌握，教师也没有时间专门去照顾这些学生。过去靠课堂笔记难以复现教师讲课的情境，现在有了微视频，学生在课后复习时可以反复观看，加深理解。还可以根据"慕课"提出的练习题进行变式练习，确实有助于帮助学习困难的学生。

（3）适于家长辅导孩子

现在家长普遍重视孩子的学习，有的家长想辅导自己的孩子苦于不能了解教师的讲课进度和要点，有的限于文化水平觉得辅导不了。现在有了"微课"，家长在家也可以反复观看，首先自己明白，然后检查和辅导自己的孩子就方便多了。甚至家长可以通过智能手机在上班的路上或中午休息时间下载观看老师的微视频，提前学习，回家辅导孩子时做到心中有数。

（4）适于学生的课后复习

根据艾宾浩斯的遗忘规律，学生在课堂上学得再扎实过后不复习也会遗忘，而学生在复习时如果能够观看老师的微视频，会加深自己对教材的理解，会复现老师讲课的情景，激活记忆的细胞，提高复习的效果。所以老师在课后可以把自己的微视频放到网络上，供学生复习时参考。

（5）适于缺课学生的补课和异地学习

有些学生因病因事缺课，过后找老师补课，一是老师不可能有时间及时给学生补课；二是老师补课时也不会完全像在课堂上讲得那么具体。如果有了"微视频"，学生即使在外地，也可以通过网络下载老师的"微课"自学，及时补上所缺的课程，使"固定学习"变为"移动学习"。现在笔记本电脑、平板电脑、智能手机比较普遍，携带方便，都能实现这种移动学习。

（6）适于假期学生的自学

中小学生每年的寒暑假时间都比较长，除了参加一些必要的社会实践活动外，一般老师都会布置一些预习和复习作业。如果老师能够根据学生的需要事先录制一些"微课"帮助学生预习或复习，也能够提高学生的自学效果。当然，用于预习的视频要区别于教师讲课的视频，不然就又变成了"先教后练"的接受性学习。

　　总之，对于"慕课""微课"这样的新生事物，我们要积极研究和实验，取其所长，避其所短，既不能盲目追风，轻易"翻转课堂"，又不能一律排斥，忽视现代化手段带来的积极作用。

我的教育实践

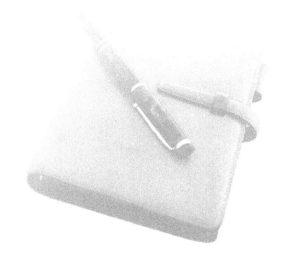

　　我教过小学、初中、高中、专科、本科、研究生，在中小学当过校长，在大学干过教务处长，在大学和科研单位分别做过"高等教育研究所"所长、"成人与职业教育研究所"所长和"基础教育研究所"所长，可以说，每个学段我都经历过。但近些年主要是从事基础教育的科研工作，自己不再上课，而是到中小学听课、评课，指导教师用新课改的理念上课。结合前面和谐高效的教学理念，主要从以下几个方面进行实验和推广。

一、指导中小幼教师开展"说课标（说指南）说教材"活动

（一）说课标说教材活动的推广

　　"说课标（说指南）说教材"活动是我首先创立并在全国推广的，目前已推广到全国 20 多个省、市、自治区的若干区县，我也主持召开了五届全国性的和谐杯"说课标说教材"大赛。如 2010 年 12 月 4—5 日，在河南省郑州市惠济区我主持召开了"全国首届和谐杯中小学说课标说教材大赛"，有来自全国 14 个省、市、自治区的 800 多名代表参加。这届会议开创了全国"说课标说教材"大赛的先河，为之后在全国推动这项工作积累了经验。2011 年 4 月 23—24 日，我们在天津市大港区召开了"全国第二届和谐杯中小学说课标说教材大赛"，有来自全国 15 个省、市、自治区的 1500 名代表出席会议。第三届会议由于规模太大，我们就把中小学分开了，2012 年 7 月 20—21 日在辽宁省调兵山市召开了"全国第三届和谐杯小学幼儿园说课标（说纲要）说教材大赛"，来自全国十几个省、市、自治区的 500 多名代表参加。这届会议扩展到了幼儿园的"说纲要说教材"。2012 年 8 月 1—2 日，我们在河北省张家口市宣化区召开了"全国第三届中学和谐杯说课标说教材大赛"，来自全国十几个省、市、自治区的 700 多人参加。2013 年 7 月 21—23 日，我们与中国教育报刊社人民教育家研究院联合在青岛市开发区实验初中召开了"青岛西海岸教育年会暨全国第四届'和谐杯'中小幼说课标说教材展示"，来自全国 20 多个省、市、

自治区的 1500 余名代表参加。教育部基教一司司长王定华、中国教育学会名誉会长顾明远教授、教育部中小学教师奖励基金会秘书长杨春茂、中国教育报刊社社长李曜升、副社长张新洲、山东省教育厅副厅长张志勇、江苏省教育厅副厅长胡金波等一大批领导专家出席会议。2014 年 4 月 12—13 日，我们在山东省枣庄市市中区文化路小学举办了"全国第五届和谐杯小学幼儿园说课标（说指南）说教材大赛"（《幼儿园教育指导纲要（试行）》改为《3～6 岁儿童学习与发展指南》，所以幼儿园也相应地改为"说指南说教材"），来自全国十几个省、市、自治区的 700 多名代表参加。2014 年 4 月 26—27 日，我们在天津市东丽区鉴开中学召开了"全国第五届和谐杯中学说课标说教材大赛"，来自全国十几个省、市、自治区的 1200 多名代表参加。可以说，这项活动在全国的影响越来越大，很多地方都是教育行政部门用红头文件要求全体中小学和幼儿园老师开展"说课标说教材"活动，作为提高教师专业素养的重要途径。

据不完全统计，天津市和平区、津南区、东丽区、河东区、西青区、滨海新区大港，山东省荣成市、诸城市、青州市、临朐县、东平县、莘县、冠县、莱阳市、枣庄市薛城区、济南市历城区，内蒙古通辽市所属各旗、县（市）、区，鄂尔多斯市的乌审旗，河北省张家口市的宣化区、涿鹿县，陕西省渭南市所属各区县（市），湖北省荆州市沙市区，河南省郑州市惠济区、灵宝市、鹤壁市所属各区县、平顶山市所属各区县，甘肃省成县、酒泉中学，宁夏回族自治区的吴忠市所属各区县、青铜峡市，辽宁省调兵山市，黑龙江省大兴安岭地区行署所属各区县，浙江省龙游县，以及广东、广西、贵州、安徽、山西、江苏、重庆、四川、湖南等许多省、市、自治区的若干中小学和幼儿园，都不同程度地开展了"说课标（说指南）说教材"活动。

2011 年 9 月 18 日，我们在天津市塘沽十五中召开了"全国区域开展'说课标说教材'经验交流会"，来自山东、河南、辽宁、内蒙古、河北、宁夏、湖北、重庆、上海、天津等省、市、自治区的 300 多名代表出席了会议。参加会议的主要是已经开展和即将开展"说教材"活动的市（区、县）的教育局局长、教研室主任和中小学校长，天津市和平区的 36 位中小学业务校长和塘沽教育局所属的中学校长全部出席了会议。在这次会议上，我做了《说教材活动的现状与发展趋势》的专题报告，提出了"高占位把握课标，立体式驾驭教材"的理念。

2011 年 9 月 18 日做大会报告

如山东省临朐县教育局从 2009 年年底就开展全县中小学教师"说课标说教材"活动。全县 7000 名教师人人参与。下面是该县教育局师资科冯元民科长在 2011 年 3 月 21 日写的报道材料：

　　近日，山东省临朐县下发《关于举办全县第二届说教材大赛的通知》，启动第二届中小学教师说教材大赛活动，拉开了全县"7000教师研说教材大比武"活动的帷幕。这次"7000教师研说教材大比武"活动从3月下旬开始，至5月下旬结束。整个活动涉及小学、初中、高中（职业学校）、特殊教育等不同学段的35个学科，分学校初赛、镇街复赛、县级决赛三个阶段进行，要求7000多名中小学在职教师人人参与。通过学校初赛选拔出的优秀选手推荐参加镇街组织的复赛，复赛产生的优秀选手推荐参加县级决赛，严禁不经选拔自行指定教师参赛，确保比赛活动的参与面。为确保比武活动取得实效，临朐县教育局确定了比赛的内容和形式为"三说一看"——说课标、说教材、说建议、看演讲，制订了详细的比赛活动方案和评分标准，并分别设立了团体奖和个人奖，对在比武活动中取得优异成绩的教师个人和单位进行表彰奖励。

　　2009年12月以来，临朐县在全县中小学组织开展了"研说教材促教师专业成长"活动，初步建立起了"研说教材"县域教师专业成长新模式，广大中小学教师把握课标和教材以及驾驭教材的能力不断提高，提高了课堂教学效率。这次"7000教师研说教材大比武"活动是对"研说教材促教师专业成长"活动成果的一次全面检验，必将推动全县教师队伍专业素质再上新水平。

　　为了提高老师们把握课程标准和教材的能力，提升教师的专业水平，提高课堂教学的效率，内蒙古通辽市教育局于2014年7月5日在通辽五中报告厅正式启动了全市中小学的"开展说课标说教材活动"，市教育局的高娃局长和各位副局长全部出席会议，来自全市600多名中小学的代表参加了会议。上午由我做了《高占位把握课标，立体式驾驭教材——怎样运用知识树说课标说教材》和《怎样进行"八说"的说课活动》的专题报告，市教研室的吉主任主持了会议，白宝玺主任布置了下学期开展此项活动的具体打算——9月召开说课标说教材活动现场推动会，12月开展全市的说课标说教材大赛。

　　下午分语文和数学两个会场，分别由北京师范大学天津附中的方芳老师（高中语文）、张莹老师（高中数学），内蒙古霍林郭勒市五中的李慧老师（初中语文）、陈英老师（初中数学），内蒙古赤峰市元宝山小学的王红宇老师（小学语文）、邵英姣老师（小学数学）做了"说课标说教材"和"说课"的现场展示，赢得了与会代表的一致好评。

通辽市启动"说课标说教材"活动现场会（1）

通辽市启动"说课标说教材"活动现场会（2）

（二）在天津市河东区实验小学的实验

我首先在天津市的河东区实验小学和北辰区普育学校开展"说课标说教材"活

动实验，而后逐步推广到全国各地。我们一般是在暑假前布置老师们说秋季学期的新教材，开学前教师集训时间开展全校的说课标说教材竞赛。老师们首先在学科组竞赛，然后推出选手在全校竞赛。寒假前布置老师们说春季学期的教材，春节后开学前的集体备课时间开展全校老师的说课标说教材大赛。目前这项活动在我的很多实验学校已经成为一种常态性的校本教研活动。

天津市河东区实验小学从 2008 年以来，每个学期都开展说教材活动，全校 300 多位老师人人参与说教材活动。这项活动大大提高了教师把握课标、把握教材的能力，提高了课堂教学的效率和教师的专业水平。寒暑期，全体教师首先通读下学期的整册教材，对照课程标准，画出知识树，写出教材分析并制作电子课件，然后以学科组为单位人人登台演讲，每个人说 15～20 分钟。每个人在演讲时别的老师在"说教材评价表"上给他记分，这些都与教师的绩效考核挂钩。下面是 2010 年 10 月 4 日天津市河东区实验小学杨军红校长在博客中对一次说教材活动的纪实和感受。

2010 年 9 月 28 日（周二）下午，我校照例开展了每学期一次的"说教材"展示活动，这是在全校人人"说教材"的基础之上进行的。此次展示"说教材"的五位教师分别是：语文学科孙雅琼老师，数学学科张志林老师，英语学科张维红老师，体育学科宁红艳老师；音乐学科王帅老师。

坐在下面聆听的我是那么骄傲和自豪！我们的老师咋这么棒呢！连续几届了，每次展示的教师都不同，每次都有别样的精彩！我再次坚定了一个信念，那就是：每个老师都是有潜力的！只要用心、努力、坚持，每一个人都能成功！实验人，加油！

山东省济南胜利大街小学的教师代表、北辰区普育学校梁峰校长率 40 名小学教师前来观摩，给我们以鼓励和肯定。

王敏勤教授的精彩点评更是给我们明确了说好教材的努力方向。

要脱稿说，这样才能把课标和教材烂熟于心；要立体说，这样才能掌握小学阶段教材之间的知识衔接；要画"树"，即知识树，这样才能有效地厘清教材的脉络和编者的意图；"说教材"要基于课标，任何一篇课文和一节课的选择都有出处，那就是"课标"。

下面是河东区实验小学的一位老师在 2011 年 3 月 2 日的博客中（"心情不错"博客）记载的该校的"说课标说教材"竞赛活动。

　　今天下午在分校区召开了"河东实验小学 2011 年数学学科说教材大赛决赛"。说教材活动是我校开展的一项特色教学活动，在王敏勤教授的指导下我校已经开展了三年，学校既有现成的经验，也有说教材的资料，更有"全国说教材大赛"的金牌选手。学校说教材的专家较多，所有教师对待这项活动都很认真，都在认真准备。所以初赛就很"残酷"，许多"种子"选手没有进入决赛。今天经过初赛胜出的 7 位教师分别代表了六个年级组参加"数学学科说教材大赛决赛"。

　　值得一提的是今年我们又出台了新的《说教材的有关规定》，并制定了新的"说教材比赛评分表"，发放到各年级组，各年级组也进行了学习，所以本次说教材活动对大家来讲也是一个新的挑战。但实力就是硬道理，通过 7 位决赛教师的努力，再一次展示了我校教师知识水平之深、专业技能之强、个人素养之高。

　　参加了初赛和今天的决赛，我再一次感受到我校说教材活动的特色：那就是对教材的理解透、科学的整合（贯穿了小学六年知识体系）、熟练运用知识树、评价与建议的全面。

　　7 位决赛的教师，风格各异：姜泽老师的潇洒、张志林老师的睿智、李勇老师的经验、柴晓欣老师的激情、张卿老师的务实、张鸿君老师的平和、王颖老师的朴实。他们都很棒，无论是说一个学期的教材，说一个单元的教材，还是说一个学年的教材。他们将教材的地位和作用、编写的意图、知识的结构、教学的经典处理……娓娓道来，如行云流水，使人听得如品一杯佳酿，香醇扑鼻间理解到说教材的真谛。7 位决赛的教师，有在教育战线上工作了 20 余年的中年教师，有担任几年教学的青年教师，也有刚刚参加工作的教师，他们体现了河东实小不同年龄段的教师都有自己对教材的独特理解，都有自己对教学的执着，都有投身教育的坚定信念。

天津市河东区实验小学是我最早实验"说课标说教材"的学校，该校的老师对于探索"说课标说教材"的做法付出了很大努力，也取得了优异的成绩。下面是该校美术教师白玥于 2012 年 12 月初参加全国比赛后的感想。

在赛场上说教材的白玥老师

2010 年 12 月 3 日，我们一行人在王校长、刘主任的带领下，怀着紧张、兴奋又有些忐忑的心情乘坐火车抵达了目的地——郑州市惠济区，参加全国首届"和谐杯"说教材大赛。

现在回想起参加比赛的情景还历历在目，当我们在颁奖时获知我校一举拿下六个一等奖时，那种喜悦、兴奋、自豪，充满着我们每一位参赛教师的心中。记得王欢校长在赛后说了这样一句话，使我感触颇深，也引起了我们的共鸣。他说："比赛的结果是可喜的，是重要的，但我们更加关注的是整个过程。"回过头来，细细品味王校长的这句话，真是让我深有同感，过程确实是比赛成败的关键。回忆起从接到比赛任务开始到王敏勤教授一次又一次耐心、专注地帮我修改、定稿，到最后得到王敏勤教授的认可，以及站在比赛场上的那 18 分钟的演讲，真可以称得上是"痛并快乐着"。在经历了一系列的改课件，"种知识树"，定内容之后，赢得的那种快乐是幸福的，长久的，意味深长的。深夜，当孩子睡熟后，我睡眼惺忪地坐在电脑前、修改参赛课件时，心中的不愿也会时常冒出来，但当真正地投入其中的时候，这种短暂的不愿马上就会被成就感所取代。当看到自己亲手栽种的"知识树"跃然呈现在电脑画面的时候，知识的结构脉络一目了然，教材的知识纵向、横向交叉的联系简明易懂，条理清晰，也使我在心中暗暗钦佩王敏勤教授的和谐教学法。

此次活动倾听了不同省市、不同学校的教师代表从不同的角度，以不同的形式分别对各科教材做的细致入微的解读，为我们每位参赛教师提供了一顿丰盛的精神大餐，充满了浓郁的书香味和文化气息。他们个个课件制作精美，图文并茂，体态端庄，表达流利，教材分析细致入微，深入浅出，借助新颖的知识树从不同的角度对单元教材、课时教材做了深入的分析，形象生动、条理清晰，令人耳目一新。参赛教师扎实的基本功，对教材的理解令人叹服。通过这次比赛活动使我们对"说教材"有了更加理性的认识，也让我更加明白了作为一名教师要不停地学习，要活到老学到老，要研读课标、研读教材，要不断地充实自己、提高自己，只有这样才能教好书、育好人。

天津市河东区实验小学的宁红艳老师是一位中年体育教师，直到比赛前的几分钟她还在面壁背诵讲稿，做事非常认真。她说，是说课标说教材活动又激发了她的职业热情，下面是她写的赛后感。

在赛场外背诵讲稿的宁红艳老师

　　我参加了"首届和谐杯说教材大赛",最终发挥稳定,取得优异的成绩。从接到参加比赛通知到比赛结束,一路走来最需要说感谢的就应该是我了,让我在说教材的道路上有了质的飞跃。

　　感谢可亲、可敬的王敏勤教授。通过这次说教材活动让我对教授有了非常深刻的印象——执着、可敬、平易近人。

　　感谢对我充满信心、关爱有加,给予我鼓励与无私帮助的实验摇篮。首先是领导的信任,本次大赛学校派出体育学科的教师代表,足以说明领导对体育学科的重视与信任。王校长与刘主任在赴郑州的火车上,无微不至地照顾我们,同行的老师们就像一家人一样,相处得很融洽。体育组的姐妹们,与我一起探讨,帮我打稿,给予我无私的帮助。男同志不善言谈,但一句经典的提醒也足以使我受益无穷。"……好好准备,祝你成功"。这一句句暖人的话语承载着大家对我太多的关爱。周福蓉主任兼管体育,她硬是在接受市区检查德育工作的空当,为我挤出时间帮我一起整理材料。

　　参赛教师从不同的角度、以不同的形式对教材做了详细的解读,他们个个课件制作精美,内容详尽,对教材的理解令人叹服。让我开阔了眼界,增长了知识,学习了很多值得借鉴的经验。为了感谢这么多人的关心爱护、体贴支持,我将时刻督促自己要活到老学到老,要研读课标,细读教材,要不断地充实自己,完善自我,以这次大赛为契机,每天都让自己有新的变化,为学校的体育教学工作做出不懈努力。

　　天津市河东区实验小学的孙亚琼老师是一位刚参加工作几年的语文教师,她对参加全国说教材大赛也有着特殊的感受。

　　说教材的活动在我们学校开展了很多年,我能够代表学校的语文学科参加这次大赛,对于我来说真是既幸运又光荣。当接到参加比赛的通知时,我丝毫没有放松,整天投入到对小学语文教材的研究中。为了此次比赛,每周四的下午,王敏勤教授都要对我们参赛的老师进行指导,对我们每一个老师的指导细致到课件的字体大小、背景的颜色、说话的语速以及时间

在赛场上说教材的孙亚琼老师

的计算等。在王教授精心的指导下，我们都有很大的进步。王燕主任也利用休息时间指导我修改课件和说课稿，给我很多的帮助，在这里表示感谢。我觉得自己不能辜负杨军红校长、各位主任以及王教授对我的期望，既然去比赛就要克服任何困难，不断改进和完善，为学校争得荣誉。在准备比赛的那些日子里，我每天都是晚上12点以后睡觉，从语文教导室向主任借阅了1～6年级的语文书和教参，进行语文知识的立体式整合。课件也不知修改了多少次。每天晚上，我都把自己家里的电脑当成是学校的大屏幕，站着进行空讲练习，并且给自己计时，每一个动作，我都要演练。就连坐在去郑州的火车上，我们几位参赛老师也是每人手中一份说教材的稿子，练习背诵。除此以外，令我感动的还有，一路上，王欢校长和刘文昌主任对我们这六位老师关怀备至，不仅鼓励我们，帮我们树立比赛的自信心，而且为我们比赛选手的起居饮食、照相摄像忙前跑后。在这里表示衷心的感谢，你们辛苦了！我们这几个参赛的老师之间也是互相关心，互相帮助，大家像兄弟姐妹一般，心无芥蒂。我们这八个人就是一个和谐的团队，是啊，人心齐，泰山移。正是因为我们这个团队参加比赛心齐，所以我们有足够的信心取得胜利。

（三）说课标说教材活动的影响

作为一个农村初中学校，为什么要下决心在全校开展说课标说教材的活动，下面转载河北省平泉县黄土梁子初中"清风慕竹"老师（http：//blog.sina.com.cn/pqliuyuhong）2011年5月3日的一篇博文，题目是《深化"教材"之根，繁茂"知识"之树——观摩全国第二届"和谐杯"说课标说教材大赛有感》，就会看到"说课标说教材"活动对农村教师的影响和震撼。

2011年4月23—24日两天，带着一种急切的学习的渴望，在杨校长的带领下，我们一行9人，远赴天津大港，观摩了全国第二届"和谐杯"说课标说教材大赛。在短短的一天时间里，共有来自全国各地的近一千名选手参加比赛，初次观摩此项活动的我们，内心受到了极大的震撼，我们深刻感到了自身与全国优秀教师的教学理念、教学水平差距之大；但与此同时，我们也更坚定了回来后继续深研课标、把握教材的决心。

一、观摩本次活动的总体感受

选手们丰富的经验、新颖的教学方法以及对教材精确的把握、有条不紊的分析，给我们留下了深刻的印象。在研说过程中，选手们能熟练运用知识树说教材；能说清楚新课标对本年级、本学科的基本要求；能说清楚教材的编写意图和编写体例；能说清楚教材内在的结构和逻辑关系；能对教材内容系统分析；能结合教材内容提出教学方法建议；能对教材的处理提出合理建议；能提出本学科高效课堂的标准。同时选手们制作的课件形象、大方、有创意；演讲语言准确、生动、简洁、流利，普通话标准，都做到了脱稿。一场场比赛更似一段段精彩的表演。观看每一场比赛，都给我们带来愉悦的精神享受。

其中给我们印象最深的是所有的这些课件内容，都是用知识树的形式展示出来，使整个研说过程系统、条理、清晰。让我们更好地学习了课程标准和把握新课标指导下的教材体系，更好地掌握教材、驾驭教材、挖掘教材、整合教材。只有通览了教材，教学时才会轻车熟路，如鱼得水，我们在面对学生、面对课堂时才会更加自信。

二、明确方向，打造专家型、学者型教师

把握好课程标准是促进教师专业发展内涵提升的必经之路。王敏勤教授在讲话中指出，他曾做过调查，全国有90％的教师不知道什么是课程标准，这是非常严重的一件事。我国进行课改已经有十年时间，但是很多学校都忽视了教师把握课标吃透教材的能力，在课堂面貌发生改变的背后，却没有提高课堂效率，没有减轻学生的课业负担。究其原因，最主要的就是我们的教师没有很好地发挥课标和教材的引导作用。把握好课标，可以帮助我们引导学生在走进知识的森林后，能知道森林有多大，出路有几条，哪条是最近的，从而在有限的时间内最大限度地提高课堂效率。说教材活动是在吃透课标精神的基础上对教材的一种深入的分析与把握，是落实课改理念达成三维目标的基础，是教师灵活驾驭教材建构有效课堂的前提。扎实开展此项活动也是把学校各科教研活动推向深入的有效载体，更是促进教师专业发展内涵提升的必经之路。

三、转变观念，提升教师专业素养

（一）教材观的转变

教材是课程标准的具体化，是各种新的教学理念的载体。如何使用新课本，能反映出教师的教材观是否转变，新的教材观提出"用课本教而不是教课本"，在教学中要"走进课本，走出课本"，这些话都通俗地说明了新的教学理念。

教师在教学时首先要"走进课本"。所谓"走进课本"，就是引导学生掌握书本上的基础知识和基本技能，如果学生连书本上的知识都不能掌握，那教师就是误人子弟。但仅仅掌握书本上的知识还不够，还要"走出课本"，开发课程资源，让学生有更多的收获。新课本之所以在难度上降低标准，一方面是为了减轻学生的负担；另一方面是给教师和学生更大的主动权和发挥空间，教师和学生可根据自身的情况和本地的实际开发课程资源，整合课程资源。

教师要明白，仅仅教课本是不行的。一位选手在讲到《罗布泊，消逝的仙湖》的教材处理建议时，她首先引导学生"走进课本"，通过学习课本，了解罗布泊的变化史，学习报告文学的写作特点。但仅仅掌握课本还不够，还要"走出课本"，从"救救青海湖"想到"救救白洋淀""救救海河""救救黄河""救救微山湖"等，让学生结合自己熟悉的知识，结合本地的情况，开发课程资源，甚至课后搞一些调查研究，提出改进环境的建议等，把文学、地理、历史、生物等知识整合起来，增强学生的环保意识，并进而转化为保护自然的行为。

（二）教学观的转变

新的教学观首先是转变教师的角色定位，教师由过去知识的传授者变为学生学习的组织者、引导者、激发者。但许多教师在实际教学中并没有这样做，还是习惯于给学生系统地讲授现成的知识，唯恐自己不讲学生就不会。新课程提倡让学生"自主、合作、探究"学习，这在我校的课堂教学改革中也把这一观点放在十分重要的位置，但是现在在我们的课堂上仍然有很多教师不相信学生，不敢真正地把课堂还给学生，导致我们的课堂在很多情况下不尽如人意。纵观参加本次比赛的各科教师，都把学生放在了非常重要的位置，他们都注重采用合作探究的学习模式，开发学生创造潜能，促进学生持续发展。他们相信通过思维火花的碰撞，学生往往会出现令人惊叹的奇思妙想，老师顺势富有启发地加以引导，学生收获的是灵动的思维与智慧，在良性循环中促进学生持续发展。

（三）教师要有把教材从平面整合成立体的能力

纵观此次参赛的选手，他们在教材处理这一环节，都注重了知识间的横向和纵向的联系，以及同一学段不同版本教材编者的意图。在横向上说明教材各单元的知识结构，纵观起来，这些知识只是初中学段知识体系的一个个支撑点，把每个点纵向整合，便会构成各类知识的体系脉络。

如《背影》属于"人间亲情"专题，在纵向上老师要把整个三年初中语文课本中的散文篇目整合起来，说清楚散文分布在哪几册哪几个单元，有哪些篇目，各自的要求是什么，在初中教学中对散文要掌握到什么程度。也就是说，每一部分知识都要像钻井一样把它钻透，形成一条纵贯线。这样每一部分知识既有横向的联系（课本的编排顺序），又有纵向的联系（靠教师的整合），就形成了立体。只有教师真正地把这些内容熟记于心，才能最大限度地发挥出教材的作用。而对于不同版本教材的分析，则可以让我们找到不同版本的异同点，从而能在减轻学生课业负担的基础上指导学生更好地应试。

四、注重信息技术与学科间的整合

在参加本次活动以前，我们没有深刻地认识到信息技术与学科间的整合应用有多大关系，可是通过参加此次活动，选手们精美的课件制作给我们留下了深刻的印象。我们曾问过参赛的选手，做这些课件用多长时间，他们说大约用了几个月的时间，其中的艰辛自不必说。我校虽然每年也对教师进行课件制作过关考试，但是和这些教师相比，我们之间有太大的差距。

另外，参赛教师在教学建议这一环节，很多都讲到了可以利用多媒体教学手段。在推行新课改的道路上，我们存在的一个主要问题就是如何将先进教学手段应用到我们的教学中，其中就包括多媒体技术的应用。如何将信息技术与教材进行有机整合进而上升到每一节课堂的整合，确实大有文章可做。只有结合学情活化教材，摆脱传统观念的束缚，在保留传统优势之时将技术手段精当地运用其中，整合才算整出真味。比如有一位参赛选手在说到诗词欣赏时就指出，如果只是一味地播放视频、配乐朗诵，不一定能达到最佳效果，设若教师做进一步的诵读指导并适时来点原创范读或与学生齐读，那课堂效果肯定能得到进一步的提升。

运用知识树"说课标说教材"是一种原创性的教研活动，是一种校本教研的新形式，既不同于过去的"通教材"，也不同于"说课"，是深入把握课标和教材的好方法。通过参加此次活动，我们深切感受到，要提高课堂教学效率、减轻学生过重的课业负担，仅仅靠转变教学方式、改革课堂教学模式是不够的。而学生的负担过重很重要的原因是教师对课程标准和教材把握不到位，"说课标说教材"活动有利于提高教师把握课标和教材的能力，提高课堂教学的效率。

虽然观摩此次活动仅仅一天时间，但带给我们的震撼与感动，却是我们永远的精神财富。学无止境，在今后的教学活动中，我们将不断地深化"教材"之根，繁茂"知识"之树；壮大"生命"之根，充实"智慧"之树。用思想的光芒去滋润学生长成参天大树，去照亮学生探求知识的道路。

（四）教师如何利用知识树解读课标和教材

在"说课标说教材"中要用到知识树，但如何设计知识树？如何用知识树解读课标和教材？河南省陕县教研室的张建刚主任对这方面有深入的研究，他写的文章《如何利用知识树解读课标和教材》，值得我们借鉴。

王敏勤教授指出：构建高效课堂的关键是提高教师驾驭教材的水平和处理教材的能力。他认为绘制"知识树"和教材解说是解决教师驾驭教材的有效途径之一。基于此观点，我县在构建高效课堂活动中，将知识树绘制和教材解说作为教师研究教材的基本方式，提出在统揽学段课标、教材的基础上，按照单元绘制知识树以及做相应的教材解说，促使教师驾驭学段教材，把握学段目标定位。实践中，我们感到在学校层面开展知识树绘制及相应的教材解说，应解决好以下四方面的问题。

一、知识树绘制及教材解说的意义

教师通过对单元知识树的绘制及相应教材的解说，不仅使其加深对课标的理解、教材的准确把握，而且会有效提高教师灵活处理教材、合理整合教材的水平，为有效教学的实施和高效课堂的建构奠定基础，同时也促进教师教学水平和教学技能得到提高。因而，学校要引导教师按照知识树绘制和教材解说的要求，既要轰轰烈烈，又要扎扎实实地开展，经过几年的努力，使学科教师对教学目标、教学内容达到高屋建瓴、准确把握、合理整合和灵活处理的目的。

二、知识树绘制和教材解说的范围

教师工作很辛苦，每天要处理的事情比较繁杂，因而，钻研教学内容、绘制知识树及解说教材必须与其本人实际承担的教学任务相吻合。我们认为，用绘制单元知识树及对相应教材解说来替代教师的单元备课，这样既不加重教师的负担，又会使其欣然接受。因此，我们对学校提出四点要求：一是教师教哪个学科哪个年级，就绘制和解说哪个学科哪个年级的教材；二是教师按单元绘制知识树和解说相应的教材为主（其他知识结构为辅），同时取代单元备课；三是教师站在学段课标和教材的高度，不能仅仅盯在所教年级的教材上，要从学段教材整体上把握、理顺知识结构脉络，以便使学段知识前后贯通，找准新知识的生长基础，方可使单元教学目标有效达成；四是学校要为每一位教师配备一套学段教材和学科课标，以便教师在知识树绘制及教材解说中熟悉和准确把握相关具体内容。

三、知识树绘制和教材解说的内容

知识树绘制及教材解说内容是一致的，按照绘制图解说教材，对于具体内容我们从五方面提出要求。

（一）单元教学目标的确定

教师要站在学段课标和教材高度，绘制出本单元知识内容在学段相应知识体系中的位置（这是教师必须绘制的一棵树），同时在教材解说中，说清楚该单元教材内容在学段知识体系中所处的地位和作用，分析学生已有的知识经验有哪些（找准知识的生长点），以及本单元知识的学习，对后续知识学习会产生哪些影响（展望知识的拓展趋向）。按照课标对本单元所涉及知识体系（或知识板块）的总体目标，确定本单元教学的具体目标。

（二）绘制和解说要抓住教材的"点"和"眼"

教师绘制单元知识树，要突出教材的四个"点"一个"眼"（这是教师要绘制的第二棵树）。即要绘制和解说清楚本单元教材知识的重点、难点、易混点、高频考点，以及相应的解决策略。所谓"眼"，就是突破教学难点的关键是什么，通过怎样的形式去分解教学难点等。这些内容只要烂熟于心，教师对教材的处理、学生自学问题的设置、课堂讲授问题的预设、练习内容的安排，就会恰到好处，就会确保课堂实现高效。

（三）知识的整合思想及策略

教材解说，教师还要说清楚本单元知识的整合思路、整合方法、整合的具体内容（这是教师要绘制的第三棵树）。教师依据教材知识结构，学生已有的知识经验，合理调整、补充、取舍教学内容，是教师在解说教材时应该静心思考的问题。合理的调整、补充和取舍，为学生有效学习、知识构建、融会贯通提供条件，铺平道路，创设情境。这样，不仅使学生有效掌握所学新知识，而且会有效提高其知识灵活运用的能力。教师在合理整合教材的基础上，还要科学划分课时，从课时的知识划分、目标要求上做出具体的分解，以便确保每节课教学目标的有效落实、单元整体教学目标的有效实现。

（四）教学资源的挖掘与利用

学生高效学习，与恰当的学习条件的创设、问题情境的再现是息息相关的（可以绘制第四棵树）。因而，教师要清楚、明白对于本单元教学，哪些教育资源可以利用、可以挖掘或可以重新整合，为教学服务，尤其是单元知识与现实生产生活的结合点，要解说清楚。比如，教具准备、学具准备、实验准备、课件制作、调查问卷、实践活动、再现哪些问题情境等，均要结合实际恰当使用，避免产生牵强附会、舍近求远、舍熟求疏、远离生产生活实际的选择和利用资源的习惯。

（五）单元达标练习题的筛选与设置

根据课标要求，教材解说要说清楚本单元的考点和高频考点，根据课标及单元教学目标要求，筛选一套时长一个课时的单元达标练习试卷（可以绘制出第五棵树）。教师要逐题说明设计的意图和检测所运用的知识点，以防止随意性，提高检测的质量。达标练习考卷放在单元教材解说中，要求教师完成，好处是：在教师心中渗透达标试题的难度、内容以及与生产生活联系的结合点，使教师有的放矢地筛选课时达标练习题。

四、绘制知识树与教材解说的形式

教师在单元教学前，把知识树的绘制与教材的解说，作为单元备课的一项任务去完成即可。但是，为了促进同学科教师熟悉课标和学段教材，同学科教师相互交流知识树绘制与教材解说是必要的，同时也是知识树绘制和教材解说经验交流的过程，以及教师的劳动成果展示与评价的过程。因而，在知识树绘制与教材解说交流中，适当安排一些交流活动是非常必要的，建议如下。

（一）交流小组的建立

每个小组5～10人为宜。学校每个年级为单班的，小学拟建立语文、数学、英语、其他四个学科四个交流小组；初中拟建立语文、数学、英语、理化生、政史地、其他六个学科交流小组。班级较多的，在分学科的基础上还可以按高低段或年级建立学科交流小组。

（二）分工明确责任具体

每个小组一是在建制上要明确组长、副组长和相应的成员；二是明确一期知识树绘制及教材解说的具体时间安排（每期四次为宜），每次展示的人数（一般3～5人为宜）；三是明确每次知识树及教材解说展示抽签的办法，以便督促每位教师都要实实在在地做好这项工作；四是知识树绘制及教材解说、评价的办法要明确；五是建立和完善知识树绘制及教材解说的档案。

（三）校级展示与典型引导

这是学校此项活动整体安排的一项，每期在适当时候安排优秀教师示范引导，人员由小组推荐产生，学校将相关学科教师集中分组展示。知识树绘制展示及教材解说的过程，就是相互交流、示范引领和问题探索的过程，也是对每个学科小组此项活动检查或验收的过程，是对优秀教师赞扬和表彰的过程。所以，学校要重视每一项活动的整体谋划，确保活动有始有终，收到实效。

我们觉得，知识树的绘制及教材解说，不要将其看成是教师负担，而是实实在在的教研，是教师钻研教材的一种有效形式，做得到位与否，不仅对课堂效率的提高有着直接的影响，而且对学校教学质量的全面提升会产生很大影响。这方面活动，最适宜在学校层面展开，学校要引导教师，营造环境，把知识树绘制与教材解说活动开展起来，形成学校教师解读课标和教材的有效形式。

（五）中小幼说课标（说指南）说教材的流程

我们国家基础教育的课程标准分为三类：高中各科的课程标准、义务教育阶段各科的课程标准，幼儿园原来是教育指导纲要，后来改为《3~6岁儿童学习与发展指南》。所以幼儿园由原来的"说纲要说教材"改为后来的"说指南说教材"。"说课标（说指南）说教材"可以说一个单元、可以说一册、可以说一个学段，也可以说一个专题。专题有大专题、小专题。如语文学科说小学六年的"习作"是大专题，也可以只说一册书或五、六年级的"习作"，这是小专题。再如语文学科的"文言文专题""小说专题""诗歌专题"等，都包括了大专题和小专题。数学学科说整个学段的"图形与几何"领域是大专题，如果只说"图形与几何"领域中的"三角形"是小专题。幼儿园教材是按照五大领域编写的，如果说学前三年的"健康"领域是大专题，只说一个年龄段（如3~4岁）的"健康"领域则是小专题。总之专题的大小是相对的，专题越大，难度越大。但不管说一个单元还是一个专题，我要求老师们都要把本门学科整个学段的教材全部拿到手，因为说教材时要说知识的纵向整合。如说一个单元的诗歌，老师就要把整个学段各册教材中的诗歌全部整合起来。所以，通过说教材活动能够促使老师把握整个学段的教材体系。

"说课标（说指南）说教材"的准备工作可以用七个字来概括：读、炼、写、画、改、背、演。

1. 读——读课标（指南）和教材

不管是说一个学段还是说一册书，首先要认真地读课标（指南）和教材。只有理解了课标（指南）的要求和教材的编写意图才能说清楚。有时候尽管说的是一册教材或一个单元，由于要进行知识和技能的立体式整合，所以要把整个学段的教材全部拿到手。

2. 炼——提炼和概括课标（指南）的要求和教材特点

课标（指南）与教材不是一对一的关系，如课程目标与内容标准是按照学段提出要求的，英语是按级提出要求的，而说一个单元和一册教材，甚至说一类知识，都需要自己总结和提炼。另外教材的编写特点也不是现成的，有些需要查找资料，看编写者的说明，有的要靠自己归纳总结，甚至不同版本的教材、新旧教材对照说明，都需要自己提炼，没有现成的材料可以照搬。

3. 写——写出说教材的演讲稿

首先要根据说教材的评价标准写出演讲的文稿。一般来说，按照每分钟说200～250字的速度，20分钟要写出4000～5000字的文稿。由于时间有限，不可能面面俱到，要做到有详有略。如说一册教材是20分钟，说一个单元也是20分钟，其详略程度不同。说一个单元基本到了单元备课的程度，要具有可操作性。

4. 画——制作课件，画知识树

制作PPT课件很重要的一项内容是画知识树。画知识树要有模板，尽可能整个课件用一个模板，不要换的太多。另外颜色的对比要鲜明，要清晰大方。字体尽量不用宋体字等，用黑体和楷体加粗更清晰美观。

5. 改——反复修改演讲稿和课件

写出演讲稿和制作课件后不要忙于背诵，因为还不是定稿。要通过试讲，请备课组的人和有关专家反复研讨，看是否符合课标（指南）和教材的本义，在某种意义上说，好的演讲稿和课件是改出来的，没有一遍成功的。

6. 背——脱稿背诵

只有定稿之后才能进入背诵，要熟练，做到脱稿演讲。背诵的目的也是要求教师把课标（指南）的要求和教材的内容记到脑子里，才能做到"心中有课标，口中讲课标，上课落实课标"。

7. 演——演讲操练

因为"说课标（说指南）说教材"活动是一项演讲比赛，所以有演讲的要求。等一切定稿后才能考虑演讲的技巧问题，这包括语言、速度、教态、表情等。

（六）中小学说课标说教材的标准和要求

中小学"说课标说教材"在内容上主要包括三大项：说课标、说教材、说建议。每个大项又包括几个小项，用知识树表示如下：

1. 说课标

国家课程标准是教材编写、教学、评估和考试命题的依据，是国家管理和评价课程的基础，应体现国家对不同阶段的学生在知识与技能、过程与方法、情感态度与价值观等方面的基本要求，规定各门课程的性质、目标、内容框架，提出教学建议、评价建议、课程资源开发建议和教材编写建议。

中小学的课程标准分为两类：1～9年级义务教育阶段是一类，普通高中是一类。这两类课程标准的基本结构大致相似，一般都包括四大部分。

第一部分：前言，包括：（1）课程的性质与地位；（2）课程基本理念；（3）课程标准的设计思路。

第二部分：课程目标与内容，包括：（1）总体目标与内容；（2）学段目标与内容。

如义务教育阶段的语文是按1～2年级、3～4年级、5～6年级、7～9年级这四个学段，分别提出"学段目标"和内容标准。不同学科的分段有所不同，如数学是按 1～3 年级、4～6 年级、7～9 年级分为三个学段。各学科初中都是一个学段，只是小学的分段有所不同。

第三部分：实施建议，包括：（1）教学建议；（2）评价建议；（3）教材编写建议；（4）课程资源的开发与利用建议。"教材编写建议"主要是给出版社看的，我们在"说课标说教材"时一般不说。

第四部分：附录，各科附录的内容不同，如《义务教育阶段语文课程标准（2011 年版）》的附录包括：（1）关于优秀诗文背诵推荐篇目的建议；（2）关于课外读物的建议；（3）语法修辞知识要点；（4）识字、写字教学基本字表；（5）义务教育语文课程常用字表。

我们在"说课标"时主要是说课程目标和内容标准。课程目标有总目标和学段目标。如义务教育阶段的语文 1～9 年级有一个总目标，但不同学段有分目标。各学科的分段也不相同，如前面所说，语文是分为四个学段，数学分为三个学段。在基础教育阶段英语是分级的，我们国家规定从小学 3 年级开设英语，3～4 年级是一级英语，5～6 年级是二级英语，7～9 年级分别是三至五级英语，高中三年分别是六至九级英语。但课程标准规定高中学完英语必修一至五，达到七级水平就可以高中毕业了，八至九级是提高的水平。如果说一个单元或一册教材，教师没有必要说课程总目标，从学段目标再过渡到单元目标或一册目标就可以了。

内容标准也是按照学段划分的，有的学科把学段目标和内容标准合并说明，如义务教育阶段的语文学科，每个学段都是按照识字写字、阅读、写作、口语交际、综合学习五个方面说明，既包括了学段目标，又包括了内容标准。而有的学科课程目标与内容标准是分开说明的，如义务教育阶段的数学学科课程目标是四维的：知识技能、数学思考、问题解决、情感态度。而课程内容（修订课标后把原来的"内容标准"改为"课程内容"）则分为"数与代数""图形与几何""统计与概率""综合与实践"四大领域。所以新课改提倡的"三维目标"是个笼统的说法，具体到各学科有所不同，数学是四维的目标。

2. 说教材

主要是说教材的编写特点、编排体例、知识结构、知识和技能的立体式整合四个方面。因为目前全国各地用的教材版本不一样，所以在说教材时也不规定说哪种版本的教材，教师用什么版本的教材就说什么版本，但在说教材的编写特点和编排体例时要链接教材的相关页面说明。另外，最好把不同版本的教材进行比较说明，特点更鲜明。

教材的内容结构是指一个单元或一册书的内容包括什么，是以什么样的逻辑关系建构起来的。因为即使同一学科同一年级的教材，不同版本的内容结构也不相同。知识的立体整合包括横向整合和纵向整合。横向整合主要是一册教材内各单元之间或知识点之间知识的联系和关系，纵向整合是跨册的，如初中语文说一个"小说"单元，就要把整个初中三年六册教材中的小说全部整合起来，说明在初中教材中一共有多少篇小说，各自分布在哪一册哪个单元，其前后关系是什么。所以不管是说一册还是一个专题，都要把本学科整个学段的教材全部通读，才能做到知识的立体式整合。

3. 说建议

说建议主要是说教学建议、评价建议、课程资源的开发与利用建议。在说三大建议时都要做到三扣：一扣课标，二扣教材，三扣自己。一扣课标是指：首先要说明课程标准的建议。因为在各科的《课程标准》中都有这三大建议，教师首先要清楚课程标准的建议。当然，教师可根据自己所说的内容有选择地说明课程标准的建议。二扣教材是指：教师在说三大建议时要紧扣着自己所说的一个单元或一册的内容，而不是笼统地说"语文怎么教，数学怎么教"，针对性要强，才有可操作性。三扣自己是指：要根据自己的情况说明具体的建议，可链接相关的照片、资料等说明自己是怎么教学或评价的。总之，三大建议要具体，要具有可操作性才行。

因为说课标说教材是一项演讲活动，所以对于课件的制作和演讲都有具体要求，课件中要有知识树，知识树是和谐教学的重要工具。

下面是我设计的"中小学说课标说教材评价表"，通过这个评价表就可以看出"三说"活动的具体内容和要求。

中小学说课标说教材评价表

单位：

编号			姓名：		学段（小学、初中、高中）				
说教材版本				说教材内容					
序号	项目		评分标准		A	B	C	得分	备注
一	说课程标准（13分）		1. 说一个学段或一册书或一个单元或一个专题的课程目标。		6	4	3		根据各学科课程标准。
			2. 说一个学段或一册书或一个单元或一个专题的内容标准（课程内容）。		7	5	4		根据各学科课程标准。
二	说教材（32分）		1. 说所用版本教材的编写特点（能链接教材的相关页面说明）。如有条件可把不同版本的教材进行比较说明。		6	4	3		根据学生用书或教师用书和相关资料总结归纳。
			2. 说所用版本教材的编写体例及目的（能链接教材的相关页面说明）。如有条件可把不同版本的教材进行比较说明。		6	4	3		根据学生用书或教师用书和相关资料总结归纳。
			3. 说一个学段或一册书或一个单元的内容结构。		10	8	7		根据教材内容和编者的意图。
			4. 说知识与技能的立体式整合。既包括一类知识在一册教材中的横向整合，又包括一类知识在整个学段中的纵向整合。要具体到相关册和章。		10	8	7		根据课程标准、教材和编者的意图归纳。

续前表

序号	项目	评分标准	A	B	C	得分	备注
三	说建议（30分）要做到三扣：一扣课标，二扣教材，三扣自己。	1. 说教学建议。既要说明课程标准的教学建议，又要根据教材提出自己的具体建议，要有可操作性。要链接相关的图片资料等说明。	10	8	7		根据课程标准、教材和编者的意图归纳。
		2. 说评价建议。既要说明课程标准的评价建议，又要根据教材提出自己的具体建议，还要说出相关知识的质量检测点和评价方法。要链接相关的图片资料等说明。	10	8	7		根据课程标准、教材和编者的意图归纳。
		3. 说课程资源的开发与利用建议。既要说明课程标准的开发建议，又要根据教材提出自己的具体建议。要链接相关的图片资料等说明。	10	8	7		根据课程标准、教材和编者的意图归纳。
四	演讲效果（10分）	1. 能脱稿演讲（包括少看银幕和荧屏），内容熟练。	5	4	3		
		2. 语言流畅、简洁、生动，语速适当，教态自然大方。要做到有表情、有感情、有激情。	5	4	3		
五	课件制作（10分）	1. PPT课件制作要清晰、大方、美观。	5	4	3		
		2. 课件中要有知识树并合理清晰。	3	2	1		
		3. 课件要有封面并清晰、全面、美观（包括课题、单位、姓名、所用教材版本的封面）。	2	1	0		
六	时间要求（5分）	每人最多说20分钟，但不能少于18分钟。	5	4	3		
序号	项目	评分标准	A	B	C	得分	备注
		合计					

评审人签名：

（七）幼儿园说指南说教材的标准和要求

幼儿园的课程标准与中小学不同，是《3～6岁儿童学习与发展指南》（以下简称《指南》）。与原来的《幼儿园教育指导纲要（试行）》相比，现在的《指南》更为具体。《指南》以为幼儿后继学习和终身发展奠定良好素质基础为目标，以促进幼儿体、智、德、美各方面的协调发展为核心，通过提出3～6岁各年龄段儿童学习与发展目标和相应的教育建议，帮助幼儿园教师和家长了解3～6岁幼儿学习与发展的基本规律和特点，建立对幼儿发展的合理期望，实施科学的保育和教育。

《指南》的基本结构是：从健康、语言、社会、科学、艺术五个领域描述幼儿的学习与发展。每个领域按照幼儿学习与发展最基本、最重要的内容划分若干方面。每个方面由学习与发展目标和教育建议两部分组成。

目标部分分别对3～4岁、4～5岁、5～6岁三个年龄段末期幼儿应该知道什么、能做什么，大致可以达到什么发展水平提出了合理期望，指明了幼儿学习与发展的具体方向。

教育建议部分列举了一些能够有效帮助和促进幼儿学习与发展的教育途径与方法。

以"健康"领域为例，健康分为三个方面：（1）身心状况；（2）动作发展；（3）生活习惯与生活能力。

身心状况分为三个目标。目标1：具有健康的状态；目标2：情绪安定愉快；目标3：具有一定的适应能力。

每一个目标都从3～4岁、4～5岁、5～6岁三个年龄段具体描述。并提出具体的"教育建议"。

下面是我设计的"幼儿园说指南说教材评价表"。

幼儿园说指南说教材评价表

单位：

编号		姓名：		大、中、小班和领域				
说教材版本			说教材内容					
序号	项目	评分标准		A	B	C	得分	备注

续前表

序号	项目	评分标准	A	B	C	得分	备注
一	说指南（15分）	说本领域（如健康领域）一个年龄段（如3～4岁）几个方面的学习与发展目标（每个方面都有几个目标，要全面）。	15	12	9		根据教育部《3～6岁儿童学习与发展指南》。
二	说教材（30分）	1. 说教师用书的编写特点（能链接教材的相关页面说明）。如有条件可把不同版本的教材进行比较说明。	5	3	1		根据教师用书和相关资料总结归纳。
		2. 说教师用书的编写体例及目的（能链接教材的相关页面说明）。如有条件可把不同版本的教材进行比较说明。	5	3	1		根据教师用书和相关资料总结归纳。
		3. 说本次所说领域（某册某部分）教师用书的内容结构。	10	8	6		根据教材和编者的意图。
		4. 说知识、习惯和能力的立体式整合。既能说某一方面内容在本领域教材小中大班的逻辑序列，又能说明在相邻领域的交叉渗透。	10	8	6		根据指南、教材和编者的意图归纳。
三	说建议（30分）	1. 说教育建议。根据指南的"教育建议"和所用教材的特点，谈具体的教育建议。	16	13	10		根据指南、教材和编者的意图。
		2. 说评价建议。结合本部分内容的教育活动谈如何评价和激励孩子的活动。	7	5	3		根据教材和自己的经验。
		3. 说课程资源的开发与利用建议。根据教材的内容，谈如何根据本园条件开发和利用课程资源。	7	5	3		根据教材和自己的经验。

续前表

序号	项目	评分标准	A	B	C	得分	备注
四	演讲效果（10分）	1. 能脱稿演讲（包括少看银幕和荧屏），内容熟练。	5	4	3		
		2. 语言流畅、简洁、生动，语速适当，教态自然大方。要做到有表情、有感情、有激情。	5	4	3		
五	课件制作（10分）	1.PPT课件制作要清晰、大方、美观。	5	4	3		
		2. 课件中要有知识树并合理清晰。	3	2	1		
		3. 课件要有封面并清晰、全面、美观（包括课题、单位、姓名、所用教材版本的封面）。	2	1	0		
六	时间要求（5分）	每人最多说20分钟，但不能少于18分钟。	5	4	3		
				合计			

（八）幼儿园说指南说教材的效果

山东省临朐县是最先在全国开展推广说课标说教材活动的区县。他们在中小学教师说课标说教材的基础上，又把这项活动推广到幼儿园，开展"说指南说教材"的活动，并取得了突出的成绩。下面是该县教育局托幼办主任杜玉玲给我的来信：

王教授您好！

向您报告一个好消息，临朐县幼儿教师"落实指南，研说教材"作为成果被全市推介，潍坊市教科院专门在临朐召开了成果推介会，山东省学前教育协会秘书长、省教研室学前教育科长、教材主编方明出席了会议，山东省教育协会学前分会秘书长、山东师范大学博士生导师刘莹作为专家出席了会议。会上，方明科长和刘莹教授都给予了高度评价。方明科长说："特别激动，临朐的教研活动这么扎实、水平高，教研活动是全省最好的。作为教材的主编，就像他乡遇故知，高度兴奋……对教材的理解分析，对接教学实例特别好，体现着理念和教育观，在全省是做得最好的……真的挑不出毛病，希望潍坊市的老师都能说到这个水平，山东省的老师都能说到这个水平，下一步是怎么样普及和推广。"

方科长说："第一步，尽快把研说教材的课件和录像，以及经验介绍材料放到山东省学前教育网上；第二步，在全省教材培训会上请你们去做培训。"

王教授，我们现在已接到通知，6月27日召开全省教材培训会，其中一项培训内容是"研说教材的形式、内容以及如何有效地组织好研说教材活动"，给了我们一个半小时的时间。

王教授，我们的说教材活动能走到今天，能收到教师专业成长的显著成效，能得到上级领导的认可，是您引领和搭建了平台，是您的成绩和功劳，在此，由衷地说声感谢！还希望您继续给予关注和指导！

谢谢！

临朐托幼办　杜玉玲

2014.6.19

（九）中小幼说教材案例

1. 高中语文说教材案例

李歆老师是天津市第三十五中学的高中语文教师，在全国第五届和谐杯说课标说教材大赛中获得特等奖。下面是他演讲的人教版《高中语文》必修三第二单元"唐代诗歌"专题。

一、说课标

（一）课程目标

《高中语文课程标准》在课程目标部分对学生提出了五方面的目标要求："积累·整合""感受·鉴赏""思考·领悟""应用·拓展""发现·创新"。每个方面的具体内容综合来看凸显了语文课程的文化特性和文化功能，形成了富有开放性和时代性的文化观。

（二）内容标准

由于高中语文的新课标没有明确"内容标准"的表述，而是将其融合在阅读鉴赏方面的目标要求中，所以我将体现诗歌教学的内容标准提炼为四点：

（1）了解体裁：了解诗歌体裁特征，明确诗歌发展脉络。

（2）感受形象：发展想象能力，感受艺术力，提升审美境界。

（3）品味语言：理解结构复杂、含义丰富的语句，体会精彩语句的表现力。

（4）领悟内涵：理解内容价值，体会民族精神。

二、说教材

（一）教材的编写特点、编写体例

为了更好地说明人教版教材，下面我将以苏教版、粤教版教材为参照，对编写特点、编写体例、编写目的进行说明。

版别	特点	体例	目的
人教版	遵循"守正出新"原则，总体风格平实、稳健。	每册由四个部分组成：阅读鉴赏、表达交流、梳理探究、名著导读。阅读鉴赏是主体，分单元编排，兼顾文体和人文内涵。唐代诗歌就出自这个部分。	重点明确，设计周全，继承良好的编写传统，便于教学技术手段处理。

续前表

版别	特点	体例	目的
苏教版	体现"语文观、语文课程观、教学观"上的新追求。	以文化主题组元，下设置若干教学主题，每单元均设有学习方式建议。	教材选文和实践活动有机结合，将课文与学习过程融于一体。
粤教版	从教学实际和区域经济发展实际来制定教材标准。	主题和文体混合组元：一个主题单元，三个文体单元。	使"基本阅读""拓展阅读""参考阅读"层次清楚。

（二）教材的内容结构

这个单元学习唐代诗歌。中国古典诗歌发展到唐代，迎来了一个巅峰时期，诗体完备，名家辈出，风格多样。

李白，浪漫主义诗风的代表人物，《蜀道难》正是其成名作，一首极具浪漫风格的古风佳作。

杜甫，现实主义诗风的代表人物，这三首诗是其晚年流寓夔州之作，集中显现杜诗沉郁顿挫的风格特点。

白居易，中唐最著名的诗人，《琵琶行（并序）》是其歌行体叙事诗的代表作，以其经典的音乐描写和咏叹"天涯沦落"的悲慨著称于世。

李商隐，晚唐诗坛的璀璨明星，开启了中国朦胧诗的先河。《锦瑟》用典工整，《马嵬》深稳健丽，两首诗可谓情致深蕴。

由此可见，教材编者选取的这七首唐诗，是在唐代近五万首诗歌中从作家、文体到风格最具代表性的作品。

（三）知识的立体整合

1. 横向把握教材

将七首诗从内在知识点的逻辑关系进行横向整合，可归类为两种文体样式、三种表现形式、两种艺术手段。这样的归类梳理便于学生形成集中而又清晰的知识体系。

文本样式：古体诗：《蜀道难》《琵琶行（并序）》

近体格律诗：《杜甫诗三首》《李商隐诗两首》

表达方式：借景抒情诗：《蜀道难》《秋兴八首（其一）》《登高》

咏史怀古诗：《咏怀古迹（其三）》《马嵬》

长篇叙事诗：《琵琶行（并序）》

艺术手段：巧用修辞：《蜀道难》夸张、想象等；《琵琶行（并序）》比喻拟声词等；借助修辞手段化抽象为具象。

借人写己：《咏怀古迹（其三）》《琵琶行（并序）》

2. 纵向把握教材

从三个必修模块诗歌单元的纵向分析看：《必修二》诗经—楚辞—汉魏六朝诗歌；《必修三》唐诗；《必修四》宋词。

很明显这是一个按时间顺序的编排方式，教材编者有意让高中生建立起对中国古典诗歌发展的时空认识。

3. 必修与选修的纵向联系

选修课程中《中国古代诗歌散文欣赏》这一模块里有三个诗歌单元，这是对必修模块的拓展和延伸。

比如《必修三》有李白的古体诗《蜀道难》，在选修中又选取他另两首古体诗《梦游天姥吟留别》和《将进酒》，以加深学生对古体诗这种文体样式的理解。必修中有描摹音乐的诗篇——白居易的《琵琶行（并序）》，选修里也同样有李贺的《李凭箜篌引》。像这样知识的关联在必修与选修间是千丝万缕，在此不再一一赘述。

三、说建议

（一）教学建议

新课标建议教师要为学生创设良好环境，充分关注学生阅读态度的主动性、阅读需求的多样性、阅读心理的独特性，尊重学生个人的见解，鼓励学生批判质疑，发表不同意见。重视对作品中形象和情感的整体感知与把握，注意作品内涵的多义性和模糊性，鼓励学生积极地、富有创意地建构文本意义。

根据课标的建议，在诗歌教学中我提出三点具体建议。

教学建议一：唤醒学生学习诗歌的热情

方法就是为学生创设诗歌学习情境，具体操作如下：

（1）设计富有感染力的导语。教师设计导语时，其情绪色彩应与古诗词的情感色彩声气相通，旨在触动学生心灵，为后面教学造势定调。如在教学《杜甫诗三首》时，可以这样设计导语：借用在网络曾流行一时的《杜甫很忙》的一组图片导入本课，导入语："杜甫当然没有这么忙，玩电脑，弹吉他，打篮球，只能说网友的想象力很丰富；杜甫也确实很忙，他忙于用诗歌书写历史，用诗歌吟唱心中的家国之思。"这样的设计意图是：选用网络时代热点话题，激发学生兴趣，当学生们走入诗人的生活和诗境之后，对杜甫的游戏之词已去，缅怀之情顿生。

（2）声情并茂地吟诵。讲读诗歌时借助网络下载朗诵录音或视频，已成为教师通常的做法，但我想任何形式的读都代替不了教师的范读，因为教师的范读不仅能给学生音的示范，还给学生情的感染，如在教学《琵琶行（并序）》时，我就诠释琵琶女的角色进行了这样的朗读，大家都在链接图片，可此时此刻我想链接我自己……通过我的朗读帮助学生形成对琵琶女的身世起伏、情感抒发的感性认知。当然教师的范读是引导，终其目标还是要让学生读，而在熟读基础上的背诵，更是文学涵养的累积，这点正是对教学目标的一种回应。

教学建议二：灵活处理教材

在教材处理上，教师应既有依循又有改变。如杜甫这三首诗，我打破课本原有顺序，先从《登高》入手，以《登高》意象特征为参照，用《秋兴八首（其一）》进行验证，归纳出杜诗风格，到这里学生会产生一种阅读期待：什么样的人才会写出如此沉郁顿挫的诗？再用《咏怀古迹》推论其人，自然水到渠成。精讲一首迁移另两首，三首诗层层推进，体现教学安排结构化。教师还可以归类诗作进行比较阅读，如将《琵琶行（并序）》与已学的《孔雀东南飞》做比较，看同为叙事诗，文人创作和民歌作品的异同。总之，教师应灵活运用教材，变教文本为教课程。

教学建议三：鼓励自主建构（巧用意义空白，自主合作探究，尊重创意建构）

这三点是环环相扣、一脉相承的。如在教学《锦瑟》时，我就充分利用它主题多义性和模糊性的特点，不急于自己做填补式讲解，而是组织学生自主合作探究，把理解文本的机会还给学生，当学生富有创意地建构文本意义时，给予鼓励，面对多种建构结果，给予尊重。因为这正是新课标中所提倡的。

（二）评价建议

先来看一看新课标给予的评价建议：它特别强调评价学生对艺术形象的感悟、文本价值的理解，鼓励个性化阅读和创造性的解读。

基于课标的建议，我在教授唐诗时从内容、方式两大方面进行评价。

（1）评价内容：作品形象的把握、语言及表达技巧的鉴赏、思想内容和情感态度的理解。近几年高考中对古诗的质量检测占很大比重，如2011年江苏卷考查思想感情和表现手法，2012年天津卷考查形象的把握、2013年考查艺术特色。可见高考对古诗的评价内容是紧扣课标要求。

（2）评价方式：在教学中可以多种方式相结合。有朗诵比赛，评价情感；有研究报告，评价分析；还有诗剧表演，这种方式可评价多方面内容，从改编剧本到角色扮演，可评价学生对形象、情感的把握。而汇报演出的形式，也将教师评价和学生互评结合起来，台下的掌声是对学生最好的评价。当然，评价方式中还缺少不了传统测评。

这些方式正好就是对这三方面评价内容的一种检验。

（三）课程资源的开发与利用建议

新课标指出："语文课程资源包括课堂教学资源和课外学习资源"，并提出多种资源形式。在具体诗歌教学中，我是从三方面开发和利用课程资源的：

（1）书籍：包括教科书、工具书、教辅书刊。教科书可以视为最为重要的课程资源，因为学生从课堂走向自然、社会的起点就是语文教科书。

（2）多媒体：如播放相关纪录片《唐之韵》等都能为诗歌教学起到创设情境的作用。在这里特别要说一下网络空间共享，我可以和学生们借助网络空间，在一个页面中进行探讨，共同完成一个话题讨论，是一个高效的协作学习电子平台。

（3）其他活动：除了刚刚说的朗诵比赛、戏剧表演等活动，还有诗评分享会和吟诗作画。吟诗作画就是在学习《蜀道难》时，让学生发挥想象，画出诗中所描绘、心中所想象的蜀道，这些丰富多彩的活动，旨在激活学生的语文学习因子。

总之，利用和开发资源建议遵循三个原则：课内与课外结合、科内与科外结合、校内与校外结合。让一书一画都说话，让一举一动都育人，实现语文教学资源立体化。

总的来说，课标是根，教材是干，建议是充满灵性的叶子。让我们用教师的智慧，培植好这棵知识树，让它茁壮成长，荫庇后人。

2. 初中数学说教材课例

安阳市第六十六中的彭瑞霞老师，在全国第五届和谐杯说课标说教材大赛中获得初中数学组特等奖的好成绩。下面是彭老师演讲的人教版《数学》七年级下册第七章"平面直角坐标系"。

一、说课程标准

根据课程标准，我制定的本章课程目标如下。

知识技能方面：1. 体会有序数对可以表示物体的位置；2. 会画出平面直角坐标系，在给定的平面直角坐标系中，会根据坐标描出点的位置，会由点的位置写出它的坐标；3. 能建立适当的平面直角坐标系表示点的位置，能用坐标表示平移。

数学思考方面：1. 经历建立平面直角坐标系的过程，进而理解平面直角坐标系的意义；2. 通过分析具体特例得到特殊位置点的坐标特征以及有特殊位置关系点的坐标特征。

问题解决方面：1. 能建立适当的平面直角坐标系表示物体的位置，体会平面直角坐标系在解决实际问题中的作用；2. 通过研究平移与坐标的关系，体会数形结合思想。

情感态度方面：1. 让学生体会横轴、纵轴的关系，进而明白事物之间是相互联系的这一辩证思想，培养耐心细致的良好学习作风；2. 通过师生的共同活动，促使学生在学习活动中培养良好的情感、合作交流、主动参与的意识，在独立思考的同时能够认同他人。

初中数学课程内容分为"数与代数""空间与图形""统计与概率""实践与综合

应用"四个领域，我认为人教版《数学》七年级下册"平面直角坐标系"的课程标准是架起了数与形之间的桥梁，是数形结合的具体体现。

二、说教材

（一）本章的教材编写特点

1. 注意加强知识间的相互联系：平面直角坐标系是以数轴为基础的，两者之间存在着密切的联系。平面直角坐标系是由两条互相垂直、原点重合的数轴构成的，坐标平面内点的坐标是根据数轴上点的坐标定义的，平面内点与坐标的对应关系类似于数轴上点与坐标的对应关系等。这样通过加强平面直角坐标系与数轴的联系，可以帮助学生更好地理解点与坐标的对应关系，顺利地实现由一维到二维的过渡。

2. 突出数形结合的思想：无论是在数学领域还是在其他领域，平面直角坐标系都有着广泛的应用。在数学中，由于平面直角坐标系的引入，架起了数与形之间的桥梁，使得我们可以用几何的方法研究代数问题，又可以用代数的方法研究几何问题。本章中，利用坐标的方法研究平移的内容，从数的角度刻画平移，这样就用代数的方法对几何问题进行了研究，体现了平面直角坐标系在数学中的作用。通过本章的学习，让学生看到平面直角坐标系的引入，加强了数与形之间的联系，它是解决数学问题的一个强有力的工具。

3. 注重学生的认知规律：本章编写时改变了教科书从数学的角度引出坐标系的做法，而是仅仅围绕着确定物体的位置展开，也就是从实际需要引出坐标这个数学问题。然后展开对平面直角坐标系的研究，认识平面直角坐标系的有关概念和建立平面直角坐标系的方法，最后再利用平面坐标系解决生活中确定地理位置的问题，让学生经历由实际问题抽象出数学问题，通过对数学问题的研究解决实际问题的过程，也就是经历了一个由实践—理论—实践的认识过程。

4. 内容编写生动活泼：本章编写时注意结合本章内容的特点，将枯燥的数学问题赋予有趣的实际背景，使内容更符合学生的年龄特点，激发学生学习的兴趣。教科书第78页习题7.2第1题三架飞机P、Q、R保持编队飞行，实际上是三角形平移的问题。再如，让学生画出本学校的平面示意图，用坐标表示动画制作过程中小鸭子的位置变化，用坐标表示其他古树名木的位置等。

（二）本章的编写体例及目的

1. 章前图和引言引入本章内容，使学生了解本章内容的概貌，了解本章的主要思想方法和学习方法，可供学生预习用，也可作为教师导入新课的材料。

2. 正文中设置了"思考""探究""归纳"等栏目，栏目中以问题、留白或填空等形式引导学生通过观察、分析、交流等活动获取数学知识、积累学习经验。

3. 正文的边空设有"云朵"，"云朵"中是一些有助于理解正文的问题。本册书中有"小贴士"，介绍与正文内容相关的背景知识。

4. 适当安排了"阅读与思考""观察与猜想""实验与探究""信息技术应用"等选学栏目，为加深学生对相关内容的认识，扩大学生的知识面，运用现代信息技术手段学习等提供资源。

5. 本章安排了几个有一定综合性、实践性、开放性的"数学活动"，体现数学知识的综合应用，可供教师结合相关知识的教学或全章复习时选用。

6. 本章安排了"小结"，包括本章的知识结构图和对本章内容的回顾与思考。知识结构图体现了本章知识要点、发展脉络和相互联系；"回顾与思考"对本章主要内容及其反映的数学思想方法进行提炼与概括，并通过在重点、难点和关键环节上提出思考力度的具体问题，深化学生对本章核心内容及其反映的数学思想方法的理解。

7. 本章的习题分为练习、习题、复习题三类。练习供课上使用，有些练习是对所学内容的巩固，有些练习是相关内容的延伸；习题供课内或课外作业时选用；复习题供复习全章时选用。其中习题、复习题按照习题的功能分为"复习巩固""综合应用""拓广探索"三类。

（三）内容结构

通过阅读教参，我总结本章内容包括：有序数对的概念、平面直角坐标系的概念、由点写坐标、由坐标描点、坐标轴上点的坐标特征、象限内点的符号、点到坐标轴的距离、平行于坐标轴的点、象限角平分线上点的坐标特征及关于 X 轴、Y 轴、原点对称点的坐标特征。

本章有这样的逻辑结构：为了确定平面内点的位置，可以建立平面直角坐标系，将点的位置和坐标一一对应，这样就可以利用有序数对表示点的位置。正是由于平面直角坐标系能够建立点与坐标的一一对应关系，才使得数与形的问题相互转化成为可能。

（四）知识的立体式整合

1. 纵向整合：平面直角坐标系是数轴由一维向二维的过渡，同时它又是学习函数的基础，如一次函数、反比例函数、二次函数的图象及图象性质都是在平面直角坐标系中通过描点作图进行研究的。

2. 横向整合：本套教材较早安排平面直角坐标系内容，并且单独成一章是本套教材的特点，意在让学生初步感知数行结合思想。

3. 跨学科整合：本章还与《地理》七年级上册经纬网知识联系在一起，如安阳地理位置（北纬36度，东经114度）利用了有序数对与点的对应关系，是坐标与点一一对应思想的体现。

4. 情感价值整合：本章我用汶川地震激发学生的学习兴趣，引出有序数对，体会平面直角坐标系的应用价值，经历数形结合思想的认识过程，培养辩证认识事物的观点，从而实现了情感价值的整合。

三、说建议

（一）教学建议

1. 密切联系实际：本章编写的特点是由实际生活中确定物体的位置展开，因此在授课时要密切联系生活实际。如我在讲第1节有序数对时用雅安地震后中国消防队如何找到它的地理位置来引入新课。如在讲平面直角坐标系时，开场白是："同学们，你们知道蜘蛛结网吗？你认为蜘蛛结网会蕴含什么数学知识呢？有一位数学家他就是笛卡尔，他从蜘蛛结网发现了平面直角坐标系。"这样引课，立即调动了学生学习数学的兴趣。如在讲由点写坐标时，引入课堂小游戏：以王胜同学为原点，以他所在的横排为X轴，并取向右为正方向，以他所在的纵排为Y轴，并取向前为正方向，请你说出自己的坐标。让学生经历由实际问题抽象出数学问题，通过对数学问题的研究解决实际问题的过程。体现数学来源于生活服务于生活的思想。

2. 尊重学生的个体差异，满足多样化的学习需要：在教学中既要注意基础知识的教学，又要关注学生能力的拓广，内容设计要有梯度，培养学生一题多变、一题多解、多向思维的能力。如已知点的坐标说所在象限，鼓励学生修改坐标条件来确定象限。比如把数字换成字母，给出取值范围或者利用绝对值、相反数知识（一题多变）。再如求坐标平面内图形的面积，或直接计算，或进行割补，鼓励学生用多种方法解决问题。

3. 培养学生会看、会说、会画：本章是数形结合的一个强有力的工具，所以一定要让学生会看：在看中思考，在看中发现；会说：在说中完善，在说中明白；会画：在画中体会，在画中感悟。

4. 养成良好的学习习惯：习惯决定性格，性格决定命运。我的学生有良好的习惯：会预习，会红笔纠错，会保存活页练习，会写卷面分析。

5. 鼓励学生自主探索、合作交流：在本章第 7.2.2 小节中，教科书设置一个"探究"栏目，让学生探究将几个已知坐标的点上、下、左、右平移后得到新的点，各对应点之间的坐标有怎样的变化规律。这实际上是让学生经历一个由特殊到一般的归纳过程。对于这个规律的获得，教科书仅用了一个栏目、很少的篇幅。我们不妨放手给学生，让学生讨论、交流后归纳总结。

6. 充分利用多媒体资源：如讲平移时，用多媒体很直观明了。

（二）评价建议

教学评价是教师反思和改进教学的有效途径，我的评价方法是：

1. 恰当评价学生的基础知识与基本技能：基础知识与基础技能是我们教学中最基本的也是最本质的教学目标，可以通过课堂练习、作业反馈、单元测试考查学生对基本知识的掌握，可以通过变式训练、拓展提高、实际应用、问题转化进行能力评价。

2. 注重对学生数学学习过程的评价：在教学中要注意观察学生学习状态，学生是否和老师有眼神的交流，学生只有全神贯注于我的课堂，才能真正融入我的课堂。在日常的数学学习尤其是数学探索活动中，是否具有问题意识，是否善于发现和提出问题。在教学中还要关注举手发言的人数及次数，还要注意学生的数学语言的严谨性。还应关注学生是否积极主动参与数学学习活动，是否愿意和能够与同伴交流数学学习的体会，与他人合作探究数学问题等。

3. 评价的主体和方法要多样化：在评价中我们可以个人、小组、教师、家长评价相结合，口试、面试、笔试相结合。可以借助微型评语批改作业，如"你真棒，你简直是数学天才，你就是笛卡尔第二"。建立每位学生的数学评价档案。

（三）课程资源的开发和利用建议

1. 利用文本资源：如有效利用教科书、教师用书、课程标准、教学光盘、图书馆、手抄报等，主要是为了加深教师对于教学内容的理解。

2. 开发多媒体资源：我们可以利用学习数学的网站，多方面、多角度了解数学、学习数学。

3. 开发社会资源：在数学教学活动中，应当积极开发利用社会教育资源，如博物馆，了解数学发展史，使学生更加热爱数学。

3. 小学英语说教材课例

葛琳颖是天津市河东区二号桥小学的英语老师，她在全国第四届和谐杯小学英语说课标说教材大赛中获得特等奖的好成绩，下面是她演说五年级上册的英语教材。

一、说课标

基础教育阶段英语课程的总目标是培养学生的综合语言运用能力，那么它的形成建立在学生语言技能、语言知识、情感态度、学习策略、文化意识整体发展的基础上。英语课程标准将英语课程目标按照能力设定为九个级别，其中五、六年级要求达到二级目标。

二级目标的基本要求如下。

语言知识方面：能互致问候，交换有关个人、家庭和朋友的简单信息，并能就日常生活话题做简短叙述。

语言技能方面：能听懂、读懂简单的故事，表演小故事、小话剧，演唱简单的歌曲、歌谣。

情感态度方面：对各种英语学习活动有兴趣，能与同学积极配合和合作等。

学习策略方面：在学习中乐于参与、积极合作、主动请教，初步形成对英语的感知能力和学习习惯。

文化意识方面：乐于了解外国文化和习俗。

根据课程标准，本册教材的内容标准是：

语言知识方面，能听说认读 104 个单词，并通过介绍朋友、家庭、职业、物品的所属关系等几个话题，能了解并运用以 what 为引导的几种特殊疑问句，涉及指示代词 this，that 的一般疑问句。

学习这些语言知识，要求学生达到听、说、读、写、表演五个方面的技能。要求能听懂、读懂简单的对话，就各相关话题进行简单的交流；能演唱 27 首歌曲、歌谣，会做 14 个游戏，6 个小制作。

为了达到这些技能，需要学生形成一定的学习策略，即利用图片了解会话含义；能够制订简单的学习计划；与他人很好地合作学习；并在课堂中锻炼自控能力。

在价值情感方面，能够提高对英语学习的乐趣；正确认识相关职业，形成初步的职业理想；培养学生热爱家庭、善待家人的好品质。

同时，还要培养学生良好的文化意识，知道主要英语国家的国旗和地理位置；在学习和日常交际中，能初步注意到中外文化的异同。

二、说教材

（一）教材的编写特点

通过全面研读教材，我认为新版小学英语教材继承了原教材"功能—结构"相结合的编写思路，并将其扩展为"话题—功能—结构—任务"。即以话题为纲，以交际功能为主线，融合语言结构，逐步引导学生运用英语完成有实际目的的任务。这与 PEP 小学英语的编写宗旨十分相似。但本套教材保留 PEP 小学英语特点外，又在以下几个主要方面有了创新。

1. 引入项目制作，实现任务型教学

引入项目制作是本套教材的主要特色。国外研究表明，项目制作具有培养学生收集资料的能力，培养学生应用知识的能力，培养学生与人合作的能力等作用。为此，本教材在每个复习单元均设计了项目制作。如第一个复习单元中让学生根据所学的家庭职业等内容制作著名的科学家居里夫人的生平卡。学生在完成项目的过程中，自然而然地掌握了相关的语言知识和技能。

2. 强调语言真实自然，培养学生表达真实感受的能力

当前，许多中小学教材越来越重视语言的实际运用，但在如何引导学生真实自然地运用语言上不够理想。本套教材以"语言真实与自然运用"为基本原则。首先在话题的选择上，贴近小学生日常生活中最感兴趣的话题；在词汇的选择上，参照了语料库的研究成果；在语言的选择上，不拘泥于千篇一律的套话，选用真实自然的语言。如在介绍问候语"How are you?"的时候，答语中并没有仅仅停留在 Fine, thank you 上，而是根据实际，另外增加了 Good, Not very good, Not too bad 等答语。

此外，在场景设置和活动设计中，我们也选择了学校、家庭、公园等熟悉或感兴趣的地方，保证了真实性和实用性。

3. 重视双向交流，增强文化意识

根据小学生的年龄特点和认知发展水平，教材选编了一些既与日常生活密切相关，又与教学内容同步的中西方文化知识。例如本册 Fun Time 1 中，结合所学的教学内容介绍中国、新加坡、澳大利亚、日本等国家的儿童节。在 Fun Time 2 中，又向同学们介绍了中西方饮食文化，以拓宽学生的文化视野，增强他们的文化意识。

（二）教材的编写体例

教材的内容包括三大部分：六个学习单元、两个复习单元和两个分别以单元顺序和字母顺序编排的词汇表。

每个单元第 1~6 课为新课，第 7 课为复习小故事；每个复习单元又由 Part 1、Part 2、Part 3 三部分组成。

为了体现教材的实用性和可操作性，本教材是按单元来组织教材的，采用"教案式"的编排体例，这与外研社版小学英语教材按模块组织教材，采用递进式编排体例有些不同。

每单元的单课为本单元的基本词汇和语言结构，与外研社版的每个模块的 Unit 1 相通；双课是在单课基础上的知识的扩展和综合运用，与外研社版的 Unit 2 相通；同时两套教材也都采用了任务型语言教学模式，通过会话、词汇、游戏、歌曲、歌谣、表演等任务训练培养学生的综合语言运用能力。

（三）教材内容结构

本教材共由六个学习单元构成。

第一单元以朋友为话题介绍自己或他人的基本情况，通过学习要求学生能描述朋友外貌特征和个性特点。

第二单元能够描述他人外貌特征和个性特点，并就朋友的爱好和所喜欢的活动进行问答。

第三单元以职业为话题，能向别人介绍家人和父母的职业，能正确询问他人职业，并对别人的询问做出回答。

第四单元能够向他人介绍家人朋友的职业、工作地点，能简要表述对他人的情感。

第五单元以身边的物品为话题能够询问和回答物品的归属关系，初步了解行物代词和名物代词的用法。

第六单元能够在具体情境中了解并表达物品的所属关系，并掌握以指示代词为引导的疑问句的问答。

（四）知识和技能的立体整合

1. 横向整合

通过对以上内容结构的分析，为了更好地把握教材，我对教材内容做了以下横向整合。

总括本教材主要涉及两大方面的话题：第一至第四单元，介绍家人和朋友的基本信息，这四个单元围绕家人、朋友的国家、外貌和个性、喜好、职业和日常活动等，教育学生热爱生活，关心他人，培养学生形成良好的职业理想。由简单到复杂，逐渐递进，紧密相连。

第五和第六单元，围绕询问文具、玩具、日常用品的所属关系，培养学生们细致的观察力。

句型方面，在本册教材中的横向整合为，通过话题的呈现，第四至第六单元，主要是以一般疑问句的句型来引导。但是一般疑问句的句型并不是只有在本册教材中体现横向整合，在一、二级学段中也能体现出纵向整合。

2. 纵向整合

此句型作为重点句型来呈现最早是在三年级下册第六单元，五年级上册第五单元，下册第三单元，这三个单元主要呈现的是以 be 动词为引导的一般疑问句，六年级上册第四单元和下册第四单元主要呈现的是以情态动词为引导的一般疑问句。前者起到了铺垫的作用。由 be 动词到情态动词的转变，在内容上体现出承前启后、紧密相连的逻辑关系。

三、说建议

（一）教学建议

根据国家课程标准对英语教学建议的要求，我们在英语教学中要面向全体学生，注重共同基础；实施分层教学，发展学生个性；常设良好语境，营造英语氛围；教学方法灵活多样，充分调动学生兴趣；采用任务型教学，调动学生学习动力；注重效果反馈，及时发现问题，解决问题。

根据对课程标准中教学建议部分的解读，下面谈几点我的具体建议。

1. 结合实际教学需要，创造性地使用教材

教材是实现教学目标的重要材料和手段。根据我校学生学习的需求，我经常适当地扩展教学内容，比如在讲授第三单元询问 "What's your job?" 职业的句型时，学生

对此大部分已经掌握，为此，我将此句型扩展为三种，从而满足了学生的需求。

2. 运用课外活动，培养学生的学习兴趣

知之者不如好之者，好之者不如乐之者。英语短剧组是我校传统的兴趣小组。我利用这个优势，排练了多个英语短剧，其中有的短剧获得了河东区文艺展演一等奖，而这大大地激发了学生们学习英语的兴趣。

3. 加强策略指导，培养学生自主学习能力

作为一名教师，无论教什么学科，不仅要教学生知识，更要培养学生学会学习的能力，因而发展学习策略十分重要。例如在词汇教学方面，利用思维导图，通过对比、联想归类法记忆单词。例如在黑板上画了一个鸡蛋的简笔画，通过对此简笔画的不断变化，又引出其他的单词，egg—orange—apple—apple tree，逐步培养学生良好的学习能力。

4. 注重语言实践，培养学生语言运用能力

语言学习的最终目的是培养学生的综合语言运用的能力。所以我让学生付诸行动，手口并用。例如进行英语演讲比赛，办英文手抄报，培养他们的语言运用能力。

（二）评价建议

科学的评价体系是实现英语课程目标的重要保障。而评价应关注学生在学习过程中语言知识、语言技能、学习策略、文化意识、情感态度方面的变化。教学中我从以下几个方面展开评价。

1. 定量与定性评价相结合

我主张在实施教学的过程中，充分发动学生、家长、教师共同参与评价，实现评价主体的多元化。在进行项目制作等任务时，学生先进行自学，然后小组进行任务的完成，之后结合整体的学习过程中"认真操作、积极讨论、得出结论和大胆汇报"几个方面按 A、B、C 三个等级进行自评、互评、小组评，每月统计一次，再进行期末总评。这既体现了定量的评价，也体现了定性的评价。

2. 评比与评语相结合

根据学生的作业完成情况，和每次测评的结果分为优、良、合格三个方面进行评比。同时站在学生的角度，写上激励性的语言。学生如果通过努力做对试题，我就对他进行二次评价。这种延迟评价能让学生看到自己的进步，从而产生学习动力。

（三）课程资源的开发与利用建议

身边处处有资源。新课标指出：合理地开发和积极地利用课程资源是有效实施英语课程的重要保证。那么，如何多渠道地开发和利用英语课程资源？我打算从以下几个方面进行：

利用学校资源。学生们在图书馆、阅览室、书吧等地方进行阅读，为学生提供学习英语的氛围。

利用现代化设备。每天中午广播时间，我校校园广播都会为学生播放课文录音和英语歌曲，使他们接受原汁原味的语音输入。

充分利用班级图书角，拓宽学生学习英语的渠道。

利用电视网络资源。例如在讲授第四单元有关家庭为主题的知识时，我要求学生们注意观看央视的一个有关家庭的公益广告，这正是培养他们良好的情感态度的一种有效的方式。

开发和利用社会资源，让学生发现生活中的英语，如在生活中经常看到的标志、广告用语。

字母是跳动的音符，英语是神奇的学科。作为一名教师，当我们把教学当作一种追求潜心研究时，我们会伴着优美的旋律与孩子们共同享受艺术般的快乐！

4. 幼儿园说教材案例

山东省临朐县实验幼儿园的张兴升老师是位男教师，但他很热爱幼教工作，2013 年 9 月获得国培计划优秀学员称号，2014 年 4 月获得全国第五届和谐杯幼儿园说指南说教材大赛特等奖。下面是他参加大赛的演讲稿。

　　我研说的是明天版《山东省幼儿园课程指导教师用书·中班·下册》艺术领域中的美术活动,我将从指南、教材、建议三个方面来进行研说。

　　一、说指南

　　指南从感受与欣赏、表现与创造两个角度阐述了幼儿艺术领域的学习。其中,感受与欣赏包括:喜欢自然界与生活中美的事物;喜欢欣赏多种多样的艺术形式和作品。要求4~5岁的幼儿能在欣赏自然界和生活环境中美的事物时,关注其色彩、形态等特征;能够观看自己喜欢的文艺演出或艺术品,有模仿和参与的愿望;欣赏艺术作品时会产生相应的联想和情绪反应。

　　表现与创造包括:喜欢进行艺术活动并大胆表现;具有初步的表现与创造能力。对4~5岁幼儿的要求是:经常会用绘画、捏泥、手工制作等多种方式表现自己的所见所想;能运用绘画、手工制作等表现自己的观察或想象的事物。

　　我们应从幼儿的兴趣出发,培养其发现美、欣赏美、创造美、表现美的能力。

　　指南中多次强调发现、欣赏、关注、鼓励等字眼,我们在对幼儿进行美术活动指导时,要给予幼儿来自身心的体验,在中班下册教学活动“创意花瓶”中,首先引导幼儿观察,激发活动兴趣,以此发现美、创造美;然后运用多种材料创造性地装饰瓶子;向同伴介绍自己的创意,分享成功的喜悦,幼儿的自豪感跃然脸上。就是这样一节普通的手工课,一个个制作粗糙、不那么完美的瓶子,却是幼儿对美最直观的表达。

　　二、说教材

　　(一)教材编写的特点

　　本册教材在编写上,有以下几个主要特点。

　　1. 活动内容联系生活、表现生活

　　教材充分考虑幼儿身心发展规律,注意从幼儿生活经验出发设计活动。在教学活动“家务小助手”中,幼儿体验做家务的辛劳、体会妈妈的辛苦。激发幼儿帮助妈妈设计机器人减轻家务劳动的愿望,活动融教育于生活,还原于生活。

　　2. 注重体验,支持幼儿动手动脑

　　新教材中尽量为幼儿创造实践、动手的机会,鼓励幼儿自主探索,做到“孩子能做的事就让他自己做,孩子能想的事就让他自己想”,改变了以往传统教育中“教师讲,幼儿听,教师演示,幼儿模仿”的模式。

3. 以人为本的课程观

新教材在编写上把幼儿和教师都放到主体地位，教材充分考虑幼儿的活动方式与特点，把环境当作重要的教育资源，注重科学、合理地安排和组织一日生活，认同教师的再创造过程，注重家园联系。与 2008 年版相比评价体系更加完善、活动安排更有计划。

在选择内容时，关注幼儿的现实生活、地域文化、社会资源、重大节日、气候条件等，同时又要关注幼儿的身心特点与需求、学习兴趣与经验状况，努力使课程内容具有丰富性、时代性、趣味性和适宜性，充分体现了以人文本的课程理念。

（二）教材的编写体例及目的

本书的编写包括序言、年龄段关键经验、主题目录、主题、后记五部分。

1. 序言

让我们对本课程的定位、构架及实施有了深刻了解。

2. 年龄段关键经验

清晰直观明了地知道 4～5 岁幼儿各领域的学习目标。

3. 主题目录

形象直观地展示了本册教材包含六个主题，每个主题分为三个次主题。

4. 主题

主题是本册教材的核心，其中又分为主题导引、网络图、次主题。

（1）主题导引对本主题的设计意图、主要目标进行了简单的阐述，对教师在活动过程中应采用的方式方法及注意的问题提出了合理的建议。

（2）网络图以图表的形式直观地呈现了本主题中的三个次主题与幼儿的主要活动内容的联系。

（3）次主题包括了基本教育教学建议表、环境创设、生活活动、家园联系、教学活动和区域活动六个方面。

（4）幼儿学习与发展评价与分析参考表对本主题幼儿的五大领域学习与发展进行评价和分析，直观清晰地了解幼儿对本主题内容的掌握情况。

（5）教师教学与幼儿活动资源表是对幼儿学习资源和教师教学资源的统计，节约教师备课时间，提高活动质量。

5. 后记

记录了写作的过程和评价内容。

课程的编写体例有利于教师准确地把握教材的整体结构及教材内容的实施。

（三）教材的内容结构

中班下册的美术活动分为绘画、手工和美术欣赏三部分。

在本册教材中，绘画方面："画春天""画六一""家乡的水果"等；区域活动："巧手粉刷""有趣的吹画""荷花和青蛙"等。其内容不仅与季节、幼儿生活相联系，而且丰富多彩、不失趣味。在活动中注重同伴间的交流创作，培养幼儿的合作意识。

有关手工的教学活动："创意画瓶""有趣的塑料袋""纸条变变变""蜻蜓"等；区域活动："花门帘""纸杯花""报纸时装秀""泥塑玩具"等。手工活动充分发挥了幼儿的创造力和想象力，使幼儿的思维变得敏捷、流畅，独创性明显提高，创造潜能和想象力得到了有效开发。

有关美术欣赏的教学活动："鸟儿乐园"；区域活动："孔子的家乡"。让幼儿在活动中感受美、欣赏美。

以上各环节紧密联系，成为完成领域教学不可或缺的重要组成部分，从情感、态度、能力、知识、技能等方面促进幼儿的全面发展。

（四）立体式整合

我将以美术活动中的线条画为例来说一下知识、习惯、能力的纵向整合：小班绘画活动"爸爸的胡子"让幼儿能够用短线或涂色的方式表现爸爸的胡子，活动结束后能在教师的提醒帮助下收拾材料；中班绘画活动"家务小助手"让幼儿能大胆地运用点、线、面、色彩来装饰和表现机器人的外形特征，活动结束后能简单地收拾材料；大班绘画活动"线条的旅行"让幼儿尝试根据音乐的速度和旋律，用连续不断、流畅的线条创作带有一定情景的图画，活动后能自主收拾材料。

我们很容易看出三个年龄段的内容安排和要求是逐步提高、层层递进的。教育活动"纸条变变变"让幼儿合作体验用纸条创作的乐趣，学习用各种颜色的纸条制作水果、动物等有趣图案，能尝试根据作品内容仿编儿歌，发展了小肌肉动作，体现了艺术与社会、科学、语言、健康领域的整合。

三、说建议

（一）教育建议

1. 指南中的教育建议

指南中感受与欣赏方面的建议：和幼儿一起感受、发现和欣赏自然环境和人文景观中美的事物；和幼儿一起发现美的事物的特征，感受和欣赏美。创造条件让幼儿接触多种艺术形式和作品；尊重幼儿的兴趣和独特感受，理解他们欣赏时的行为。

表现与创造方面的建议：创造机会和条件，支持幼儿自发的艺术表现和创造；营造安全的心理氛围，让幼儿敢于并乐于表达、表现；尊重幼儿自发的表现与创造，并给予适当的指导。

2. 我的具体建议

教育活动的组织和实施过程是教师创造性地开展工作的过程，结合美术教学活动，从以下几方面来谈一谈我的教育建议。

（1）培养兴趣，发现生活中的美是进行美术活动的前提

幼儿对美术活动的爱好与探求，往往是从兴趣开始的。如在进行"鸟儿乐园"课程实施时，先让幼儿倾听鸟叫声，感受鸟儿的快乐，这一过程激发了幼儿的学习兴趣；接下来欣赏吴冠中的国画作品"小鸟天堂"，幼儿在感受墨色浓淡变化及鸟与林和谐美的同时，产生了浓厚的创作欲望，也就自然过渡到了下一阶段的绘画。

（2）创设具有支持性的环境

宽松的心理环境是幼儿专注于美术创作的前提。如在教学活动"画春天"中张晋豪小朋友在纸上画了一条曲线和一个圆，见他没有继续画下去，我便蹲下来问他为什么。他说："曲线是春天的小河，圆形是小朋友开心的笑脸。"我在表扬其创意的同时鼓励他继续完善自己的作品。在这一过程中，幼儿在感受、创造美的同时树立了自信心。

在"春天来了"主题中幼儿园内外营造自然的美术环境，优美的环境传递给幼儿各种信息和刺激。这些优美的环境不仅包含着丰富的美术知识，发展了幼儿的空间感觉，同样使幼儿随时随地都能观察欣赏。

在教学活动"给朋友打电话"中运用游戏情境——电话商店来感染和调动幼儿。如导购员、设计师、顾客等角色都是幼儿喜欢的，而创设宽松、有趣的电话商店情景，更易于幼儿把自己所思所想表达出来。

（3）充足的材料是进行美术活动的保障

美术教育活动是实际的操作活动，多种多样的工具和材料可以直接刺激幼儿的创作欲望。在室内，我们为幼儿创设了手工坊、绘画区、泥塑坊。提供叶子、泥巴、石子、种子、废旧物品等让他们按照自己的兴趣随意表现，给幼儿提供集体作画的磁砖墙、水泥墙、黑板或大张画纸，利于室外作画的小画板、小画夹。儿童自己选择材料、工具，用不同的材料进行粘贴、造型，充分满足了幼儿创造表现的愿望，充足的材料让美术活动更加趣味、多彩。

（4）运用多种形式开展教学

对于喜好新鲜事物的幼儿来说，采用灵活多变的教学方法能更好地激起他们对美术活动的兴趣和热爱。

①作品赏析法。引导幼儿多欣赏一些中外名家作品和儿童优秀美术作品。在区域活动"孔子的家乡"中，教师要善于引导幼儿观察孔子的图像，了解孔子的故事，观察孔庙的大成殿，感知大成殿的建筑风格。使他们在获得艺术"营养"的同时，提高观察力，挖掘创造力，为粘贴活动奠定基础。

②观察分析法。美术活动是视觉艺术活动，离不开观察。引导幼儿观察时，首先是启发幼儿对生活及事物的热爱。在教学活动"画春天"前，引导幼儿观察春天景物变化，引导幼儿想一想、说一说，春天是什么颜色的？春天会藏在哪里？鼓励幼儿大胆地把看到、想到的说出来，再画出来，如"春天在小朋友红色的裙子里，春天是红色的，春天在小蝴蝶绿色的翅膀里，春天是绿色的""春天在风筝的线里，在太阳的微笑里，春天呀，是五颜六色的"，最后装订成诗歌绘本——《春天在哪里》。孩子们感受不同，创造的符号也千差万别，使其作品成为充满个性、栩栩如生的真正意义的"儿童画"。

③过程指导法。在幼儿进行美术活动时，教师既不能无目的地巡视，也不能过多地询问干扰幼儿的原有思路。老师要做到因人而导、因需而导。如对自信心不足、不敢下笔的孩子，可以采取手把手或在纸上示意，帮他迈出"万事开头难"的第一步。在小朋友不知道如何继续丰富画面时，老师理解并引导其丰富画面，帮他添上关键的几笔，起到扩展、丰富其画面的作用。

（二）评价建议

评价是孩子们学习他人长处提高自己的一个平台，好的评价能提高教学质量、促进每个孩子的发展。在美术活动的实施中，我主要选用了以下几种评价方法。

1. 树立正确的艺术活动评价观

在进行"创意花瓶"活动时，我们班的一个小朋友没有去创造性地装饰花瓶，而是在瓶子上方插上了花，我问她为什么，她说："这个瓶子本来就很好看，我想用它装鲜花。"她还对我说瓶子和鲜花是天生一对！我们在美术活动中对幼儿的评价所追求的不应是美术技能的高低，给幼儿的作品下一个结论，而要更多地体现对幼儿的关注和关怀，对幼儿艺术天性的保护，使其建立自信心。

2. 用赏识的眼光评价幼儿

美工区"巧手粉刷"是音乐活动"小小粉刷匠"的延伸，孩子们用大小不同的纸盒、刷子，戴上围裙、套袖开始了他们的创作，在我们看来不过是灰色背景上的一个个黄色正方形规则地排成了竖线，就是这些竖线孩子却赋予了它们优美的诗意："张老师，看，天黑了，家家都点亮了灯，等爸爸妈妈和小朋友回家呢。"这句话暖暖的，孩子们通过活动能体会对家人的爱，我用赞赏的眼光给他们一个大大的拥抱，最后我们一起给作品起名叫："万家灯火！"

3. 注重纵向评价幼儿，激励幼儿自身发展

评过程比评结果更为重要，用欣赏的态度纵向评价幼儿的发展，对幼儿的进步加以鼓励。建立幼儿成长档案用不同时段的美术图片、作品帮助幼儿了解自己，表现自己。

（三）课程资源的开发和利用建议

资源是课程实施的重要保障。

1. 利用自然资源，玩出创意

陈鹤琴先生指出："大自然、大社会都是活教材。"农村蕴藏着丰富的自然资源。例如，小蝌蚪变青蛙、油菜变花为籽、桃树从开花到结果等自然现象随处可见，泥土、落叶、石子、蔬菜、种子等可用于操作的材料更是随手可得，幼儿对这些自然现象、材料有着天然的亲和力。如教学活动"家乡的水果"中，孩子们不仅知道了家乡水果的名称、特征等，还通过观察了解了用泥工、粘贴画、拓印画等不同的形式表现形状、颜色及遮挡关系，在活动中激发了幼儿创作灵感，开阔了眼界。

2. 利用社区及周边地区，玩出自由

我们潍坊是有名的"鸢都"，家乡临朐更是有"书画之乡"的美誉。在进行主题活动"风筝"教学前，孩子们在家长的带领下到户外看风筝，放风筝，到社区附近的书店、网络上查阅相关信息，了解潍坊风筝的背景、文化、制作工艺等，活动中幼儿各抒己见、畅所欲言。同样在主题活动"画春天"中，孩子们到朐山公园附近写生，用笔表现春天的景物，用丰富的色彩表达对春天的感受。绘画过程中幼儿的积极性提高了，在认知、欣赏、表现等方面都有了新的飞跃。

3. 利用家长资源，变废为宝

家长是幼儿园重要的合作伙伴，在"给朋友打电话""有趣的塑料袋""蜻蜓"等手工活动中，利用飞信、QQ、家园桥等请家长将废旧纸杯、塑料袋、报纸带来幼儿园。经过孩子们的创造、加工，通过网站、作品展示台将活动内容直观展现给家长。家园密切合作不仅让手工材料变废为宝，还让幼儿知道了废旧物品可回收利用，了解了保护环境的重要性，一件件艺术品让孩子们感受到了美术活动带来的快乐。

放下架子，蹲下身子，来聆听孩子们内心的世界，就会知道每一根线条、每一种色彩的意义；观察思考，揣摩理解，就会发现他们的作品单纯、真实、自然质朴。强烈的色彩，大胆的构图，奇特的想象，描绘着他们自己心中的那一方神圣与美丽的画卷！

二、指导中小学教师开展新型的"说课"活动

通过几年的"说课标说教材"活动，实验学校的老师们对中小学的课程标准和教材从宏观和中观层面上有了较好的把握，但如何把课程标准的要求落实到每节课上，单是靠"说课标说教材"还做不到这一点。于是我探索了新的"八说说课"模式，从微观层面把"说课标说教材"的成果落实到课堂，这样从宏观（如说一个学段的教材）到中观（如说一册或一个单元的教材）到微观（说一节课），就把课程标准的要求层层落实到了课堂上。"说课"与"说教材"相比还有一个最大的不同，

"说教材"只是原则性地提出一些教学的建议，而"说课"必须具体到对一节课的教学设计，所以更为具体，更具操作性和综合性。"说课"更能体现教师本人的教学思想和教学模式。

新的"说课"模式分为课前"七说"和课后"八说"。课前"七说"（不上课）包括：说教材（教材分析）、说学情（学情分析）、说模式（教学模式）、说设计（教学设计）、说板书（板书设计）、说评价（课堂评价）、说开发（课程资源开发）。如果上了一节课再说课就要增加"说得失"，就是"八说"了。课前"七说"老师没有上课，只是谈自己对课程标准和教材的理解，谈对一节课的教学设计，还是一种预案和设想，还没有经过课堂教学的检验，所以不存在"得与失"的问题。另外课前"七说"对于"教学设计"要说得具体一些，以便让别人了解一节课你是怎么设计的。课后"八说"，因为别人已经听了你的课，知道了你的具体做法，所以对于教学设计中"怎么做的"不用太详细，重点谈设计意图，让别人知道你为什么这么做，这也是课前说课与课后说课的不同。

新的"说课"活动开展得比较晚，从2013年才开始举办全国第一届"七说"和谐杯说课大赛。2013年3月30—31日，我们在山东省诸城市实验小学举办了全国首届小学和谐杯"七说"说课大赛，来自全国十几个省、市、自治区的700多名代表参加了会议。2013年4月27—28日，我们在天津市南开大学附属中学召开了全国首届初高中和谐杯"七说"说课大赛，来自全国十几个省、市、自治区的近千人参加了会议。2014年10月25—26日，我们在山东省诸城市实验小学召开了全国第二届小学和谐杯"七说"说课大赛。2014年11月1—2日我们在北京师范大学天津附属中学召开全国第二届初高中和谐杯"七说"说课大赛。我们就是通过一年一届的比赛，在全国推广这项活动。而在平时的教研活动中，我们实验学校的老师在上完一节研讨课后都要进行"八说"的说课。

（一）说课的评价标准

下面是我设计的课前"七说"的说课评价表，从中可以看出对"说课"的具体要求。因为"说课"比赛也是一种演讲活动，所以对于演讲和课件的制作都有要求。

"七说"说课（说一个课时）评价表

说课人姓名：　　　单位：　　　学科：　　　课题：　　　时间：

项目	评价点	A	B	C	得分
		分值（可精确到0.5分）			
一、教材分析（15分）	1. 能从一个单元（章）的高度来分析本节教材或课文；有些内容如果能跨单元从知识的立体整合角度分析更好。分析合理深刻，符合编者的意图。	5	4	3	
	2. 力所能及地渗透课程标准对本部分的要求。针对性强，不空洞。	3	2	1	
	3. 对本篇课文或本节教材的理解和分析全面、深刻、到位，符合编者和作者的意图。	7	6	5	
二、学情分析（10分）	1. 分析学生在学习本部分知识之前与之相关的已有知识基础。最好能具体说明在前边哪一册哪一章与本部分知识相关。	6	5	4	
	2. 说明学生与学习本部分知识相关的生活经验。	4	3	2	
三、教学模式（10分）	1. 本校或本人本门学科本种课型的基本教学模式（如语文阅读课新授课的教学模式、数学复习课教学模式等，要具体到教学环节，教学环节的表述要规范）。	5	4	3	
	2. 说明实施本种教学模式的基本理念、原则或策略等。	5	4	3	
四、教学设计（25分）	1. 根据以上教材分析、学情分析、教学模式，本节课设计了几个教学环节。先完整呈现本节课的教学环节和时间预设，再结合上课的课件逐一说明每个环节的具体做法。	15	13	11	
	2. 每个环节或步骤的设计意图也要设计到课件中。设计意图与目的要明确而合理。	10	8	7	
五、板书设计（5分）	本节课的板书设计要科学美观，设计意图要明确合理。体育外堂课没有板书设计，要有"场地设计"。	5	4	3	
六、课堂评价（5分）	依据课程标准的要求，本节课如何对学生进行评价，评价内容与方法要具体合理。	5	4	3	
七、资源开发（5分）	1. 结合本节课的内容开发哪些课程资源。要具体说明在哪个环节运用开发。开发和运用要合理。	3	2	1	
	2. 说明开发课程资源的意图和目的。	2	1	0.5	
八、演讲效果（10分）	1. 要脱稿演讲。	5	4	3	
	2. 语言教态要有表情、有感情、有激情，适当得体。	5	4	3	

续前表

项目	评价点	分值（可精确到0.5分）			得分
		A	B	C	
九、课件制作（10分）	1. PPT课件制作要清晰、大方、美观。	5	4	3	
	2. 课件中要有知识树并合理清晰。	3	2	1	
	3. 课件要有封面并清晰、全面、美观（包括课题、单位、姓名、所用教材版本的封面）	2	1	0.5	
十、时间要求（5分）	每人最多说15分钟，但不能少于13分钟。	5	4	3	

评价人：　　　　　　　　　　　　　　　　合计：

下面，我将通过一些参赛老师的体会来看一下如何理解新的说课模式。或许他们的体会更为深刻。

全国首届和谐杯"七说"说课比赛参赛感悟

山东省临朐县五井镇嵩山小学　王晓玲

2013年3月，在走上讲台的第二个年头，我非常荣幸地参加了全国首届和谐杯"七说"说课大赛，并荣获了美术组一等奖。通过这次说课比赛，我收获到了许多，同时也对说课有了深入的认识。

一、什么是说课

因为这是我第一次接触说课，所以在初赛时认真学习了说课评价表（供初赛参考），首先弄明白了什么是说课，说课要说什么。说课是教师在备课的基础上，用口头语言讲解某一课题的教学设想及其依据的一种教研活动，是教师要阐明"教什么""学什么""怎样教""怎样学"和"为什么这么教"的理论依据，要把每一个教学设计背后的教育理念和教学理论挖掘出来，是教师素质、功底及展示能力的综合体现。此次比赛采用的是王敏勤教授设计的"七说"说课模式，即说教材分析、学情分析、教学模式、教学设计、板书设计、课堂评价、资源开发。说课时要严格按照说课的标准来准备说课课件与说课稿，说课环节要齐全，并要仔细体悟每条细则，认真研究，吃透要点，有的放矢。

二、说课稿设计

在网上有许多优秀说课稿，我们可以借鉴学习。但我认为，说课过程中的每一个细节终究需要自己来设计，每个环节都应渗透新课标要求及评价标准要求，同时应更侧重在教学环节的设计上下足功夫，教学设计是说课的灵魂与关键，所以我们一定要精心设计教学过程，但也切忌面面俱到，应侧重说清如何解决重点，如何突破难点，并要标明每个环节的预设时间与设计意图。反复琢磨、修改，完成初稿之后可以请同学科老师和领导指导、修改，自己再反复琢磨、修改。

三、说课课件设计

首先，课件的制作一定要清晰、大方、美观，与说课稿相对应，切忌华而不实。其次，课件制作要有知识树，且要多用知识树来呈现说课内容，使课件流程条理、清晰。同时，可插入丰富的图片与音乐来充实课件内容，许多参赛的优秀作品中都运用了与学生、生活、课程内容息息相关的图片与音乐，让课件展示丰富多彩。最后，课件的制作要有封面，标明课题、单位、姓名及所用教材版本的封面。同时，说课要与课件播放同步进行，尽量熟练背诵说课内容，以便更好地与课件播放相融合。

四、说课的细节

比赛中，我有幸认识了许多资深的前辈、优秀的同人以及与我一样刚刚参加工作的青年教师。他们身上散发着的进取精神与蓬勃朝气深深地感染着我，使我觉得不枉此行。比赛结束后，我总结出了自己的优点与不足。下面简单阐述自己的观点——说课应注意的细节，如有不当之处，敬请批评指正。

1. 衣着得当，不一定要非常隆重，但要简洁大方，精神干练，最好能穿正装，努力展现一名教师所应具备的精气神儿。

2. 既然是说课，说的成分很重要。一个人的语言表达能力在很大程度上决定着说课的成败。所以说课时要自信、声音洪亮、抑扬顿挫、富有激情和个性。最好能说得神采飞扬，用生动、激情的语言感染评委。同时要注意扬长避短，体现个性。语速不宜过快，要让评委听得清楚。

3. 说课开始与结束时鞠躬问好，如果能用一个好的开始引入课题而非直入主题，就更好了。说课时要昂首挺胸、步履轻盈，充满自信与活力，言谈举止落落大方。同时，擅长书法的教师可将整体框架进行板书，这样既能使评委思路清晰，又能增加对你的印象分。擅长绘画的教师可将简笔画运用到板书设计中，既丰富板书内容，又增添了趣味性。

4. 说课中各个环节的衔接、过渡要自然，设计好各个环节之间的衔接语。尽量不要低头看稿或不敢正视评委，要放松心态、时刻保持微笑，用微笑打动评委。要与每一位评委保持目光交流，以自信、真诚的目光给评委留下好的印象。

5. 熟练掌握说课稿与说课课件，必须全部熟练地背诵下来。说课稿与课件播放要同步，如果实在不记得了，看看投影仪也没有很大关系，但重要的是要从容不迫，让人觉得你很自然。精心的设计加上熟练的说课稿一定会让你有满意的收获。

（二）"七说"与"八说"的课例

1. 高中数学说课课例

天津市南开大学附属中学胡一娜老师在全国首届和谐杯"七说"说课大赛中做大会展示，她说的课题是：人教社 A 版《数学》选修 2－2 "函数的单调性与导数"第一课时。下面是她的演讲稿。

一、说教材

高中数学课程内容包括五本必修和四个系列选修教材，"函数的单调性与导数"选自选修 2－2 第一章"导数及其应用"，是第三节"导数在研究函数中的应用"的第一节课。考虑到学生的接受能力，本节课分两课时完成，本次说课内容为第一课时。

背景：

函数是中学数学的主线之一，贯穿整个中学数学的始终。中学生学习函数分为三个阶段：第一阶段是初中学习正比例函数、反比例函数、一次函数、二次函数，从图形上直观感知单调性；第二阶段是高一学习的函数的概念及幂、指、对函数，用单调性定义来研究函数单调性；本章导数是第三阶段，用导数性质研究函数单调性。导数是微积分的核心概念之一，是高中数学新教材新增知识，利用导数研究函数性质有独到之处，体现了现代数学思想，是初等数学与高等数学的衔接点。导数是解决数学问题和物理问题的重要工具，是高中数学的重要内容。

地位和作用：

1. 本节内容属于导数的应用，是本章的重点，学生在学习了导数的概念、几何意义、基本函数的导数、导数的四则运算的基础上学习本节内容。学好它既可加深对导数的理解，又为研究函数的极值和最值打好基础，具有承前启后的重要作用。

2. 本节内容既是函数内容的深化，帮助学生进一步理解函数，又是后继课研究极值、最值的基础，具有非常高的实用价值。研究过程蕴含了数形结合、分类讨论、归纳推理、演绎推理等数学思想方法，培养学生应用导数解决问题的意识。

基于上述分析，本课时的教学目标为：

1. 知识与技能：会利用导数判断函数的单调性并会求函数的单调区间。

2. 过程与方法：让学生通过合作交流探索出函数单调性与导数的关系，梳理出利用导数求函数单调区间的一般步骤。

3. 情感态度与价值观：通过情境和问题激发学生的兴趣，在合作交流中体验探索的乐趣与成功的喜悦，从而养成实事求是态度和合作精神，引导学生养成自主学习的学习习惯。

教学重点为：可导函数的单调性与其导数的关系，用导数的正负符号判断函数的单调区间。

教学难点为：可导函数的单调性与其导数关系的探究过程。

二、说学情

"函数单调性"和"导数"这两个概念学生并不陌生，因为学生已经系统地研究了一些基本初等函数的图象和性质。之前又学习了导数的概念、计算、几何意义等内容，所以，在知识储备方面，学生已经具备足够的认知基础。但学生对数学整体的认识以及进行理性思维的能力还不够，没有利用导数研究一类函数的经验。因此在教学中还需要教师的指引。

三、说模式

我们学校的育人模式是：功能引领主动发展，高中数学组的教学模式是学案导学。本着"以教师为主导、学生为主体、问题解决为主线"的教学思想，运用"问题探究，诱思导学"的教学方法，"自主学习，合作探究"的学法。通过小组合作的方式发现、分析和解决问题，总结规律，培养积极探索的科学精神。使用学案导学，学生依据学案在老师指导下进行自主探究，真正落实了学生在学习中的主体地位，最大限度地为师生"互动—探究"提供课堂时空。采用多媒体课件等辅助手段，通过数形结合，使抽象的知识直观化、形象化，以促进学生的理解。

南大附中高中数学学科新授课模式如下：

（一）梳理旧知，复习引入

（二）创设情境，观察分析

（三）提出问题，合作探究

（四）归纳结论，得出新知

（五）典例演练，强化应用

（六）达标反馈，拓展提高

（七）课堂小结，分层作业

四、说设计

（一）梳理旧知，复习引入，约3分钟。设计意图：问题是思维的源泉，让学生在独立思考中产生强烈的问题意识，从而激发学生的求知欲，实现课堂的有效导入。

（二）创设情境，观察分析，约3分钟。设计意图：新课标强调，要加强几何直观，重视图形在数学学习中的作用，鼓励学生借助直观进行思考。此处借助课件进行展示，让学生直观理解函数的单调性与导数的关系。

（三）提出问题，合作探究，约9分钟。观察四个函数图象，分组进行讨论交流，探讨函数单调性与其导函数正负的关系。设计意图：进一步引导学生经历从具体实例揭示数学本质的过程，鼓励学生发现数学的规律和解决问题的途径，使他们经历知识的形成过程。

（四）归纳结论，得出新知，约5分钟。师生共同完善结论，并板书结论。设计意图：引导学生对一般情况进行归纳、总结，得出结论。培养学生积极主动的学习态度及表达能力，体验知识的形成过程，体会数形结合思想的渗透。

（五）典例演练，强化应用，约 10 分钟。引领学生做例题 1，板演例题 2 第（2）小题，规范书写格式。设计意图：通过例题，进一步应用所学，使具体知识形成方法和技能。鼓励学生先自己动手，培养学生积极主动的学习态度。对于学生在应用知识的过程中出现的问题，及时指正。

（六）达标反馈，拓展提高，约 10 分钟。设计意图：求单调区间是导数的一个重要应用，也是本节重点。通过练习，体会用导数解决函数单调性时的有效性、优越性，让学生在黑板解答，进一步规范解题步骤。

（七）课堂小结，分层作业，约 5 分钟。设计意图：引导学生对本节所学知识进行总结；在作业的布置上注重个体差异，因材施教。必做题为基础题组，既是对本节课的有效训练，也为下节课做好铺垫；选做题是针对有能力的同学进行的提升训练。

五、说板书

屏幕 1. 新知	3. 学生练习
2. 例题	

多媒体课件的优点是用丰富的画面吸引学生注意，动态效果帮助学生理解；缺点是一闪而过，因此不能替代传统的板书。将本节课的重点知识及规范的例题解题格式进行板书，便于学生做练习的时候参考模仿。黑板的右侧留给学生做练习，可以及时纠正学生出现的错误，警示全班。

六、说评价

1. 采用教师评价、学生自评、学生互评的方式，从不同角度对学生进行评价。

2. 要关注对学生学习过程的评价，包括学生参与活动的程度、行为表现和在学习过程中表现出来的数学思维策略、水平和思维品质。

3. 关注对学生解决问题能力的评价，包括掌握知识的能力、与人合作的能力、运用知识的能力、学习数学的自信心等。

4. 要采用多样化的评价方式，反馈提问、课后作业、章测验等，准确了解学生的数学学习状况。

七、说开发

延伸主要的课程资源，发挥教材最大的作用；合理利用网络资源，选择生活中常见的事例，让学生在实际应用中体会导数的作用；几何画板软件的使用，可以让图形动起来，帮助学生更好地理解。和谐民主的教学氛围是尊重学生主体地位的保障，"以人为本，和谐育人，为学生主动发展奠基"是我校的办学理念，"功能引领，主动发展"是育人模式，在这样的大环境下，学生们好学乐学，主动学习。

2. 初中语文说课课例

天津市北辰区普育学校的朱平老师是一位参加工作四年的研究生，她在全国首届和谐杯"说课标说教材"大赛中获得特等奖的好成绩，下面是她对《语文》八年级下册《春酒》一课的说课。

普育学校

人教版《义务教育课程标准实验教科书》八年级下册

第四单元 民风民俗

《春酒》

天津市北辰区普育学校
八年级 朱平

一、教材分析

《春酒》是我国台湾地区著名作家琦君女士的思亲怀乡散文，编者将其放在人教版以"民风民俗"为话题的八下第四单元。本单元以民风民俗为主题，所选的文章涉及趣味盎然、生动丰富的民风民俗以及民间艺人轶事，文笔生动，妙趣横生。"云南的歌会"让我们感受浓郁的云南民歌文化及民族风情。"端午的鸭蛋"让我们在小小的咸鸭蛋里尝出了生活的滋味。老北京的吆喝给大家留下了深刻的印象。"俗事奇人"塑造了两个有着独特技艺、独特性格的民间高人形象。

作者以细腻温婉的笔致，把家乡新年的种种风俗与禁忌，家家户户喝春酒的喜庆，乡亲"起会"置"会酒"的感恩，多年之后"我"按母亲的方法炮制"八宝酒"的情思，用"家乡的味道"一一拾起。"我"的天真活泼、母亲的善良能干、乡人的淳朴厚道，儿时的情趣与游子思母思乡的伤感，在这"春酒"杯中氤氲开来，弥漫成浓浓的民俗民风之美。

目标预设：根据课程目标、单元目标以及本课的特点，我确定本课目标有三。作为一篇略读课文，掌握重点词语的读音和写法是理解课文的基础，同时，根据课标要求：欣赏文学作品，初步领悟作品的内涵，获得有益启示。我确定了第一个目标：朗读课文，掌握"挑剔""家醅"等词的读音和写法，理清课文思路。

作者独特的细节描写勾画了儿时"我"的率直、顽皮与活泼。浓郁的生活气息，特有的儿童情趣透过字里行间"盈"面而来。结合本文的语言特色和课标的要求（"对作品中感人的情境和形象，能说出自己的体验；品味作品中富于表现力的语言"），我把教学的第二个目标确定为"品读文章，学习富有情趣的细节描写，体会其作用，领悟文章的意蕴"。

学习本文，在引导学生与文本对话、与人物对话的同时，目透纸背与作者对话，透过作者远在异乡，炮制"八宝酒"却品不出"道地的家乡味"，理解作品中那海外游子的惆怅、刻骨的乡愁。为此，我课堂教学的第三个目标是"感受文中的风俗美、人情美，领悟作者浓郁的思乡情怀"。

教学重难点：学习散文就是引导学生学习作者表情达意的语言，本文语言浅显但意蕴深厚，值得细细品味。因此，"品读文章意蕴深厚的细节，感受'我'的童趣与'母亲'的品质"成了本课学习的重点。儿时的童趣、母亲的宽厚那是远在海外的琦君最刻骨铭心的记忆，对童年、对母亲的思念倾注了她的一生，但对于阅历有限又没有相关生活体验的学生来说怎么可能和作者产生情感的共鸣呢？所以，我把本节课的难点定位于"理解课文，领悟作者浓郁的思乡情怀"。

二、学情分析

本课的教学对象是八年级的学生，他们通过七、八年级及本单元前三篇散文的学习，对散文风格的把握、行文意蕴的理解、品味语言的能力均有了一定的积累，也具备了基本的分析、理解能力和自主、合作、探究的能力，但思乡怀人的情感不易理解，教师可以结合学生自身的特点和生活实际，补充介绍资料。

已有知识基础：纵观初中阶段语文教材，散文是贯穿始终的。教材编写者把记叙性散文分散编排在各册教材中，但侧重点有所不同。有以对比、景物描写为主的《从百草园到三味书屋》，有以小见大的《老王》，有写不同场景的《云南的歌会》等，而《春酒》这一课是侧重于细节描写。

学生生活经验：学生对北方过年习俗熟悉，但对南方习俗不甚了解。对"会酒""起会"风俗不了解。教师应适当介绍。

三、教学模式

我校初中语文新授课的教学模式如下。

（一）单元导入，明确目标

（二）检查预习，掌握字词

（三）整体感知，理清结构

（四）重点研读，品析语言

（五）课堂小结，当堂达标

这一模式是根据王敏勤教授的和谐教学法五环节教学模式，以及普育学校长期的教学实践、学情、师资条件，理论联系实际而产生的"真实课堂"教学模式，按照"自主、合作、探究"的基本模式，将"学案导学、小组合作、当堂达标"三个要素融合在一起，做到"三真三实一及时"，最终达到课堂的高效。这也体现了我校的十二字教学理念：以学定教、顺学而教、当堂达标。

四、教学设计

下面我就结合《春酒》的教学设计来说明我校初中语文新授课的课堂模式。

这是我的教学设计的六个环节以及每一环节的预设时间。我将逐一解说每一环节的设计意图和目的。

（一）单元导入，明确目标

这一环节是为了复习旧知，引出新知，站在单元的高度整体把握。之后简单介绍作者，为的是知人论世，了解作者，为学生理解课文做铺垫。接下来出示学习目标，让学生明确学习任务，学习有的放矢。

（二）检查预习，掌握字词

这一环节检查预习效果，突破字词障碍，完成目标一"朗读课文，掌握重点字词"。

（三）整体感知，理清结构

我设计了自学指导一。

默读课文，并思考：请根据课文主要内容，给春酒取个合适的名字，这是一杯什么样的春酒？这一问题的设计是为学生整体把握文章脉络结构做基础，学生不同的回答，正是对文意的把握。另外，对学生做出明确而具体的要求，在独立思考的基础上合作，真思考，真合作。

根据学生的回答，教师出示知识树小结。这是一杯童心酒，充满童真童趣；这是一杯母亲酒，让人回味无穷；这还是一杯乡情酒，弥散着浓浓的乡情。教师紧接着追问：作者怀念的仅仅是家乡的春酒吗？学生很容易就找到文中这句话：一句话提醒了我，究竟不是道地家乡味啊。可是叫我到哪儿去找真正的家醅呢？至此，学生也就明白了，原来春酒是蕴含着浓浓家乡味的春酒。这一环节让学生进一步把握散文"形散神聚"的特点，抓住文眼，整体把握全文。出示知识树小结，简明清晰。

（四）重点研读，品析语言

思乡、怀旧是人们心中普遍存在的一种情感，琦君是怎样把这种内心情感外化成语言表达出来的呢？请找出文中的原句细细品味。如何品读文章，一向是学生的软肋，因此教师可以引导学生共同分析一个例子，授之以渔。例1：尤其是家家户户轮流地邀喝春酒，我是母亲的代表，总是一马当先，不请自到，肚子吃得鼓鼓的跟蜜蜂似的，手里还捧一大包回家。例2：尤其是家家户户轮流地邀喝春酒，我是母亲的代表，总是受邀请，肚子吃得鼓鼓的"像小猪"（"像企鹅""像皮球"），手里便捧一大包回家。

"一马当先""不请自到"表达终于到来的急切心情，一副很嘴馋的样子。"捧"字可谓多吃、又多占。通过对比、换词等形式，让学生体会语言文字的准确、生动。

这时，教师出示自学指导二：这样有趣的细节描写还有很多，请每个同学当回鉴赏家！在课文中分别划出关于母亲、童年、风俗人情的一些细节，品一品，这些细节好在哪里，表达了怎样的情感？并辅以答题技巧：1.×词语/修辞的使用，表现人物××性格，烘托人物××心情，使人物形象生动，有立体感；2.××场景描写，渲染××气氛，推动情节发展。

这里是引导学生深入到文章，品析关键字、词、句。边阅读、边思考、边探索、边挖掘，体会文章妙处所在，同时照应上一环节的主要内容。另外，规范学生答题语言和思路，给学生一个抓手，提供了操作性，设计实实在在。

这一环节紧扣目标 2：品读文章，学习富有情趣的细节描写，体会其作用，领悟文章意蕴。

根据学生的回答出示知识树小结，并在学生回答过程中予以朗读指导。提示学生回答要用文中词句，回答要有依据。在学生的回答后呈现细节描写知识树，给学生一个整体概念，强化对细节描写的理解。

（五）拓展延伸，深化理解

故乡的春酒，荡漾着我儿时纯真的快乐。故乡的春酒，散发着母性温柔的光芒；故乡的春酒，流淌着乡邻间朴实的情意。这些蕴含在春酒中最美好的情感正是充满道地家乡味的春酒。光阴荏苒，她还能品尝到这道地家乡味的春酒吗？

通过一个过渡语，补充介绍作者资料，加深对课文内容的理解，把握文章主旨。

资料链接 1——琦君自去我国台湾地区以后，50 多年再也没有回过温州。她曾经说过"故乡，我们哪一天回去？家乡味，我们哪一天能再尝呢？"浓浓的思乡之情溢于言表。

资料链接 2——琦君临终前，一再念叨自己的家乡呵……是啊，树高千丈，叶落归根。故乡是漂泊海外的游子心中的根啊。

资料链接 3——出示挽联："琦思琦想琦笔，人在他乡；君忆君念君盼，魂归故里。"

是啊，童年不再，母亲逝去，那些幸福快乐的时光不可复制。"可是叫我到哪里去找真正的家醅呢？"作者这句震撼人心的自问，道出了对母亲深深的思念，道出了对浓浓乡情的追怀。是啊，远离故乡的人，无论与家乡的距离有多远，总不能忘记故乡的山水，故乡的亲人。父爱天高，母爱难报，最难割舍故乡情。这杯春酒是琦君记忆中家乡的味道，是生生不息的民族根！

出示知识树，从三方面进行小结，再次回扣文章，让学生明确学习内容，把握文章主旨，至此，完成目标 3。

（六）单元回归，当堂达标

回扣目标，明确所学。学生进行当堂达标，让学生独立完成达标卷，教师出示答案，同桌互判，小组计分，当堂反馈，对所学内容检测和巩固。紧扣三个目标设计题目，体现真理解，设计实，检测实，反馈实，堂堂清，人人清。教师做出及时评价，查漏补缺，量化加分。

五、板书设计

<big><big>春酒</big></big> 琦君

童心酒

思   味

母亲酒

乡情酒

该板书涵盖本课主要内容，突出本课主旨和文眼，清晰简洁，具有概括性。

六、课堂评价

主要从知识与能力、过程与方法和情感态度与价值观三大方面进行评价。具体到这一课，基础知识主要考查学生对重点字音的掌握依据字形的写法，对主旨的把握和细节描写的学习，通过导学案和达标卷来检测。阅读能力主要考查学生感受形象、体验情感和品味语言的水平，这也符合课标的要求。这里主要通过整体感知环节的自学指导一把握文章的主要内容，让学生感受母亲、"我"和乡邻的形象。通过研读重点部分，品味文章富有表现力的语言。这一课贯穿朗读，同时辅以默读和略读。在朗读中把握形象，体味情感，教师要适时地进行朗读指导，尤其是语气和音调上的指导。这篇课文中蕴含着作者至情至深的思乡情，通过资料的补充加深学生对主旨的理解和把握。另外，通过课堂加分的形式鼓励学生积极参与到课堂当中，评价伴随课堂的每一步，要及时。教师的评价主要是针对小组，而不是个人，对优胜小组要予以奖励。

七、课程资源的开发

根据本课的学习内容，我结合学生的已有经验——过年习俗，从学生熟知的风俗入手，去探究江浙一带的民风民俗。另外，网络资源也不可忽视，学生可以通过网络查阅作者资料，了解春酒、会酒等对理解课文重要的信息。

3. 小学数学"八说"说课课例

　　天津市北辰区普育学校的张秋菊老师是一位优秀的小学数学教师，她在全国首届和谐杯"七说"说课大赛中做大会展示，获得特等奖的好成绩。下面是她在学校的"普育大讲堂"上公开课后进行的"八说"演讲稿。与课前的"七说"不同的是，课后的"八说"增加了"说得失"的内容。另外在说"教学设计"部分，由于大家已经看了你的课，知道你是怎么做的了，所以对于每个环节的具体操作说得少了，重点谈为什么这么设计。

人教版《义务教育课程标准实验教材》六年级上册

第一单元　分数乘法

分数乘分数

天津市北辰区普育学校

张秋菊

　　大家好，今天我说课的内容是新人教版小学《数学》六年级上册第一单元"分数乘法"第二课时"分数乘分数"。

　　我将从教材分析、学情分析、教学模式、教学设计、板书设计、课堂评价、资源开发和课后反思八个方面进行说课。

　　一、教材分析

　　"分数乘法"这个单元主要包括分数乘整数、分数乘分数、小数乘分数、分数的四则运算和解决问题五部分内容。分数乘分数是本单元的第二课时。它是学生在理解分数乘法意义的基础上，对于分数乘法计算的延伸。通过本节课的学习，学生将结合分数乘整数、分数乘分数的学习，归纳概括并理解掌握分数乘法的计算方法。理解分数乘分数的算法是本节课的重难点，为了更好地突破难点，教材从生活实际入手，注重让学生观察、动手操作，让学生经历算理的推导过程，从而掌握算法。

　　本节课的教学目标：一是通过知识迁移，使学生明确求一个数的几分之几是多少可以用乘法进行计算；二是通过操作活动使学生理解分数乘分数的算理，并经过观察、猜测、验证归纳出分数乘分数的计算方法，并能熟练计算；三是通过对算理、算法的探究培养学生的观察力、推理能力、归纳能力。本节课的教学重点是掌握分数乘分数的计算方法，并能熟练计算。难点是理解分数乘分数的乘法意义及算理。

　　二、学情分析

　　我将从学生已有的知识基础、已有的生活经验和已有的学习方法三个方面进行分析。

　　首先，学生在第一课时"分数乘整数"中已经学习了分数乘法的意义，理解了分数乘法就是求一个数的几倍或几分之几是多少；掌握了分数乘整数的算理，是用分子乘整数的积做分子，分母不变的方法计算分数乘整数。但是，对于学生生活经验来讲，学生对于分数在生活中的应用不是很广泛，理解起来还是比较抽象的。鉴于这样的学情，我从学生已具备的基本学习方法入手，充分调动学生自学的积极性，让学生先自主学习教材内容，学生通过自学应该很容易知道分数乘分数的计算方法，但是如何理解计算方法的形成过程，也就是为什么分数乘分数，要用分子相乘的积作分子，分母相乘的积作分母。在这里我采用"画图"的教学方法，帮助学生直观地理解分数乘分数的算理，体现了数学中数形结合的思想。

　　三、教学模式

　　我校在"和谐教学五环节模式"的基础上，深入细致地研讨了数学新授课的教学模式为：（一）单元导入，明确目标；（二）自学指导，合作交流；（三）大组汇报，教师点拨；（四）巩固练习，拓展提高；（五）课堂小结，达标测试。在落实模式的过程中注重抓住"学案导学、小组合作、当堂达标"课堂三要素。

　　通过以上对教材和学情的分析，并根据我校数学新授课的模式要求，本节课我设计的教学环节为：

　　（一）单元导入，明确目标（2分钟）

　　（二）检查预习，暴露问题（10分钟）

　　（三）大组汇报，教师点拨（10分钟）

　　（四）巩固练习，拓展提升（9分钟）

（五）课堂小结，达标检测（9 分钟）

下面来具体说一下本节课的教学过程及设计意图。

（一）单元导入，明确目标

新课伊始，通过单元知识树的形式复习旧知，通过对旧知的复习，使学生达到温故而知新的目的，形成单元知识体系。

（二）检查预习，暴露问题

在学生自学的基础上，教师设计一些基础的内容检查学生的预习情况，再根据学生的完成情况进行有针对性的讲解，体现我校"以学定教"的教学理念。

（三）大组汇报，教师点拨

结合自己的教学实践和学生的完成情况，认为在画图方面可能会出现问题，因此在这里预设了指导学生画图的环节。利用课件的演示，一方面为学生直观地呈现画图的过程，规范画图的方法；另一方面帮助学生进一步理解分数乘分数的计算方法的形成过程，突破本节课的教学难点。

（四）巩固练习，拓展提升

在这里将教材中的例题活用为练习题，通过例 3 的练习进一步巩固学生对分数乘法意义的理解和分数乘分数计算方法的正确使用，突出了教学的重点；例 4 是在学生已经掌握了分数乘分数的计算方法的基础上，引导学生明确在计算过程中，要先约分再计算，这样会令计算更加简便。

（五）全课小结，达标检测

首先让学生根据本节课所学的内容自己总结有哪些收获以及还有哪些质疑的地方，然后教师根据学生的反馈利用知识树的形式对本单元内容进行知识的回归，使学生了解本单元的知识间的相互联系。然后进行达标检测。这里安排了两个练习的内容：第一题面向全体学生，进一步巩固学生对分数乘分数的计算方法；第二题改错，旨在让学生注意区分分数乘法与分数加法的不同点，避免在计算的过程中出现混淆。

最后安排了一个选做题，将学生已经掌握的小数乘法中积与因数的大小关系迁移到分数乘法中，渗透类推迁移的数学思想，体现了分层教学。

五、板书设计

本节课的板书设计简单明了，重点突出。

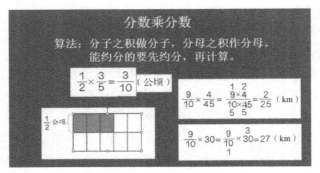

六、课堂评价

新课标中指出：教师对学生的评价首先应关注对学生学习过程的评价。不仅要关注学生的基础知识、基本技能，还要关注基本思想和基本活动经验。结合本节课的教学实际及学情，我主要从以下几个方面来评价学生。

（一）注重对学生基础知识的评价

利用本节课的达标检测卷来及时反馈学生对新知的掌握情况。

（二）恰当评价学生的基本技能

本节课主要从学生的自学课本能力和画图的能力两方面去考查学生。

（三）恰当评价学生的基本思想

通过画图的方法帮助学生直观地理解分数乘分数的计算方法，渗透数形结合的数学思想；通过选做题第1、3题来渗透类推迁移的数学思想。

七、资源开发

本节课在资源开发上主要运用了文本资源，利用学生的数学全解来指导学生自学新知，利用多媒体课件资源来直观地演示画图的方法和步骤。

八、课后反思

针对本节课的执教过程，我将从教学内容、教学过程和教学效果三个方面进行反思。

"分数乘分数"是"分数乘法"第二课时的内容，学生已经掌握了分数乘整数的算法及分数乘法的意义。本节课学生通过自学能知道对于分数乘分数的算理，但是对于推导的过程理解起来有一定的困难。因此，我安排了学生先借助教材自学。

　　在教学过程中，采用先学后教，利用导学案给学生设计一些基础题，看看学生自己学会了哪些内容，然后根据学生反馈的信息——学生对画图掌握得不好，再借助课件去直观地呈现画图的步骤，帮助学生理解算理的推导过程。最后在理解的基础上归纳出分数乘分数的计算方法。在练习的设计上，选用了书中的例题让学生去利用所学的知识解决生活中的实际问题，同时指出在计算的过程中，能约分的要先约分，再计算。

　　在教学效果方面，从学生反馈的情况来看，对分数乘分数的算法已经掌握，但还存在后进生计算时不约分的情况。从回答问题上看，教师对后进生的关注还是不够，在今后的教学中还是应该多让后进生发言，及时了解他们对新知的吸收情况，以便更好地组织教学。

三、通过"教改大课堂"指导教师上课

　　为了系统进行和谐教学法实验，提高课堂教学的效率，我在若干所中小学设立了"教改大课堂"，亲自指导中小学老师按照和谐教学法的模式进行上课。所谓"教改大课堂"就是教改实验室，新的教学思想在这里碰撞，新的教学模式在这里产生，取得经验后再推广。如"说课标说教材"活动和"八说"说课活动，也都是在"教改大课堂"实验成功后再传播到全国各地。和谐教学五环节的教学模式和在各科教学中的变式，也是在教改大课堂实验中总结出来的。

（一）在天津市河东区实验小学指导教学

　　从2008年下半年开始我在天津市河东区实验小学设立"教改大课堂"，每周四固定到这所学校听课、评课，指导老师们用和谐教学法上课，至今已有七年的时间。

　　"教改大课堂"基本是根据我的时间，首先排出一学期"教改大课堂"的课程

天津市河东实验小学的"教改大课堂"

表，再排学校的大课程表，这样在"教改大课堂"上课的老师要早做准备。因为他们在这里上课不是一般意义上的公开课，是教改探究课，他们要根据和谐教学法的要求，探讨不同课型的教学模式和每个环节的具体做法。在"教改大课堂"的时间，同学科的老师要全部参加听课。一般在2～3节课后是我的点评。通过评课指导老师们构建新的教学模式和研讨具体的教学环节。

　　天津市河东区实验小学的"教改大课堂"免费向外校开放，每学期除了本市各区的许多老师踊跃前来观摩外，山东、河北、北京等靠近天津的一些省市的教师也驱车专门来观摩，全国慕名来取经者更是络绎不绝。

　　为了方便外校的教师前来观摩，他们每周四上午安排一门学科的3～4节课。从2010年秋季学期开始，他们邀请了全国十几个省、市的重点小学的老师前来同课异构。如自2012年3月1日至6月7日，天津市河东区实验小学"教改大课堂"语文、数学、英语、美术学科共进行了13次专场活动。其中语文教师上课15人次，数学教师上课12人次，英语教师上课9人次，美术教师上课3人次。参加本学期"教改大课堂"授课的学校分别是来自9个省、市、自治区的20所学校：天津市河东区实验小学、河北区实验小学、南开区南江里小学、红桥区桃花园小学、静海县模范小学、滨海新区塘沽桂林路小学，上海市闵行区实验小学，安徽省合肥市曙宏小学、望湖小学、屯溪路小学、合肥师范附小，北京市北京小学大兴分校、北京实验二小大兴分校、大兴区第二小学，广东省深圳市观澜中心小学，山东省枣庄市薛城区临山小学、滨州市滨城区清怡中学（小学部），河北省河北师大附小，内蒙古赤峰市元宝山小学，宁夏银川市二十一小学湖畔分校。有来自市内外的 1400 人次观摩了"教改大课堂"。

2012 年 5 月 10 日语文专场，评课后与上课老师合影

2012 年 5 月 24 日英语专场，评课后与上课老师合影

下面是我在 2012 年 5 月 20 日写的一篇博文：

河东实小的"教改大课堂"已经成为一个品牌

天津市河东区实验小学为了探索各科高效和谐的教学模式，从 2008 年下半年开始率先在全国开展了"教改大课堂"的活动。所谓"教改大课堂"就是教

2012 年 6 月 7 日美术专场，评课后与上课老师合影

改实验室，定时定点地开展校本教研活动。在这里上的不是展示课，而是研讨课。新的教学思想在这里碰撞，新的教学模式在这里实验，取得经验后再在全校推广。到这一学期结束，该校已经进行了四年的"教改大课堂"活动。起先是本校的教师上课，后来是本市外校的老师来同课异构。从去年上半年开始，他们邀请外省市的一些名校的老师和本市"未来教育家"的学员来上课。每周四上午，许多本市外校和外省市的老师都专程来观摩河东实验小学的"教改大课堂"，每周几乎都是两三个省市的老师同课异构，本学期就有上海、安徽、河北、山东、北京、内蒙古、宁夏等省、市、自治区的老师来上课，三节课之后是我的点评。连续几周来，河北省兴隆县半壁山学区中心校的老师们都是早晨四点半动身专车来观摩"教改大课堂"，每周都是根据大课堂的课程表安排 17 位老师来观摩（能容纳 17 人的中巴），北京市石景山区金顶街第四小学连续几周都是派十多位老师来观摩。

　　5 月 17 日上午是本学期最后一次数学大课堂专场，河东实验小学邀请了天津市南开区南江里小学马向东老师上了六年级下册的"简易方程"复习课，上海市闵行区邢渊华老师上了二年级新授课"条形统计图"，宁夏银川市二十一小学湖畔分校的胡瑞刚老师上了四年级新授课"植树问题"。来自三地的三位老师分别上了高、中、低三个学段的三个领域的课："数与代数"领域的"简易方程"、"统计与概率"领域的"条形统计图"、"综合与实践"领域的"植树问题"（数学广角），可以说这三节课分别探讨了不同学段、不同数学领域、不同课型（新授课、复习课）的教学模式。马向东老师作为天津市培养的"未来教育家"功底深厚，颇有大家风范，给学生的一个眼神、一个拥抱、一句激励的话语都能激发学生的学习兴趣与探究的欲望。上海的邢渊华老师和宁夏的胡瑞刚老师虽然年轻，但都富有创新精神，打破了传统的先集中学习新概念再集中巩固练习的做法，而是讲中有练，练中有讲，不断设疑，层层深入，解决一个问题又提出一个新的问题，课堂容量大，学生兴趣浓。特别是邢老师的板书条理清晰，把本节课的基本概念和逻辑关系非常艺术地板书出来，便于学生掌握和记忆本课的重点。这说明在多媒体盛行的今天，板书依然有着不可替代的作用。三节课后照例是我的点评，我高度评价了三位老师的课，帮他们梳理了教学环节并板书出来。河北省兴隆县的老师们说，他们是专程来看我评课的，很少有人这么仔细地评课，不但用知识树分析教材，还能具体说出上课老师所用的教学环节和时间，提出具体的改进建议，对上课的老师和听课的老师都有帮助。

2012 年 5 月与上课老师合影，从左向右依次是
邢渊华、马向东、胡瑞刚、王敏勤

　　天津市静海县实验小学的靳淑梅老师是天津市培养的第二期"未来教育家"，中学高级教师。我点评了她在河东实验小学的"教改大课堂"上的课。下面是她的一篇博文，谈参加教改大课堂的感受。

与靳淑梅老师合影

令人敬仰的专家——王敏勤

2011 年 5 月 19 日，受天津市河东区实验小学的邀请，参与他们的"教改大课堂"做课。我选的是五年级下册课文《桥》。早晨 7:10，我便来到了河东实验小学，先在礼堂试了课件。试课件完毕，我就在学校里转了两圈，感受了学校里浓郁的国学氛围，在科技楼展牌前看到了他们学校在市教科院王敏勤教授的指导下形成的课堂特色，《中国教师报》对杨军红校长的报道。

我默默地想："早在一年前，我就期盼有一天我的课堂教学能得到王敏勤教授的指点。但是王教授宣传'和谐教学'，'空中飞人'般四处奔波，恐怕我的想法只是一个美好的愿望罢了。但是令我想不到的是，杨军红校长为我搭建了一个展示的舞台，而评课人就是我仰慕已久的专家——王敏勤。一个农村的小学教师，这种机会多难得呀，人生真的有许多的想不到。哈哈，有梦想谁都了不起……"

8:20，王敏勤教授出现在礼堂门口，步伐匆匆，精神矍铄。我急忙迎上前去和王教授打招呼。王教授问我讲哪篇课文，拿了课本就在座位上专心看起来。

我和以往讲课一样：1. 不提前接触学生，就要靠老师课上的功夫把学生学习的积极性调动起来；2. 课前没有教案，只有大致教路，教师要关注课堂生成，教案据堂而生，据生而定。

孩子们成就了课堂的精彩。河东实验小学的孩子们课上发言思维独特，积极踊跃，常有出乎意料之言词。足以看出，河东实验小学尊重学生主体地位不是口号，而是在平时落在了实处，这所学校非常注重学生平时的习惯养成教育。一下课，当我走下讲台，杨军红校长就跷起了大拇指说："真是一节好课，我刚跟你们孙局长通了电话，告诉他，靳老师讲课是窦桂梅的风采，王菘舟的底蕴，了不起……"听杨校长这么一说，我的脸觉得发烧，匆匆地低头回到自己的座位上坐定。

讲完课之后是王敏勤教授的评课，王教授很风趣，他说："我还没有从靳老师的课堂走出来呢？眼泪一直在眼睛里打转转，就让我评课。今年是建党九十周年，同志们推选我是优秀党员，和《桥》中的老支书相比，我很惭愧！"多么坦诚率真的王教授，时刻在督促自己。

王教授接着讲："靳老师的这节课关注写法，我记得去年我约她在《天津教育》杂志'教改会客厅'栏目写过一篇文章。她写的是小学语文'诵读·积累·运用'教学法。从今天的课堂上，我们可以看出，她怎么说就是怎么做的。阅读教学法，当堂拓展训练，当堂运用练习，展标验标达标，课堂是高效的。"听着王教授掷地有声的话语，我的心中分明有一股暖流在涌动——王教授，德高望重的教育前辈；我，一名农村小学的普通教师。王教授用自己特有的人格魅力关注农村教师，想到王教授对我、李守祥等一批农村教师的提携，鼎力相助，我就感慨不已。在王教授眼里，没有高低，不分城乡远近，博爱的心胸，海洋般宽广。有一种品质能温暖人心——那就是善，王教授在用自己的善行引领一群教育人前行。

王教授用他略带山东口音的普通话一字一顿地讲："课中有一首诗是《一座山》，老师和学生读得很动情，感染了在场所有的人。我想这首诗肯定是靳老师自己写的。我经常看靳老师的博客，她是一名擅长写作的老师……"是我该脸红的时候了，只不过平时的一点业余爱好，王教授就在大庭广众之下褒奖，我今后该怎么做才不枉一位前辈的期待呢？

王教授又说："靳老师的课始让学生看发洪水的录像后，用词语形容，学生说后，老师假如马上说，看作者谈歌是怎样描写洪水的呢？这样，写法的学习目标导向会更明确。再有，今后的课堂，要尽可能地把权利交给学生，体现自主研得……"

专家就是厉害，从没接触过文本，课堂的不足一针见血，对此我自己也深有体会。这让我想起王教授每年要听几百节课，课课有点评，王教授，不一般！

王教授评课，从单元出发，美丽的知识树与每节课的联系，让我听得意犹未尽，不知不觉，已近中午。怨时间恍然而过，我赶紧收起笔记，和令人敬仰的王教授道声再见。我兴冲冲地走出河东实验小学的校门，回头望，看见王教授和杨军红校长还在目送，我急忙回首挥手告别，在心里许愿："希望有一天，我的课堂，还能得到王教授这位知名专家的指点，也希望自己不辜负王教授的培养、希冀……"

天津市河北区教师进修学校的小学语文教研员慈树梅老师是天津市培养的首批"未来教育家"，特级教师。2011 年 6 月 9 日，她在河东区实验小学的"教改大课堂"上了一节小学语文课《卖木雕的少年》。我点评她的课后她于 10 日写了一篇博文如下：

与慈树梅老师合影

得到认同——王敏勤教授点评我的课

今天，我在河东实验小学"教改大课堂"活动中执教《卖木雕的少年》，课后，天津市教育科学研究院基础教育研究所所长王敏勤教授进行了点评。

王教授总结了四点：

1. 课的特点是平实、真实、扎实。王教授说与我的个人特点比较相符，不张扬，不夸张，很扎实。（呵呵，可能是王教授看我的博文后对我的了解吧。因为与王教授的直接接触很少，只在天津市"未来教育家"培养工程的开题论证会上有过近距离接触，王教授是我们组的论证专家。作为听会者，听过王教授的报告，他给我的印象是一位严谨治学的学者。）

2. 对这节课的背景资料引用很有必要。王教授说课前五分钟与学生的交流，引出了地图、莫西奥图尼亚大瀑布、木雕的有名很有必要；讲课中，介绍了中国人民对非洲的援助，帮助学生理解"我们"为什么是朋友，黑人少年为什么送"我"木雕。王教授说这些介绍很重要，也很有必要，这就是有效地开发课程资源。（王教授说从我的博客中了解到我喜欢旅游，每到假期就自费旅游。他说，作为语文老师，要行万里路，读万卷书。）

3. 板书设计非常艺术。王教授说在浏览课文的时候也在想这篇课文怎么设计板书。他说，我的这个设计，在整体感知时对人物进行勾画，"我"与少年的关系，是从买卖关系，发展到少年"送"给"我"一个小象墩，在这背后隐藏着中国人民和非洲人民的友谊。最后画上"心形"，说整个设计精心构思，精巧、简练，不好再往上增加什么。（王教授观察得可真细啊！）

4. 注重读写结合，设计了写话的练习。在学生熟课的基础上，进行了深度挖掘。（经过与该校领导了解情况，由于临近期末，学生已经学过了此课。可是这篇课文对于三年级的学生来讲，已经有些难度了，不好再降低年级上课。呈现真实的课堂一直是我的追求，我上课前不接触学生就靠课堂上根据学情进行应变，我希望看到精彩的生成。所以，给上过课的班级上课，难度更大，需要在他原有的基础上再给以提升。何况，我的设计与原班老师的教学肯定不同。下课后，我马上把这一情况跟王教授进行了汇报。）

王教授建议在时间安排上再做调整，现在前面用时长些，而后面少些。今天确实是这样的情况，其实，我的设计并非如此，只是讲前面时对学生答不准的地方进行了引导，也由于学生聪明而说得过多、过细，甚至偏离我的问题，再做引导，这些累加起来就比我的预案超时了，使得前面拖沓。我会再想想解决该问题的办法，再精心设计设问和教学环节。

王教授说很期待听到我的课。其实，我是很期待听到王教授的点评，得到王教授的引领，今天，我如愿了。当然，我的课，也得到了王教授的认同。扎实、充实、丰实、平实、真实的课，一直是我的追求。

（二）在天津市北辰区普育学校指导教学

从 2010 年上半年开始，我每周三在天津市北辰区普育学校指导老师们用和谐教学法的模式上课，至今已经五年半了。普育学校是温家宝同志的爷爷温瀛士先生创办的，是天津市重点打造的历史名校。这是所九年一贯制学校，地处一个乡镇（宜兴埠镇），生源 60％ 是进城务工人员的子女，教师 80％ 不足五年的教龄。这所学校虽然生源差、地理位置差、教师年轻，但注重向课堂要质量，减轻学生的课后负担，每天下午小学四点、初中五点准时放学，师生一律静校，课后作业很少，但教学质量在北辰区首屈一指，初中和小学的教学质量都位居第一。下面是该校的梁峰校长对五年"普育大讲堂"的总结。

梁峰校长在"普育大讲堂"评课

五年和谐实践路　六个提升大发展
——普育五年大讲堂的发展历程

"普育大讲堂"是立足课堂、立足校本进行学科建设的一种平台。主要以学科组同课异构为案例，通过上课教师"八说"说课、同伴互评、管理干部点评、王敏勤教授点评培训等环节，强化对课堂要素的研究。因为在这样的课堂里，老师讲、同伴讲、行政讲、专家讲，大家都讲，所以称之为"大讲堂"。

大讲堂的课表在假期就统筹安排，开学前将整个学期课表下发到老师们手里，便于协调听课。每周三为大讲堂固定时间，上课的既有本校老师，也有市内外的骨干教师、名特优教师。涉及本学科大讲堂时，本学科所有老师参与听评和培训。

普育学校的"教改大课堂"一般是按照学科分专场，一个半天一门学科，这样能使老师们集中精力进行研讨，也方便外校外地的老师来参加。天津普育学校是九年一贯制学校，所以小学部和中学部间周进行。

同课异构活动流程：上课—说课（准备 PPT 课件，不少于 10 分钟）—听课教师评课—专家评课。

截至 2014 年上半年，普育学校大讲堂已经开展了 9 个学期。小学部开课：语文 144 节，数学 153 节，英语 73 节，共计 360 节。初中部开课：语文 81 节，数学 83 节，英语 65 节，物理 36 节，化学 27 节，政、史、地、生共 76 节，班会课 11 节，共计 379 节。王敏勤教授点评了 691 节课。

参与同课异构的学校：北京、重庆、山东、河北、内蒙古、江苏、安徽以及天津本市的 93 所学校。

参与大讲堂活动的学校：除青海、宁夏、台湾地区以外的各个省、市、自治区都有学校或教育局派人参加，大约 1.9 万人次。

以和谐教学法为课改理论，在王敏勤教授悉心指导下，五年大讲堂的实践，实现了六大提升：

● 课堂效率提升

● 教师专业素养提升

● 学生学习素质提升

● 教学质量提升

● 教研水平和实效提升

● 普育对外学术交流提升

1. 构建和完善了普育学校的三级建模，让先进的课改理念落地生根。"三级建模"的课改经验已在全国各地得到推广。

2. 构建和完善了普育学校的课堂体系，深化了对课堂要素的研究，提高了课堂效率。

3. 梳理和完善了普育学校的教研体系，提高了教研水平和质量。

4. 学生学习素养明显提升。小组合作学习，不仅提高了学习的效率，帮扶了学习困难的学生，更重要的是团队精神让孩子们受益终身。

5. 在大讲堂这一平台中年轻教师尽快入轨，骨干教师加快成才，教师专业素养突飞猛进，在一次次大赛中争金夺银。

南至三亚，北到大兴安岭都留下了普育人的足迹；不论是经济发达的江浙沪，还是西部的新疆、甘肃，都有普育教育界的朋友；广西百色的隆林，江西的新余，河南的平顶山、鹤壁，河北的邯郸、廊坊，山东的青岛、威海、日照、淄博、枣庄，辽宁的大连，内蒙古的赤峰，北京，重庆等地都有普育的友好学校。

河南省平顶山市九中教师参加"普育大讲堂"

6. 教学成绩的含金量逐年提高。初中部虽然60%的学生是随迁子女，80%的老师教龄不足五年，但是初中三个年级本学期均是全区第一，八、九年级超第二名平均分20分以上。

7. 围绕课堂促进教育公平的办学特色凸显。立足大讲堂我们关注和研究让每一位孩子都进步的方法，立足小组合作学习，步步清、人人清，不让一位孩子掉队。

五年来，"普育大讲堂"成为学校发展、进步的强劲动力和打开大门开放办学的一张名片。大讲堂也必将推动着普育发展的道路越来越宽，普育队伍的成长越来越快，普育整体办学的水平越来越高，普育的朋友越来越广，普育发展的前景越来越好。

2012 年 6 月在"普育大讲堂"评课

2013 年 5 月在"普育大讲堂"评课

　　对于"教改大课堂"的指导我有两种方法：一种是在课前听老师的试讲，然后帮助老师分析教材和设计课堂教学的步骤，在"教改大课堂"换另一个班上课，课后我再进行点评。另一种做法是老师自己按照和谐教学法的教学模式备课，在"教改大课堂"上课后我进行点评。我们一般是每半天一个专场，2～3 节课后是老师们的相互评课，然后是我的公开点评。这几年我们就是通过"教改大课堂"对和谐教

2014 年 9 月在"普育大讲堂"评课

学法进行了系统的实验，并探索出了和谐教学法在不同学科不同课型的具体的教学模式。

　　普育学校的"教改大课堂"每年也邀请外地的友好学校来同课异构，通过听课、评课与座谈，我也指导这些学校的老师上课。下面是山东省莘县实验初中的李银乐副校长（特级教师）写的一篇文章。

和山东省莘县实验初中的老师们合影

向王敏勤教授汇报 "3.2.1" 教学模式感悟

2012 年 5 月 30 日，是一个令我终生难忘的日子，应天津市教科院王敏勤教授的邀请，我、张庆华校长、赵福玉老师、罗慧燕老师带着一节语文课和一节数学课到天津普育学校接受王敏勤教授的指导。

王敏勤教授是基础教育界的专家，但没有一点架子，看到我们 "3.2.1" 教学模式的材料后即盛情邀请我们到天津上课，且亲自与普育学校梁峰校长联系安排我们天津之行的接待，这让我们这些普通学校的普通老师们很感动。周三见到王教授是在普育学校的课改大讲堂，见面后即热情了解我们的情况，让我们感到没有一点距离。王教授的和蔼可亲让我们感受到了一位教育长者和前辈的关爱，这种关爱让我们增添了献身教育、将课改进行到底的决心和信心。

王教授的敬业更是让我们感动。据梁峰校长介绍，王教授每周三坚持到普育学校听评课，作为一个年逾花甲的老人，实在让人敬佩和感动。5 月 30 日，王教授一天听了 6 节课，评了 6 节课，而且听的每一节课都从各环节用的时间、设计等方面详细记录，并给出针对性的修改建议，每一学科的知识树和教学流程都在听课时梳理出来，工作强度可想而知。王教授惊人的记忆力和健壮体格也让我们十分钦佩。

最让人敬佩和感动的还是王敏勤教授的高度。作为从事基础教育研究的专家，王教授既有理论又有实践，将先进的教育理念转化为可以操作的教学实践。如王教授倡导的说课标说教材，让老师可以从课标和教材系统的高度把握知识的教学，从根本上解决了如何提高教师教学高度的问题；知识树从单元角度构建，解决了学生学习知识系统化的问题；评课时直接给出的教学建议从微观层面解决了学生激情调动、教学细节设计等问题。王教授对课件封面设计、字体对比色、学校个性化模板、每个幻灯片教学环节的标注等方面的要求，让我们认识到严谨也是一种高度，这让我们感到非常震撼。

2012 年 6 月 3 日

（三）通过"教改大课堂"探讨和谐教学法在各科的具体模式

根据三级建模的原理，和谐教学五环节的基本模式在不同学段不同学科会根据不同的课型构建更为具体的教学模式。下面是我们在"教改大课堂"的活动中总结出的部分学科不同课型的和谐教学模式。

如天津市普育学校已经总结出了和谐教学法在初中各科不同课型的80多种教学模式，小学各科不同课型的30多种教学模式，并把这些教学模式悬挂在"教改大课堂"的墙上。

在普育学校初中部的大讲堂楼梯旁有各科的和谐教学模式

第一类：初中语文部分课型的和谐教学模式

一、初中语文分析课文教学模式

（一）单元导入，明确目标

1. 单元导入和立体整合（文体和主题）

2. 介绍作者和背景资料

3. 明确学习目标

（二）自学指导一：掌握字词，熟读课文

1. 听写或默写字词（人人清）

2. 二人互查读课文（人人清）

3. 大组汇报（给大组记分）

（三）自学指导二：整体感知，理清结构（文章写了什么？）

1. 给课文分段，加小标题（画知识树）

2. 小组交流，大组汇报（用知识树，给大组记分）

3. 教师点拨（用知识树）

（四）自学指导三：重点研读，分析特点（文章怎么写的？）

1. 分析重点段落（语言、写作特点）

2. 画段落知识树

（五）合作探究，深化主题（作者为什么写和给我们的启发是什么？）

1. 结合课后练习分组讨论

2. 大组汇报（给大组记分）

3. 教师点拨

（六）课堂小结，单元回归

1. 内容小结（完善知识树）

2. 学生表现小结（评出优胜组）

3. 单元回归（单元知识树）

二、初中语文古诗词教学模式

（一）单元导入，明确目标

1. 单元导入

2. 了解作者和写作背景

3. 明确目标

（二）指导诵读，把握音节

读准字音，读准节奏。

（三）翻译诗句，理解诗意

（四）整体感知，理清结构

诗歌写了什么，分为几部分？加小标题。

（五）赏析诗句，感受意境

诗句的妙处是什么，表达了什么样的意境？

（六）体验情感，学习写法

作者为什么写，有什么写作特点？

（七）达标测试，课堂小结

达标测试也包括必要的背诵。

三、初中语文散文教学模式

（一）单元导入，明确目标

（二）检查预习，了解作者

预习的内容包括：字词、作者、写作背景等。

（三）整体感知，理清文脉

（四）品赏语言，学习写法

（五）感悟主题，拓展延伸

（六）达标测试，课堂小结

四、初中语文童话故事教学模式

（一）单元导入，明确目标

（二）检查预习，了解基础

包括读、字词、作者背景等。

（三）初读课文，理清结构

（四）结合习题，重点研读

（五）感悟主题，拓展练习

五、初中语文小说分析课文教学模式

（一）单元导入，明确目标

（二）交流预习，整体感知

（三）分析人物，学习写法

（四）品赏语言，归纳特点

（五）概括主题，拓展练习

（六）课堂小结，布置作业

第二类：初中数学部分课型的和谐教学模式

一、初中数学新授课教学模式

（一）单元导入，明确目标

1. 提出问题

2. 单元导入（单元知识树）

3. 呈现教学目标

（二）问题探究，自主合作

1. 呈现自学指导

2. 自学或讨论

3. 大组汇报（给大组记分）

4. 教师点拨

（三）巩固练习，达标测试

1. 自主练习

2. 小组互查互助

3. 大组汇报（给大组记分）

4. 教师点拨

（四）达标测试，课堂小结

1. 达标测试

2. 总结本课所学知识

3. 单元回归（完善单元知识树）

4. 评出优胜小组

（五）拓展提高，分层发展（酌情掌握）

二、初中数学复习课教学模式

（一）导入复习，明确目标

（二）单元回顾，知识梳理

（三）摸底测试，发现问题

（四）教师点拨，解决问题

（五）链接中考，探索规律

三、初中数学"数与代数"领域教学模式

（一）单元导入，明确目标

可以创设情境导入、可以复习旧知导入、可以检查预习导入、可以提出问题导入，知识树起到承前启后的作用。

（二）提出问题，分步探究

问题探究一：基本概念

问题探究二：解题步骤和规律

每一个问题探究都是小循环：独立自学—小组交流—代表汇报—教师点拨。

（三）巩固练习，拓展提升

1. 巩固练习题

2. 拓展提升题（包括链接中考题）

每一个练习都是小循环：独立完成—批改样卷—交换判卷—组长汇报—老师记分。

（四）课堂小结，达标测试

达标测试也是小循环，做到人人清。

四、初中数学试卷讲评课教学模式

（一）导入讲评，明确目标

（二）分析试卷，问题点拨

（三）错点变式，当堂检测

（四）链接中考，一题多变

（五）课堂小结，布置作业

第三类：初中英语部分课型的和谐教学模式

一、初中英语阅读课教学模式

（一）单元导入，明确目标（呈现单元知识树）

（二）初读课文，学习生词

（三）再读课文，整体感知（呈现课文知识树）

（四）细读课文，分析鉴赏（完善课文知识树，有的还要画段落知识树）

（五）变式练习，达标测试

（六）课堂小结，单元回归

二、初中英语语法课教学模式

（一）立体导入，明确目标

1. 语法知识的整合（知识树）

2. 呈现学习目标

（二）讲解新知，分析规律

1. 用知识树呈现

2. 举例说明

（三）巩固练习，互查互助

1. 自主练习

2. 互查互助

3. 大组检查汇报（给大组记分）

4. 教师点拨

（四）达标测试，当堂巩固

1. 自主完成

2. 大组检查汇报（给大组记分）

（五）课堂小结，单元回归

1. 总结本节知识结构

2. 总结学生表现

3. 单元回归

三、初中英语专题复习课教学模式

（一）立体导入，知识梳理

（二）复习测试，发现问题

（三）疑难点拨，考点攻略

（四）课堂小结，布置作业

四、初中英语听说课教学模式

（一）单元导入，明确目标

（二）学习新词，及时巩固

（三）听力练习，感知课文

（四）熟读课文，自由复述

（五）对话练习，拓展延伸

（六）达标测试，课堂小结

第四类：初中其他学科部分课型的和谐教学模式

一、初中美术新授课教学模式

（一）创境激趣，提出问题

（二）单元导入，明确目标

（三）动手操作，组内交流

（四）大组汇报，师生点评

（五）课堂小结，布置作业

二、初中思品课教学模式

（一）单元导入，明确目标

（二）自主学习，合作探究（一）

（整体感知）

1. 自读全文，理清结构

2. 大组讨论

3. 汇报点拨

（三）自主学习，合作探究（二）

（分框学习）

1. 提炼观点

2. 联系实际

（四）达标测试，巩固新知

（五）课堂小结，单元回归

三、初中物理新授课教学模式

（一）单元导入，明确目标

（二）提出问题，引导自学

（三）互查互助，教师点拨

（四）达标测试，及时反馈

（五）课堂小结，布置作业

普育学校小学语文、数学不同课型的和谐教学模式

普育学校小学美术、英语不同课型的和谐教学模式

第五类：小学语文部分课型的和谐教学模式

一、小学语文阅读课教学模式

如果一课时处理，教学模式如下：

普育学校小学音乐、体育不同课型的和谐教学模式

（一）单元导入，明确目标

（二）初读课文，解决字词

（三）二读课文，理清结构

（四）品赏语言，学习写法

（五）归纳主题，谈出感悟

（六）课堂小结，达标测试

如果两课时处理，阅读课教学模式如下：

第一课时：

（一）单元导入，明确目标

（二）初读课文，解决字词

（三）二读课文，理清结构

（四）三读课文，概述课文

（五）达标测试，课堂小结

第二课时：

（一）导入新课，明确目标

（二）回顾结构，复述课文

（三）品赏语言，学习写法

（四）归纳主题，谈出感悟

（五）课堂小结，布置作业

二、小学语文单元复习课教学模式

（一）导入复习，明确目标

（二）梳理课文，回顾主题

（三）复习字词，背诵课文

（四）达标测试，课堂小结

第六类：小学数学部分课型的和谐教学模式

一、小学数学"数与代数"领域新授课教学模式

（一）单元导入，明确目标

（二）自主学习，合作探究

根据教学任务分为几个问题探究，注重小循环：独立自学、小组交流、代表汇报、教师点拨。

（三）变式练习，拓展提高

注重小循环、步步清：独立完成、批改样卷、交换批改、组长汇报、教师记分。

（四）达标测试，课堂小结

达标测试要注意小循环，课堂小结包括对各组得分情况的总结。

二、小学数学"图形与几何"领域教学模式

（一）单元导入，明确目标

1. 借单元知识树复习旧知，导入新课。

2. 明确本节课学习目标。

（二）提出问题，合作探究

根据一节课的教学任务和知识点分为几个问题探究，如：

问题探究一

问题探究二

每一个问题探究都是一个小循环：

1. 头脑风暴，提出猜想（可全班头脑风暴式讨论，提出的猜想越多越好）。

2. 动手操作，得出结论（公式）。

要由基本公式推导出变式公式。

3. 运用公式，计算例题。

（三）变式练习，拓展提高

这里的变式练习不同于前边的计算例题，例题可能直接套用公式，而这里的变式练习是间接利用公式，有难度和综合性。

练习可分为基本问题和拓展练习。时间多就拓展，时间少就放到课后。

（四）达标测试，课堂小结

达标测试题尽量不要与前边的练习重复，有些已经步步清的在达标测试中就不要出现了，要避免重复性练习。

1. 达标测试小循环：独立完成—点评样卷—交换批改—组长汇报—教师记分。

2. 课堂小结。包括对课堂内容的小结、单元回归、对小组得分的总结。

第七类：小学英语部分课型的和谐教学模式

一、小学英语阅读课教学模式

（一）单元导入，明确目标

1. 借单元知识树复习旧知，导入新课。

2. 明确本节课所学目标。

（二）播放视频，整体感知

1. 播放课文视频，让学生试听看是否明白课文大意（在播放前就让学生带着问题听）。

2. 可让学生尝试用英语说出课文的大意，培养学生集中注意听和说的能力（可先让学生自由地大声复述，再检查个别）。

（三）阅读课文，解决疑难

1. 让学生自读课文，把不明白的问题在小组内解决，还有不明白的全班提出，老师可问"谁能帮他解决这个问题"，如果大家都不会就由老师来解决。

2. 教师点拨课文中的难点和有关语法知识。

（四）复述课文，巩固拓展

1. 让学生自由地大声复述课文，可带动作生动复述。

2. 检查一两个学生的复述情况（到台前）。

（五）达标测试，拓展提高

1. 做达标测试题，巩固本课所学。

2. 让学生拓展练习。

二、小学英语听说课教学模式

（一）单元导入，明确目标

可复习旧知导入新课，也可提出问题导入新课。

（二）初读课文，解决生词

（三）再读课文，回答问题

（四）观看视频，学习句型

（五）小组合作，角色表演

（六）达标测试，课堂小结

各科都总结了不同课型的教学模式，以上只是部分课型的举例。

四、指导天津中学的教学改革

天津中学是一所初高中完全中学，是一所伴随着新课改诞生的年轻学校。这所学校的第一任校长国赫孚（特级教师）是个真正的教育家。通过几年的课堂改革，这所学校不仅在综合实践活动方面闻名全国，在教学质量方面也逐年提升，由一所名不见经传的新学校而成为位居天津前十的品牌学校。国赫孚校长专门写了一篇文章回忆这几年我们合作的过程。

三次引领天津中学课堂教学改革的教育科学工作者
——王敏勤教授指导天津中学教学改革的回顾

天津市教育科学研究院王敏勤教授，站在我国教育改革的最前沿，潜心研究基础教育的现状，鞭辟入里地分析传统教育的弊端，准确把握教育发展的规律和趋势，

讲话者为国赫孚校长

点评国赫孚校长的教学思想

旗帜鲜明地倡导新课程改革，以高屋建瓴的学识见解，以笃行创新的勇气决心，以改革家的气魄提出了"和谐教学"的教育理念，在中国基础教育的改革中独树一帜，成为领军人物。

王敏勤教授对教育理论和教学实践研究深入、结合彻底，对基础教育的一线教学了解得深入，既能深刻指出基础教育的弊端，又能站在制高点上前瞻教育的发展；

同时具有广博的学科知识，对各学科教学实际能够说出内行人的话来，这样才能给教改开出"对症"的"药方"来。

一、批判传统教育弊端，介绍教育改革先进经验

天津市天津中学是一所 2000 年创办的学校。学校一班人从建校之初就深深感到传统教育对人才培养的束缚，感到传统教育违背教育规律的种种弊端，但是，苦于找不到打开坚冰的途径，找不到突出重围的缺口。

就在此时，王敏勤教授来到了天津中学，接连举办了两次讲座，从传统教育的种种弊端，到新课程理念的光辉前景；从传统课堂教学的死气沉沉，到全新课堂的和谐发展，王敏勤教授一石激起千层浪，广大教师被重重地"击"中了！

王敏勤教授全面介绍了洋思中学、杜郎口中学、东庐中学教改的经验，揭示了传统教育压制学生主体性的发挥、教师教学"满堂灌"的弊端，介绍了"和谐教学"的精神实质。

会后老师们反思自己的教育经历，透过王敏勤教授的讲座，才深深地认识到，自己在传统教育的影响下，做了这么多违背教育规律的"工作"，认识到王敏勤教授所讲的把学生当"机器"、紧张的师生关系、"填鸭式"的教学方法、枯燥的课堂教学、违背人性的教育手段，原来就是我们这些一线教师参与其中的！

天津中学的领导班子高兴地看到，一线教师在王敏勤教授的中肯分析中被深深地触动了，这次触动的是灵魂深处的东西，是多年来习以为常的东西，是教师长期以来认为真理的东西，这次讲座为天津中学教育教学改革点燃了导火索。

王敏勤教授就是这样善于在习以为常的现象中深入浅出地指出问题所在，善于高屋建瓴地阐发自己的观点、阐述具有前瞻性的理论。而天津中学的教师这种发自内心的反思，从根本上认识到传统教育的弊端，心悦诚服地接受新的教育理念，满怀渴望地接受教育改革的引导，成为学校各项改革的原动力。

在王敏勤教授讲座之后，天津中学借势而上，认真学习研究新课程的理论，深入分析天津中学存在的种种问题，努力寻找改革突破口。按照新课程的理念，积极借鉴在教育教学改革创新中的先进经验，以综合实践课程为突破口，探索培养学生社会责任感、培养科学探索精神、培养自主学习能力的全新模式，这一成果获得教育部教育成果二等奖。

教育改革如果不触动课堂教学这一主阵地，不改变传统教育中课堂教学"满堂

灌"、教师"一统天下"的局面，就根本不可能达到教育改革的成功。

天津中学教师开始探索具有天津中学特点的改革之路。

在王敏勤教授倡导"发挥学生主体作用"的讲座之后，教师们开始设计符合学生自主学习要求的学案，实践"先学后教，当堂训练"的教学模式，尝试"形成性检测"等新的教学方法。在天津中学的课堂上，学生的主体意识被逐步地激发出来，教师们开始追求善于引导、善于组织、善于推动的教学策略的研究，学校的面貌有了初步的改观。

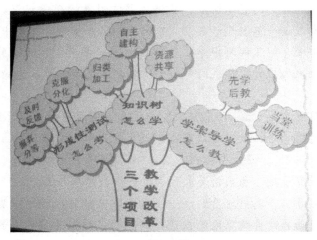

天津中学教学改革三个项目

二、嫁接"知识树"，提升学生的自学能力

但是，天津中学如何才能在课堂教学中有所突破呢？

天津中学领导看到王敏勤教授在魏书生老师研究实践的基础上，推广"知识树"的做法，很受启发。学校又把王敏勤教授请来，又是一连两次讲座，这次专门讲解"知识树"。

王教授说，以前都是教师对已讲过的知识进行总结，而我们推广的"知识树"，是让学生在学完一章、一单元甚至一本书的课程后自主进行知识总结和整理，让学生根据自己学习的经验体会，根据学科知识的特点，学会梳理知识，形成知识体系。

通过王敏勤教授的讲解，教师们明白了"知识树"在体现教学的整体性、教学的序列性、形成学生的认知结构、明确教学和学习目标以及提高学生自主学习的能力方面的巨大作用。

但是，老师们还是觉得让学生自己画出"知识树"是不可思议的。教师进行知识总结，学生还不一定能够听懂、掌握，学生自己就能把知识脉络梳理清楚？特别是义务教育阶段的学生，本身的知识水平和自主学习的能力就很低。

教师们抱着试试看的想法，把王教授的梳理知识结构、理清知识脉络、画出"知识树"的基本方法向学生们进行了讲解，布置了单元和章节画"知识树"的作业。

令教师惊讶的是，学生们不仅按照王教授的方法画出了"知识树"，而且还把自己在学习中的心得体会创造性地展现在"知识树"上。八年级的孩子画出的"知识树"，不仅把数学知识脉络整理得清楚有序，而且把文科知识也按照理科的思路整理出来，一目了然。

学校又把王敏勤教授请来，请王教授评估指点提升。王教授看到了学生们的"知识树"异常兴奋，也看到了天津中学教师在推进新课程中极高的领悟能力和科学的指导能力。王教授充分肯定了教师们积极实践、努力探索的精神，对八年级的孩子们热情洋溢地进行了鼓励。

同时，王教授也指出了指导学生画"知识树"的问题，提出"知识树"不仅是知识的总结归纳，而且是知识结构的梳理把握，是根据教学目标和学习内容确定的。"知识树"要体现知识体系和学生思路，特别要注意，"树"只是形式，知识才是内容。形式要为内容服务，形式要尽量简洁，不能超过四个层次。

老师们又一次豁然开朗了。

天津中学在初中年级开展学生自主学习、画"知识树"的教学实践取得了成果、促进了学生学习自觉性的提高、培养了自学能力的基础上，又把"知识树"的形式向高中年级进行了推广。

学校领导认为，高中年级学生的知识积累已经相对丰厚，思维水平相对较高，自学能力应该相对较强，完全有可能在学科知识结构的建构上有自己的优势。于是天津中学校长国赫孚又提出，高中要借鉴发展"知识树"的实践成果，提倡高中年级的学生画"思维导图"。

于是，学校首先在知识体系相对系统的数学组进行知识框架建构的实践。

以前，到了高三数学教师总强调要回归课本，要能够根据教材目录去复习课本知识，回顾课本内容，强记公式和例题，把握解题思路。

数学组组长耿刚老师大胆实践，他在高三总复习中，让学生建构知识体系，画出知识结构图或"思维导图"，进行知识总结。学生们在他的指导下根据自己对数学知识的掌握情况，纷纷画出自己数学知识方面的知识框架图。思路的清晰，知识的逻辑关系的清楚展现，促进了学生对高三总复习数学知识的系统把握。学生自己说，经过整理的知识框图和"思维导图"，就好像印在脑子里，什么时候回想起来，能够清楚再现，前后知识能融会贯通，解题思路明确有序，做起题来毫不费劲。

那一年，这个班的数学高考成绩名列年级前茅，学校特地把这个班的数学知识框图和"思维导图"印刷出来，用来指导以后年级"知识树"教学。现在天津中学高、初中的"知识树"和"知识框架图"的建构已经成为学生自主学习的重要途径之一。

一个对基础教育改革实践起着推动作用的人，应该是幸福的！

三、"说课标说教材"，全面推动课堂教学的改革

新课程改革逐步深入，各种探索理论和实践经验层出不穷。天津中学努力学习借鉴先进的教育创新理论，也到教育发达地区学访，发现了一些"走偏"的形式主义的东西，没有把握住新课程理念的精神实质。如何突破"瓶颈"，进一步推动新课程健康发展、提高全面培养学生的水平，如何能在纷繁的摸索中找到一条明晰的路径来，天津中学在深入地思考。

王敏勤教授在全国各地多次举办说课大赛，他提出"说课标说教材"，又是具有把握教育改革趋势、回归教育实质和教学本源的一次重大探索。

天津中学又一次请来了倡导"说课标说教材"活动的王敏勤教授。

天津中学在全体教师进行"说课标说教材"活动的基础上推举出18人参加2013年在青岛举办的"说课标说教材"大赛。王敏勤教授对全校教师进行了"说课标说教材"活动意义的讲解。

王教授语重心长地告诫教师们，如果教师本身对课程标准和教材甚至考试大纲都不能把握，对学生的引领作用也很有限，就像一个对道路本身就不熟悉的人给别人引路，也只能是摸着石头过河，效率很低。

在教学方法方面，如果不能培养学生的自学能力和科学的学习方法，教师即使

24 小时都在工作，也没法顾及每个学生，也不能保证每个学生都能得到很好的发展。教师如果不能熟练地把握教材体系，就难以有效地引领学生学习。

这正是"说课标说教材"的意义所在，也正是王敏勤教授紧紧把握新课程推进的根本所在。新课程的推进是有理论依据和目标引领的，视新课程标准而不见，就失去了新课程的方向；视教材内容而不见，就失去了新课程的载体。天津中学又一次被王敏勤教授激发起了极大的热情，开始重新认识新课程实施的重大意义，开始探索推进新课程的策略调整，也开始了天津中学自主学习课堂模式的探索。

参赛教师更明确了学习新课标、研究教材内容的改革方向。一时间，研究课标的编写目的，研究教材如何体现课标编写目的的局面正在形成。王敏勤教授对参赛教师进行了深入的指导，面对面地对每位教师的说课从内容到形式、从观念到实践都悉心讲解，使得参赛教师得到了一次新课程理念的提升，得到了一次教学实践的升华。教师们都说，原来我们在追求形式上想得多，在深入研讨课程标准和教学内容上下功夫少。这次听了王教授的讲解、接受王教授的指导，一下子豁然开朗了。今后在天津中学自主学习课堂模式的探索中方向就更明确了，操作性就更强了。

本次大赛，天津中学共获得 13 个特等奖、2 个一等奖、1 个二等奖。

必须提到的是，在参赛教师中，有 3 位教师刚刚参加工作一年，有 3 位教师还没有入职、走上讲台。他们都获得了特等奖。这不仅对于他们即将开始的教育生涯是一个巨大的鼓舞，而且，也为天津中学师资队伍的后备人才成长奠定了坚实的基础。

在王敏勤教授的认真指导下，天津中学努力进行"自主学习课堂"建构的"六环节"模式的探索。

学校在先进的教育理念的引领下，在以学生为本的人文精神的感召下，在培养学生自主学习、"为成功的人生做准备"的校训的指引下，开展了"目标设计、情境设计、问题设计、习题设计"等十个小课题研究的活动。

在搞好教学设计的基础上，天津中学从发挥学生主体性、培养学生自主学习能力出发，按照"引入、自学、交流、展示、练习、总结"六个环节，建构天津中学学生自主学习课堂模式。这种模式的建构，是基于学生在教学中的主体地位、调动学生参与到教学中来、使之真正成为学习的主人、培养学生创新精神和实践能力角度开始的。它体现了天津中学在新的教育理论的指导下，探索符合教育规律和学生发展规律的教学模式建构，以及具有可操作性的、有推广价值的、避免"模式化"的大胆实践。从模式的提出到探索的过程，王敏勤教授多次来学校听课，与教师交流，给学校理论指导，帮助总结经验。

王敏勤教授以他敏锐的教育改革的眼光，以他丰厚的教育理论基础，以他广博的知识体系和深入一线课堂的丰富的实践经验，引领和推动了天津中学的教育教学改革，作为一个教育科学工作者和教育改革的倡导者、实践者，为天津中学的改革发展做出了可贵的贡献，为全国基础教育的改革发展做出了积极的贡献。

五、在全国各地演讲宣传和谐高效的课堂模式

（一）连续五年的暑期教育万里行

多年来，我没有周末和假期的概念，平时在天津市的实验学校听课、评课，指导老师上课，周末奔波于全国各地讲课和听评课，主要是宣讲和谐教学的理论和教学模式。从 2010 年开始，我每年暑假都有一次"暑期教育万里行"活动，两个月的时间走过十四五个省、市、自治区，我还受天津市教委的委托，到新疆、甘肃、陕西支教。下面是 2010 年我在博客中的小结：

万里之行，始于足下
——"暑期教育万里行"小结

从 2010 年 7 月 12 日到 8 月 28 日，在一个半月的时间里，我跨越了十四个省、市、自治区，分别到黑龙江、贵州、广西、福建、江西、北京、山东、河南、河北、重庆、江苏、内蒙古以及天津的若干地区培训教师和参加学术活动（期间因时间冲突也谢绝了许多地方的会议邀请），并到祖国的宝岛台湾地区学访十天，行程何止万里！期间还参加了市教委的两个重大课题的研讨和撰稿工作。每天似乎都是在拖着行李箱奔跑。所幸现在有了笔记本电脑，在飞机上和火车上，也可以及时记录旅途的感受，并撰写了几篇论文。几年来我每年都要发表十多篇论文，许多文章都是在

2010 年 7 月到台北市福星国民小学

飞机上和火车上起草的。我虽然到过许多风景名胜区，但由于时间匆忙，来不及仔细欣赏和享受，往往走马观花，浮光掠影，拍几张照片走人。旅途虽然辛苦，但也收获很多——结交了朋友、获得了信息、开阔了眼界、扩大了影响。特别是到台湾地区十日，不仅对台湾地区的基础教育有了大致的了解，也了解了台湾地区的经济、社会和民俗。教育涉及千家万户，与社会、经济、政治、文化、传统等紧密相连，所以教育工作者一定要跳出教育看教育，不然就会"不识庐山真面目，只缘身在此山中"。眼下教育的许多症结问题，往往是社会问题，而不是教育自身能够完全解决的。所以我每到一地，不仅要了解这里的教育情况，还要了解当地的财政收入、风俗民情、自然风貌。一个人只有经多见广，在教学中才能广征博引，高屋建瓴；在研究中才能思维敏捷，左右逢源。

随着假期的结束，2010 年的"暑期教育万里行"也告一段落。新学期已经开始，各项工作也纷至沓来，假期不得闲，开学更不轻松。好在忙碌已成习惯，工作已成享受，我还要继续行走下去。俗话说：脚永远比路长。万里之行，始于足下，要少空谈，多实干；少议人非，多思己过；在相互学习中共赢，在相互鼓励中成长。感谢各位网友的一直关注和支持！相识是缘分，交往是朋友。让我们以良好的心态、饱满的热情投入到新学期的工作中去，在金秋季节应该收获更多！

下面是 2011 年暑假我到新疆支教的博文：

新疆支教散记

在于田县讲课

2011 年 7 月 27 日至 8 月 3 日，我受天津市教委的委托到新疆和田地区的于田县、民丰县、策勒县支教，这是我们天津对口支援的三个县，每个县都有天津援疆的干部和教师、医生等 20 人左右，他们一般挂职锻炼三年。我们这次是参加他们的暑假教师培训，天津的三个区对口到新疆的三个县讲课：河西区到于田县，河北区到民丰县，河东区到策勒县。这三个区各有十多名中小学和幼儿园的教研员和名教师分学科培训当地的骨干老师。而我与市教研室的赵福楼副主任和天津 43 中的谷梦琴校长要巡回到三个县做教育理论报告。

7 月 23 日我从天津飞到乌鲁木齐，再转机到和田机场已是夜间 12 点。当地接站的老师再把我接到于田县已是凌晨 3 点，由于这里太阳落山晚，早上太阳升起也晚，比北京时间顺延 2 个小时。28 日上午 10 点我开始讲课，一直讲到下午 1 点；下午 4 点再讲到 7 点。去之前我就告诉那边要准备多媒体设备，因为我有大量的图

与在和田市教育局挂职的陈晓明副局长在民丰县合影

片和知识树要让老师们看到。去之前在和田地区教育局挂职的陈晓明副局长（天津耀华中学的副校长）就告诉我：由于少数民族老师的汉语水平弱一些，讲课时语速要慢。在于田县讲课的第一天上午，由于多媒体设备没有准备好，听课的有 500 多人，课间我问了一下，有些维吾尔族老师汉语水平弱，在学校也是用维语讲课。我只好把语速再放慢，尽量讲一些浅显的教育理论，避免一些专业术语，多举一些教学中的实例，课后了解大部分老师能听得懂。下午有了多媒体，老师们边看字幕边听讲，效果要好得多，特别是他们对于如何提高课堂教学的效率和用知识树说教材很感兴趣，课后很多老师用优盘拷贝了我的课件。县教研室的王军主任在会后表态下学期也要把"说教材"活动开展起来，这是引导教师把握课程标准和教材的好方法。

有在于田县讲课的经验，到民丰县和策勒县讲课的效果就好得多了。于田是个大县，有 25 万人口，教师也多。民丰县最小，只有 3 万多人口，参加培训的骨干教师有近百人，虽然投影仪有些老旧，字幕不太清晰，但大家对我讲的内容很感兴趣，参加培训的老师绝大部分都会汉语，所以效果要好得多。策勒县有 15 万人口，在县文体中心有 200 多人参加培训，由于他们的投影设备新，投影清晰，我也有了经验，过后了解到 95% 以上的老师能听懂我的课，并反映效果很好。

在民丰县民汉初级中学

我曾经到甘肃省支教两次，到陕西汉中地震灾区支教一次，但那都是给汉族的老师讲课，不存在语言障碍问题。而这次就不同了，有95%以上的是维吾尔族老师，语言障碍会影响他们对新课程理念的理解。

下面是2012年我的"暑期教育万里行"小结：

2012年9月1日晚上从青岛回来，算是正式结束了今年的"暑期今又万里行"活动。整个暑期50余天，到十几个省市游学，虽然没有读万卷书，却行了万里路，在行路的过程中结识了更多的朋友，了解到更多的信息，向更多的人介绍了我们的教改实验情况。在游学的路上，也观赏了一些名胜古迹、民风民俗，丰富了阅历，开阔了眼界，拓展了思维，虽然忙碌却心情愉快。感谢众多的朋友关注我的"暑期万里行活动"，也衷心祝愿各位朋友新学期愉快！

下面是2013年我的"暑期教育万里行"小结：

2013年9月2日晚上我从青岛回到天津，才算正式结束了今年的"暑期教育万里行"。两个月的时间，我应邀到黑龙江、内蒙古、甘肃、西藏、北京、河北、河南、山东、安徽、浙江、广东、广西、贵州及天津（部分区县）等14个

在大兴安岭加格达奇培训教师

省、市、自治区，参加了许多市县或学校的教研活动和培训活动，也顺便游览了祖国的大好河山。还是那句老话：读万卷书不如行万里路。不到西藏，不知道什么是高原反应，不知道拉萨的蓝天有多么清澈，不知道布达拉宫有多么雄伟壮观，不知道林芝有多么美丽。不到大兴安岭，不知道什么是真正的原始森林，一望无际，绵延起伏，饱含负氧离子的空气中透着蓝莓味、松香味、野花味，每吸一口气都是一种享受。在漠河的夜空中星星清晰可数，这在雾霾沉沉的京津冀地区已很难看到。不到杭州不知道高温是什么滋味，在43度高温的炙烤下，站在太阳地里就像站在烤羊肉串的火炉里。不到贵州的六盘水，不知道什么是真正的凉都，上千人的报告厅里没有空调、没有风扇，19度的温度如同中秋。不到南宁，不知道青秀山公园有多么秀美，青翠欲滴的绿树嫩草，是北方的植物所没法比拟的。不到鄂尔多斯，不知道早晚与中午的温差有多大，即使中午有30度的高温，晚上睡觉也要盖着棉被。

　　中国太大，有特色的地方太多，纸上得来终觉浅，实地体验才是真。在与各地老师的交流中也认识了许多新朋友，重逢了许多老朋友，了解了各地课程改革的现状，发现了许多优秀的典型。虽然在两个月的过程中有飞机误点的苦恼，有长途跋涉的疲劳，但比起那些徒步旅行者我幸运多了。结识了朋友，学得了知识，交流了经验，传播了和谐教学的思想和做法，是我暑期万里行的最大收获。

下面是 2014 年我的"暑期教育万里行"小结：

在厦门培训骨干教师

　　从 2014 年 7 月 1 日到 8 月 31 日，我的"2014 暑期教育万里行"也告一段落，两个月的时间，我走过了北京、天津、内蒙古、辽宁、河北、山东、河南、江苏、安徽、广东、广西、福建、江西、陕西、云南 15 个省、市、自治区的若干区县和学校，在传播和谐教学思想的同时，也欣赏了祖国的大好河山，学习了外地的好经验。纸上得来终觉浅，真知灼见在实践。虽然旅途中有飞机晚点的辛苦，有奔波车站的疲劳，但也游览了各地的风景名胜，了解了各地的风俗人情，结识了更多的教育界同仁。还是那句老话：读万卷书不如行万里路。

下面是我 2008 年到陕西省略阳县地震灾区支教收到的听课老师的短信：

尊敬的王教授：

　　您好！听了您的讲座我感触颇深，一个人最大的贫乏不是物质的贫乏而是知识的贫乏。岁月轮回，作为长期从教的老师，我们的课堂如果没有改革就会枯燥，生命也会失去应有的光泽。您不光教会了我们方法，更重要的是一种思想深处的震撼。愿您在略阳的日子快乐、吉祥！祝安！

略阳县白水江中学语文教师　唐仲宏
2008 年 8 月 12 日 12:11

（二）部分听我讲座的反馈文章

我在网络上搜索了部分文章，是对我讲座的反馈，这些文章可能更真实地反映了我的情况。

灵宝课改的春天
——王敏勤教授在灵宝考察调研的前前后后
作者：杨丰烈　来源：枫叶教育网（www.fyeedu.net）

杨丰烈、王敏勤、任杰在灵宝火车站

2009 年元月 6 日下午，王敏勤教授应邀如期来到灵宝，进行了为期两天的考察调研。

元月 7 日上午 8 点前，王敏勤教授在灵宝市教体局副局长张毛弟等领导的陪同下，早早地来到了灵宝四中。王敏勤教授首先欣赏了四中的校园文化；然后观看了四中的课改专题片；查阅课改档案资料；最后听了一节《海燕》的语文课，并进行了具体的点评。王敏勤教授对教学模式的每一个环节及细节都仔细询问，追寻交融点。他十分重视教材的研究，特别强调画知识树。

上午10时，王敏勤教授赶到灵宝一小听了一节数学课。他十分欣赏灵宝一小的特色教育和"教学生六年，为学生想六十年，为民族想六百年"的教育理念。在与师生交流时，王敏勤教授特意询问校长"在教学模式的课前复习环节中，是如何落实减负和提高效率的"。

下午2时，王敏勤教授赶到了焦村一中听课、评课。他时而阅读课本画知识树；时而俯首细听学生分组讨论时究竟在说些什么；时而举起相机拍下学生在白板上展示的内容。最令教师惊讶和感动的是王敏勤教授仅用了5分钟的时间，就在黑板上画下了他首次接触的课文《台阶》的知识树。

王敏勤在评课时画知识树

接下来，王敏勤教授参观了灵宝一高、灵宝二中、灵宝实高。尤其是在灵宝二中与领导班子交谈中，王敏勤教授对电子教案和纸质教案的科学管理十分感兴趣，从减负的角度彼此交换了意见。王敏勤教授对灵宝二中单元管理责任与分工的精细化程度给予了很高的评价。

晚上，王敏勤教授不顾一天的疲劳，在紫金宫国际大酒店，站在演讲台前，用了两个多小时，采用多媒体手段，面对灵宝市教体局班子成员、机关及二级机构负责人，局直和乡镇中心学校校长，教务主任、教科室主任400多人做了一场科学严谨、操作性极强的课程改革专题报告。晚上9点30分，专题报告结束后，王敏勤教授翻阅灵宝课改资料，一直熬到快12点才休息。

8日上午8点，王敏勤教授的身影准时出现在灵宝一中的校园里，他十分欣赏灵宝一中校园文化的空间使用和课改制度的完善建设等做法。在听完《西游记》一节语文课后，王敏勤教授做了精辟的点拨。

敏勤在听课时要深入到学生当中，看看学生在写什么

10点30分，王敏勤教授在赶往咸阳机场的返程中，考察调研了西阎乡中心小学的书香校园成果展品、豫灵二中的校园设施与文化建设、实验二小的寄宿制管理和阅读教学管理。每到一校，王敏勤教授都感到新奇、新意，总觉得时间太紧，看不完，看不够。

离开灵宝后，在汽车上王敏勤教授告诉我们，他是农民出身，当过赤脚医生、开过拖拉机、当过工人，恢复高考后考上大学。曾经教过小学、初中、高中、专科、本科、研究生，并在幼儿园搞过多年的实验，熟悉每个学段的教学和管理。我无不为之敬佩。

王敏勤教授走了，他给灵宝教育教学留下了高屋建瓴的指导，他给灵宝课堂教学改革留下了"校兴教研，教研兴校"的精神。王敏勤教授严谨治学的态度正像他的名字一样凸显"敏捷的思维，勤快的手脚"的个性，熏陶着灵宝的校长和教师。王敏勤教授以极其务实敬业的精神，深入课堂，走近师生，通过听课、评课、座谈、查资料、听汇报等方式，对灵宝教育教学进行了全面认真的考察。王敏勤教授每到一处，边询问、边照相、边录音，掌握了大量一手资料。王敏勤教授十分关注灵宝市"惜时增效，轻负高效"理念指导下，各学校教学模式实践中的环节和细节。他对灵宝市的教育均衡发展、课堂教学改革、学校管理、校园文化等措施和成效给予了高度评价。

王敏勤教授走了，他带走了满满的足有10多斤重的两袋学校的课改书面资料。他给灵宝四中、焦村一中、豫灵二中、实验二小等学校的留言簿上，欣然留下了自己亲身感受的题词。他说："灵宝教育的亮点很多，从城区到乡下一个学校一个特色，不只是红一点，而是红一片，尤其是课改模式，百花齐放，很值得推广。"他又说："灵宝课改，现在缺的不是理念的更新，也不是模式的改进。而是要提高教师驾驭教材的能力。"他还说："他回去以后，要完全消化这些材料，对灵宝课改进行深入剖析，严密审视，整体理解，然后，再做具体策划和重点微调。"

整体建构教学　提高课堂效率
厦门市杏南中学　黄素莉

说明：福建省厦门市杏南中学的黄素莉老师在北京听了我的和谐教学整体建构的理论，回去在高中英语教学中进行了尝试，写了这篇文章，值得一读。

金秋十月，我有幸到北京师范大学参加"集美区中小学骨干教研组长专业素养提升高级研修班"培训。培训中心聘请了学贯中西、造诣精深的专家给我们开讲座。在这些专家学者的报告中，给我感受最深的是王敏勤教授的《新课程背景下怎样提高课堂教学效率》。

报告中首先提出一个大家都很关心的问题：教师很辛苦，学生很痛苦，但学生却没有得到应有的发展。究其原因，主要有两点：一是教师不注重方法和规律的引导，靠知识的灌输和猜题押宝拿分。但知识是讲不完的，练习题是做不完的。二是课上忙互动，课下忙作业。学生课外负担不减。那么怎样才能提高课堂教学效率呢？一些课改试点实验校已经给我们提供了成功的范例。例如江苏省泰兴市洋思中学的经验是：先学后教，当堂训练。注重提高课堂教学的效率，做到堂堂清，人人清，为大面积转化差生创造了经验。再看山东省邹平县的语文改革经验。现在全国许多地方的中小学都在提倡课外阅读，而中学生面临着中考和高考的压力，整天忙于各种作业和考试，几乎没有"课外"时间，怎么解决这个矛盾？一种好的办法是把课外阅读变为课内阅读，把阅读课排进课程表，学生就可以堂而皇之地读书了。前提条件是：语文课本要学完，考试成绩不能低。能不能做到？能！山东省邹平县的语文改革实验证明了这一点。邹平县初中每星期6节语文课，其中2节教读课，学习课本；2节阅读课，学生到阅览室自由读书；2节写作课。他们只用三分之一的时间就学完语文课本，节省出三分之一的时间上阅读课，写作课也增加了。开设阅读课不但减轻了学生的课业负担，扩大了知识面，提高了写作水平，考试成绩也比以前好了。连续多年邹平县初中语文考试成绩在滨州市位列前茅。这些成功案例表明，只要教学方法得当，提高课堂效率并非遥不可及。

一、怎样提高课堂效率呢？——采用整体建构教学

因为人们认识事物的规律是先整体后部分，所以教学也要先整体后部分，要直奔主题，先做最主要的事情，后做次要的事情。整体教学把教学内容也看作是一个整体，要求学生在整体感知教材、理解教材的过程中，尽快找到解决某一类问题的方法和规律，做到举一反三，提高学习的效率。

提倡主题式单元整体教学的做法。新的课程标准指导下的各科教材基本都是按照主题的形式来编排的。每一个单元围绕着一个主题，一个主题一般是一个话题。英语课本也是以主题的形式来编排的，如初中一年级《英语》课本，每个模块就是一个主题，如 Module 3 My new school，Module 5 Healthy food 都是以主题的形式来选择材料的。同理，高中《英语》课本编排也是如此。如 Module 5 Unit 5 First aid，整个单元都是围绕 First aid 这个话题来编排的，内容环环相扣，listening，speaking，reading and writing 等各部分的材料全都跟本单元的主题相呼应。课本的编排体例变了，教学的方式也要变。教师要根据新课本的编排特点，搞主题式单元整体教学。也就是教师要把一个单元看成一个整体，备课时不要只备一节教材或一篇课文，而要备一个单元。教师在备课时首先要明确一个单元的主题，清楚编者围绕这一主题是如何选材和编排的。要提倡教师单元备课，集体备课，把一个单元的课时和活动整体安排。围绕单元的主题把课堂教学、课外阅读、写作、英语实践活动有机地整合起来，集中开发课程资源。

二、整体建构教学的基本策略

1. 教给学生规律和方法。教师要引导学生寻找教材的规律和解决这一类问题的方法，培养学生整体思维的习惯和解决问题的能力。

2. 画知识结构图。就是提取教材中的关键字和词，用线条、箭头等串联起来，提纲挈领、简明扼要地把教材的主要内容表现出来。大的知识结构图可以是一个学段的一门学科、一本书、一个单元的内容，小的知识结构图一般是一篇课文或一节教材的内容。例如：

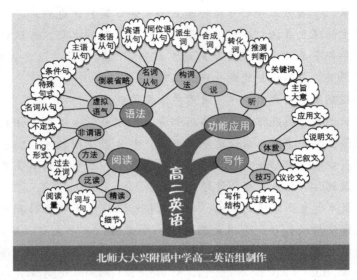

整体建构教学要求学生在整体感知教材、理解教材的过程中，尽快找到解决某一类问题的方法和规律，做到举一反三，提高学习的效率。那么如何做到"整体感知"和"探寻规律"呢？

下面我以英语中的 Reading 教学为例来说明如何落实这两个环节。

Warming up 部分要求学生完成 P9 的 quiz，从学生的已有经验完成对英国的了解。在头脑中形成一个大概的整体印象。然后在读前用幻灯片展出英国的地图，从视觉上再次让学生感知英国的地理位置。在 Reading 的教学过程中，我首先利用 Skimming 的策略，要求学生 skim the text and try to get its general idea 完成对课文的整体扫描；接着运用 Scanning 的策略要求学生 Scan the passage, try to get detailed information and then do the following on the screen，通过设置练习让学生逐层深入，把握要点。然后，我指导学生用 intensive reading 的方法，结合地图，从地图上找出 the South, Midlands and North of England。接下来，我又提出一个问题：Which group of invaders did not influence London? 这样一来学生不仅通过阅读了解到有几种入侵者，而且也懂得了各种不同的入侵者对英国各部分产生的不同影响。就这样，先让学生掌握课文的结构和发展脉络，贯彻"先整体后部分、先宏观后微观、抓大放小、层层深入"的原则。当然，对学生的读书要有时间要求，要让学生有紧迫感，在规定的时间要读完书并回答问题，这有利于培养学生的快速阅读能力和概括能力。学生通过阅读进行回答，老师结合学生的回答画出知识结构图，如英国的组成，英格兰分成三个部分，三种入侵者，三种不同的影响等。通过教给学生画知识结构图的方法，提高学生的阅读识记效果和对课文整体把握的能力。

通过以上的教学设计，学生对本文的情节和细节描写都清楚了，然后教师引导学生结合知识结构图归纳课文的主题思想和写作特点，根据知识树的关键词来完成对本文的复述，这样，本文的主要任务就完成了。在课堂上通过教师的"分层提问"，学生每一遍都有"整体扫描"并"逐层深入"的过程，就像千层饼，每揭起一层都是完整的一张饼而不是一块，这就是整体建构所提倡的整体性原则。"把握要点"是指教师要引导学生善于抓住课文中的关键事物和关键词，实际上知识树中所板书的都是课文中的关键词。

以上课例就是从整体到部分的过程，引导学生寻找分析课文规律的问题。像这类的文章，学生只要把文章结构方法、主题思想、写作特点弄清楚，也可以引导学生模仿本文写关于介绍 Canada，Australia 的作文。这样也有利于学生从输入语言的状态转为新的语言输出，完成一个语言的习得过程。

提高课堂效率的核心是整体建构教学，整体教学的方法是把整个学段、整个学期、整个单元作为一个整体来备课，作为一个整体来学习。先整体后部分，由粗到精，抓大放小，注重对知识的整体把握，注重对知识的规律的探寻，注重画知识结构图。整体教学法对中小学各学科都具有指导意义。虽然王教授在讲座中举的是初中语文的例子，但是教学原理却是相通的，"他山之石，可以攻玉"。我们可以把这种教学法嫁接到英语教学中来。例如在处理英语词汇时，传统的方式常常是在学习新的对话或文章之前先集中教生词和词语并介绍它们的用法等。这种教学方式费时多，收效不大。而且长期沿用这种教学方式，会使学生形成不好的英语学习习惯，即在听或阅读某一新材料之前一定得弄清所有生词和词语的意义。这将使学生越来越脱离今后真实交际和运用的实际。在指导高中英语教学中，我们可以分三种途径整体处理教材中出现的新词语，以解决词汇教学费时的问题。①对于影响学生理解关键词语可以在听或阅读之前教授。②教材中大量词语可以让学生在听或阅读的过程中学习。这样，可以不断增加课时，让学生通过上下文理解、猜测或推断词语意义的机会，提高学生词语学习的能力。③有些词语在教学过程中不必教，可以留待学生自己去理解或查阅。整体教学方法要求教师越来越多地为学生提供让他们通过句子，特别是篇章来学习新词语的机会，以激发他们注意、思维、记忆、想象、联想等能力的运用，提高他们用英语进行真实交际的能力，达到事半功倍的教学效果。

　　我已完成了"走出去"的过程，汲取了新课改前沿阵地的宝贵经验和最新的教学理论。现在应该潜下心来，仔细揣摩整体建构教学理论，结合本校实际，探索这种新型教学法在高中英语教学中的运用。先从小处做起，尝试一篇课文整体教学的探索，再逐步过渡到一单元整体教学，一学期整体教学，一学年整体教学。有了先进的理论指导和那些名师的宝贵经验，相信我们的新课改一定会少走弯路，取得事半功倍的效果，如果能大幅度提高课堂效率，真正减轻学生负担，那么我们这次的北京培训就不虚此行了。

2008 年 10 月 28 日

坚守的世界里永远都有春天
——听王敏勤老师报告有感
内蒙古赤峰市喀拉沁旗王爷府中学初一年级组　马文基

王敏勤在赤峰市王爷府中学评课

　　一场春雨过后，大地在雨水的滋润下露出了久违的绿意，积蓄了一冬的能量也仿佛在一瞬间爆发，整个世界因为这难得的绿色呈现出蓬蓬勃勃的生命力，看了就让人心动不已，就连山上的山樱桃也不甘落后，竭尽全力地把花朵的鲜艳显现了出来，于是眼前这个湿润的世界便被这粉与绿主宰着。

　　就像一场春雨能给大地带来生机和活力一样，在王爷府中学的课程改革到急需帮助、渴望甘霖的关键时刻，天津市教科院基础教育研究所所长、全国著名课程改革专家王敏勤教授给我们带来了高效课堂教学方略。王老师鲜明的教育教学思想、深厚的教育教学积淀，不仅体现在他深入浅出、细腻精妙的课堂点评上，还体现在他两个小时环环相扣、层次清晰、观点明确的报告里。

王敏勤与王爷府中学的领导班子和上课老师合影

　　现在的我们提倡高效课堂，也曾想方设法、竭尽全力地提高课堂效率。可是很长时间以来，课改虽然取得了一定的成效，但离我们自己的期望值还相差很远，这其中的关键点，成为阻碍课程改革走向深入的重要瓶颈。听了王老师的报告，困惑许久的"瓶颈"终于找到了——那就是对教材和课标的整体把握还处于较低的水平和层次，我们的教师还不能做到高屋建瓴、驾轻就熟地掌握教材和课标。

　　现在回过头来静静地想一想走过的路，虽然在课程改革的路途上，我们留下了一行行深深浅浅的足迹，但是在艰难的跋涉中，我们更多的时候是在迷茫中不断思考，不断探索，不断尝试，不断积累着所谓的各种经验，不断体味着各种各样的教训。其实我们并不缺少改革的勇气，我们也曾拥有为了孩子一改到底的决心和信心，可是为什么始终感觉不尽如人意呢？在王老师的报告里，我们应该可以找到理想的或者期待中的答案，那就是以前的我们过于注重改革的形式，一味地在改革的形式上做文章，而忽略了甚至放松了改革主体——教师的培养。

　　王敏勤老师在报告中十分重视教师整体建构能力的培养。所谓整体建构能力，简单点说就是教师把握教材、理解课标的能力。一个老师在讲课前，能不能站在整个初中学段（高中学段）、整册教材、整个单元的高度去审视一篇文章，并根据课标和教材的要求以及编写者的意图，准确深刻细腻地解读教材，制定切实有效可行的学习目标，才是一堂课能不能提高学习效率的关键因素。没有了教师对整本教材的整体建构，就不能准确制定有效的学习目标和学习内容，那样不管采取什么样的形式，采用什么样的方法，都不可能达到真正的高效。因为处于最根本地位的学习目标错了，学习内容偏了，又哪里能有学习的有效以及高效呢？

　　可是很长时间以来，我们的教师只注重单篇课文的学习，只注重单个知识点的强化训练，而将整本教材的梳理把握、整个单元的分析和解读放在了可有可无的地位，甚至完全置课标和教材的编排体系和编写意图于不顾，只按自己的主观意图来完成教学，而这样做的最明显的效果就是尽管我们采取了较新颖的教学模式，结果却难尽如人意。认真分析一下，我们就可以发现，因为我们把握课标的不到位，理解教材的不到位，对课堂学习内容的设计和选择就不能够完全体现教材的真正价值，设计的那些所谓导学的问题也并不完全是教材中真正的难点、重点，掌握了这些问题，并不能体现我们对教材和相关知识的把握已经到位。一篇课文如此，两篇课文也如此，长此以往，"课将不课，文也将不文了"。果真如此，又何谈效率，何谈质量，何谈发展呢？

　　所以，当我们静下心来，将王老师的观点和我们的教学实际相结合、相对比，我们就可以轻易地从中找到一条正确的发展之路：以教师研读教材和课标为前提，切实提高全体教师对课标和教材的理解和把握，通过多种途径和手段，真正完成教师自身整体建构能力的培养。认真总结现阶段我们课改中的问题，从中找出值得继续坚持和发扬的做法，并不断加以细化和精化，使其更加完善。然后将教师的整体建构能力和可信的教学模式有机地结合在一起，全力加以推进。在这个过程中，不断调整，不断总结，不断完善，使其在发展的过程中得到提高和规范，并发挥出越来越大的教学效用，从而切实提高学校的教育教学质量。

其实不管哪一种改革，改革什么，在其中能起到最关键作用的归根到底还是人，一切手段和方法也都需要靠人来完成。抓住了人这个根本，改革就具有了前行的基础和条件，就积淀了发展中最重要的动力。如果不能让更多的人在改革中真正行动起来，什么样的改革不管其外在有多么华美，都必将如昙花，绽放时虽然美艳动人，芳香怡人，可用不了多久，就会花落香销，破败不堪，因为它缺少内在的精神和品质。

"春风又绿江南岸，明月何时照我还"，王敏勤老师的到来，犹如一股春风，给王爷府中学的发展注入了无穷的生机和活力，也带来了无限的希望与憧憬。是鼓足勇气，坚守着一份恒定的追求和梦想，在探索和求知的道路上继续前行，还是甘于平庸，得过且过，在艰难和坎坷中徘徊不前，完全取决于我们对未来、对幸福、对真正人生价值的判断和追求。

校园外满眼的绿色此时显得格外的惹眼，那一棵棵迎风而立的绿树，迎太阳生长的小草，仿佛都在告诉我们：坚守的世界里永远都有春天。

2010 年 6 月 5 日

整体建构，和谐教学
——听王敏勤教授讲座感受
转自耕耘无声的博客

(http：//blog. sina. com. cn/gengyunwusheng，2010-02-22，17：51：22)

王敏勤教授"提高教学效率，整体建构和谐教学实验"的讲座，秉承"和谐"这一理念，以"主题单元教学"为主阵地，实施和谐教学。王教授在讲座中提出："和谐教学整体建构思想根据系统论的原理，不仅把教学过程看作是一个系统，也把教学内容看作是一个系统，要求学生从整体上把握教材，让知识在系统中学习和记忆。"王教授在这里提出了"学生整体把握教材"这一全新观点，是对"以学生为主体"的更深层次的阐述。

回顾以往的教学，当学生拿到新课本的时候，我们会看到几种不同的现象：部分对学习充满渴望的学生如饥似渴地打开书本阅读新的课文（而更多的是阅读自己最感兴趣的文章）；部分学生带着对新书本的好奇，较快地翻阅课本，在自己最感兴趣的地方停留（年级偏低一些的学生则将目光停留在自己感兴趣的文章插图上）；部分爱护书本的同学则忙着拿出事先准备好的"书皮"，对书本真是爱护有加，而后束之高阁；将学习寄希望于课堂，寄希望于老师的学生更是大有人在。而此时明智的教师也只是充当了一个推荐者的角色：建议学生通读教材。

分析以上做法不难得出，学生在进入课堂之前就已经失去了"学习主体"的身份，在被动中走进课堂，学习的主动性、能动性缺失，自身潜能自然得不到最佳发挥。

如何将学生作为学习的主体，引导学生知道"我要学习什么？"（学习内容）；引导学生了解"我应当掌握什么？"（学习目标）；引导学生计划"我准备怎样去学？"（学习方法）。这是作为教师在教学伊始的首要任务。王教授在讲座中为我们做了方法的指导：每个学段的开始把一门学科的知识树（知识建构图）教给学生；每个学期把一册教材的知识树教给学生；每个单元的开始也把这个单元的知识树告诉学生。每学完一节教材或一篇课文，还要及时回归上位系统。这样知识在头脑中总是以系统的形式存在，便于学生理解和记忆。

要想使知识在学生的头脑中以系统的方式存在，那么首先要求教师对整个学段的教材、对整个学期的教材、对单元教材有系统的把握，从整体到部分地解读教材，建构知识树。在新学期的开始，教师引导学生通读教材，在共同理解交流的基础上，将知识树呈现给学生，这样学生才会了解学习内容，明确学习目标，主动地思考学习方法。学生成为学习的主体，学习的能动性则大大提高。

我们将目光再移至课堂教学，教师逐课地教，学生逐课地学。每堂课学生都在等待教师揭开本堂课神秘的面纱，教师精心为学生设计了一个个的"迷宫"，在教师问题的引导下，学生答疑、解疑，终于在将要下课的时候才艰难地走出迷宫。学生在课堂上要认真地听老师的每一个问题并快速思考，积极表达。而这样的语文课堂，也往往会成为部分学生才能展示的课堂，还有一部分学生跟不上课堂的节奏，而失去了表达交流的机会。

分析以上做法不难得出，学生在课堂上也失去了"学习主体"的身份，被动地置身于课堂，学习的主动性、能动性缺失，自身潜能自然得不到最佳发挥。

我们的课堂怎样才能成为让学生明了的课堂，成为师生和谐共建的课堂呢？王教授在讲座中介绍了南京东庐中学的做法：由过去的"教师带着书本走向学生"变为现在的"教师带着学生走向书本"（通过讲学稿），由"先教后学"变为"先学后教"，由"教学分离"变为"教学合一"，找到了教与学的有效结合点。

王教授指出，每节课教师要将学习的目标呈现给学生，这样每个学生都有了学习的方向，成为学习的主体，向着学习目标努力行动。为了更好地发挥学生的主体作用，增强学生的主动性与能动性，王教授还明确地指出了：课堂教学，上课教师先让学生自学，教师不讲。学生在教师指导下的自学，教师为学生呈现自学指导。这个"自学指导"实际上是学习目标的具体化，要做到"四明确"——明确时间（用几分钟），明确内容（学习教材的第几页），明确方法（在自学时要运用什么方法），明确要求（在自学时要思考哪些问题，准备教师检查）。只有做到了四明确，学生才能高效率地学习。王教授还指出：在学生自学的基础上，教师要化"讲解"为"点拨"，将学的权利还给学生。

让学生成为驾驭课本的主人，让学生成为课堂教学的主体，在"主题单元"的教学中，教师应本着和谐教学的理念，以教材为依托，以学生为主体，实现整体构建，创建教学合一、师生共建的课堂。

王敏勤教授印象
山东省沾化县第一实验小学教务处主任　杨娜

王敏勤在沾化县第一实验小学评课

第一次听王敏勤教授讲课是在 2013 年 7 月，刚刚放假，县里邀请王教授来讲学校文化建设，我们学校文化课题组的成员都去听了。这些年听报告很多，因为担心我们不喜欢听，很多专家报告的内容很少，图片和视频多，听起来很有意思，过后想想收获真不多。而且这次刚刚放假，老师们都有点着急，可是王敏勤教授的课容量很大，资料很多，老师们没有一个提前退场，一直安静地听完。当时就一种感觉，如果王教授给我们讲上三天，我们就全明白了，那两个多小时实在不过瘾。后来发现每次听王教授的课都是这种感觉。

我们都知道，很多专家一辈子只做一件事，做好了就是专家，可是王教授做了太多的事情，却全是专业的，在多个领域是专家，并且理论和实践他都擅长，从学校文化到课堂，从教育到教学，从老师到学生，他没有不精通的。用校长的话说"他是接地气的专家"。这大概跟他的从业经历有关。王教授当过民办教师，教小学，后来考到师专留校，拿着专科学历考上了研究生，教过小学、中学、大学，当过学校的行政领导，是和谐教学法的创始人和发起者，至今仍然在不停奔波，就是为了让老师们有所发展，让孩子们能够受益。

2013年9月8日，我校专门邀请了王教授来指导。8日一整天，上午是《怎样说课标说教材》专题报告，下午是《高效教学》报告；9日上午，王教授听了语文、数学两节课并做了点评。先说报告吧，从早晨八点开始，到十二点结束，整整四个小时，王教授滔滔不绝，下午又是近四个小时，一个瘦弱得有点像魏书生老师的小老头，站了整整八个小时，讲了八个小时，自始至终没有一句废话，思路清晰，思维敏捷，三个学校的老师没有一个离开会场，没有一个交头接耳，这种场面很少见。遗憾的是，王教授还是没讲完他要讲的内容，我们也没听够。他的报告就像一张大网，开始看起来很小，慢慢张开，张到最后会让人感觉自己走入了网中，却发现自己看不到网的边缘，那么大的容量，除非花一个月才能学完，再花一年才能学会，不知道学完一年后会不会觉得这张网需要花一辈子的时间来织。

第二天听课，王教授一边听一边认真地在电脑上敲字，对于这个年龄的人来说，电脑操作是件困难的事情，然而王教授的打字速度显然不亚于年轻人。从他听课的记录和后面由点到面的点评可以看出，他不仅思维敏捷，而且经验特别丰富。后来才知道他每年都要听400多节课，接地气真不是闹着玩的。又是整整一上午四个小时，王教授一天半用了十二个小时给我们安排了一顿精神大餐，这顿大餐，只能用"震撼"两个字来形容。

说王教授实在，一是因为他做报告不应付，就像我们教育学生一样毫无保留；

二是因为他不但不避讳考试，并且直接面对并想办法应对考试。这么多年来，我们的教学一直处于动荡状态，教学改革十多年了，很多学校和老师走了极端，有的只为考试，因为高考就是考试，招聘也是考试；有的则与考试背道而驰，搞得很多人认为"素质教育"就是不考试，只学特长，甚至只学音体美。王教授则把人们从这两大误区中拉回来，明白地告诉我们，考试和提高素质不冲突，和谐教学法是为了让学生在快乐中轻松地学习知识、提高能力。

运用和谐教学法的课堂模式，即使是刚上班的年轻教师，上起课来也会非常轻松流畅，彻底解决了年轻教师不会上课、年老教师上课疲惫的问题。王教授评课时自由画出的知识树让听课的老师很震惊，课是老师自己选的，可是任意的一门学科的一个课题，王教授竟然都能画出知识树，就这一点，足够我们佩服了。

说课说了好多年了，可是作为一线教师，我们往往觉得说课和上课脱节，那些教材分析、学情分析等好像都是应付。听了王教授的报告，才知道，说课跟上课是一体的，说课既是备课也是建立知识体系的过程，说课说好了，课才能上好。王教授所展示的教材分析完全不同于我们以往的应付式的教材分析，而是从课标的结构出发，从知识体系出发，从本质上把握目标，分析教材是为了把知识放到整个学段来学习，只有这样，老师才能真正把握知识的难易程度，不至于出现教深了或教浅了的问题。用这样的方式说课，会让我们成为研究型教师，把我们引向教育的更高处、更深处。

晚上吃饭时，王教授哪是吃饭，简直是在给我们继续上课，大家动筷很少，吃的都是精神食粮。他从学校文化讲起，给我们讲了他到过的学校和他指导过的学校是如何用文化引领学校发展，又是如何用文化引领学生和教师成长的。让我敬佩的，除了王教授对学校从管理到课堂的精通，还有他的为人，谦虚、低调，毫无保留，那些没有讲过的资料也给我们留下，只要愿意，对他的报告的学习就能持续下去。

认识了王教授，让我记起很多人，记起了我的高中语文教师，那个个子很小、上课很牛的女人，记起了魏书生老师，那个瘦弱的却让盘锦市的教学成为神话的老师。世上有那么一些人，外表很低调，却从不认输，让自己的人生充满着力量。王教授看起来瘦弱，内心却强大无比，因为他有着丰富的知识，有着高雅的内涵，无论是做事还是做人，王教授都让人敬佩。

2013 年 9 月 18 日

（三）通过听课、评课来帮助学校诊断课堂

我们国家的基础教育课程改革搞了十几年，很多学校学习外地的经验或自己探索了新的教学模式，但往往心中无数，不知道自己的做法是否符合新课改的理念，如何才能提高课堂教学的效率，切实减轻学生的课后负担。他们需要有人来诊断一下他们的课，既然是诊断就要找到病因，开出药方。所以这几年我每年都在全国各地诊断课，帮助学校探讨务实高效的课堂模式。近几年我每年都在中小学听课、评课 500 余节，2013 年退休后每年听课 600 余节，这些课我听完后马上大会点评。

这几年我也积累了一些听课的方法。我的听课与别人不同，我进教室必须拿到学生课本，我要在 40 分钟或 45 分钟的一堂课上迅速熟悉教材，画出知识树，以便了解老师是否把握了教材。然后用电脑记录老师的讲课时间和教学环节。我不看老师的教案，根据老师的课堂教学给老师划分一堂课的教学环节，并精确到每个环节用了几分钟，师生是怎么做的，我有什么建议。下课后马上用电脑投影评课。很多学校搞了多年的课改，对自己的做法心中无数，希望有人帮他们诊断一下，所以我这几年做得更多的一项工作是帮助学校诊断课。我在评课时不仅指出教师的不足，还要提出具体的建议。如果仅仅是批评老师这不行那不行，老师们也不服气，他会问"你说怎么才行？"我必须说出具体的改正方法他们才信服。所以评课不能停留在表面上说一些不痛不痒的话，那样对老师没有实质性的帮助。

2009 年我在《江苏教育》第 11 期发表一篇文章《听课如读书，评课似析文——谈怎样听课与评课》，就是我对听课的体会和总结。

听课如同读书，听的目的不同、态度不同，效果也大不相同。如果仅仅是为了消遣时间，读书不必太认真，也不用记笔记，浏览式地看一遍就行，看后也不必掩卷深思。如果看后还要写出书评或读书笔记，那就大不一样了，不但要认真阅读，字斟句酌；还要不断思考，分析文章的结构，找出文章的特点；甚至还要查阅相关的背景资料，了解作者的意图等。

听课也是如此，如果仅仅是凑凑热闹，听课不必太认真，也不用记笔记，有意思就听听，没意思就闭目养神，反正课后也不用点评和写听课笔记。但如果是抱着学习的态度，或课后进行点评和写出课例分析，那就不一样了。不但要认真听、认真记，还要熟

悉教材，查看教案，观察学生，一刻也不敢马虎，唯恐漏下一个环节，对上课老师评价不全面。说实话，认真听课不比讲课轻松，整堂课始终处于听、看、记、思的忙碌状态。特别是听课后马上现场评课，没有专门的整理听课笔记的时间，那就更加紧张了。

与读书相比，听课更为复杂，因为书本是平面的，课堂是立体的；书本是静止的，课堂是灵动的。所以评价一节课比分析一篇文章更难。评课不但反映了评课者听课的态度，也反映了评课者的教育理论功底，对新课程理念的理解程度，对课程标准和教材的把握程度。

一堂课要听的方面很多，但主要是关注三方面的事情：关注课堂教学的环节和方法是否合理适当、关注教师对教材的把握和引导是否准确到位、关注学生的学习是否扎实有效。这三个方面也对应了讲课人在备课时的三备：备教法、备教材、备学生。

第一，关注课堂教学的环节和方法是否合理适当。

听课的紧张首先就在于要记录课堂的每个环节及所用时间。随着讲课老师的一声"上课"，听课者就要像田径场上的计时员一样迅速看一下表，记下上课开始的时间，同时这也是第一个教学环节的起始时间。听课的第一项工作就是理清课堂的结构，分清课堂的教学环节。如果有条件最好在上课前拿到讲课人的教案，根据教案上的教学环节记录教学的时间。如果没有教案，听课人就要根据自己的观察和判断来给课堂分段，就如同我们在读书时给文章分段一样，首先分为几个大的教学环节，每个环节又分几个教学步骤，每个环节都要记录起止时间。

听课者可能担心自己的课堂分段与讲课者的教案不完全一样，这没有关系，就如同读书，同一篇文章不同的读者分段也不完全一样。听课者要锻炼自己给课堂分段的能力，寻找课堂分段的规律。课堂教学虽然千变万化，但基本的环节是相似的，如复习旧知、导入新课、明确目标、讲授新课、巩固练习、拓展提高、课堂小结、布置作业等，都是沿着复习—导入—新授—巩固—拓展—小结—作业的思路进行。不同的是在导入新课时有的开门见山，有的创设情境；在讲授新课时有的先学后教，有的先教后学；在课堂练习时有的边讲边练，有的讲完后练；在组织形式上有的让学生独立练习，有的让学生分组练习（合作学习）。

听课者在记录教学环节时一定要详细记录每个环节所用的时间，整堂课所用的时间，这样在评课时就能做到出言有据。效果好的课一般都是教学环节设计合理，教学时间掌握适当。有的课前松后紧，有的课前紧后松，甚至有的课拖堂，都是时间运用不合理的表现。如果在评课时只是笼统地说这节课"前松后紧",讲课人还是不清楚在哪个环节浪费了时间,如果评课人把每个环节所用的时间摆出来再加以点评,讲课人就清楚问题出在什么地方了。

通过记录教学环节和时间还会发现,有的教学环节可有可无,有的教学环节太零碎。实践证明,课堂教学的环节不宜太碎,在课堂上要给学生完整的独立思考的时间和练习的时间,不要一会儿做这,一会儿做那,让学生在课堂上跑来跑去。能够在练习本上做的就不要到黑板上来,能够在小组内解决的就不要全班讨论。要减少课堂上的无效环节和浪费时间的现象,减少教学的随意性。

听课时不仅要记录教学的环节和时间,还要记录教师和学生的行为。也就说,要清楚某个时段师生分别在干什么,教师用的什么教学方法和手段,效果如何。在评课时不要只讲这节课哪里不好,还要讲为什么不好,应该怎么办。一定要给讲课人提出改进的具体建议。如果只是一味批评,讲课人往往不服气,也达不到相互学习的目的。

第二,关注教师对教材的把握和引导是否准确到位。

现在中小学教师的学历水平都比较高,好多小学教师都是本科学历。有人认为教师对教材的把握是没有问题的,主要是教学方法问题。其实不然,我在听课时首先关注的是教师对教材的把握是否准确到位。这个"到位"主要是指教师是否了解课程标准,是否了解编者的意图和作者的意图,能否站在整个学段、整册书和一个单元的高度来把握一篇课文或一节教材。只有教师自己"到位",才能引导学生"到位"。

在有条件的情况下听课者最好在课前认真研究课程标准和教材,对教学内容做到心中有数。如果课前没有条件研究教材,在听课时也要想办法拿到课本,在听课的过程中迅速熟悉教学内容。我在听课时不但要熟悉本篇课文或本节教材,还要迅速浏览一个单元或一册课本的内容,在听课本上画出单元知识树和本课知识树。只有了解整本书和整个单元的内容,才能知道编者的意图和本节课在整个单元或整册书中的地位,本节课的知识与前后部分的相互联系。

过去教材的编写一般是线性结构,新课标下的教材编写一般是模块结构,一个单元就是一个模块,就是一个主题,所以我主张每节课的开始要有"单元导入"而不是一般的"导入新课"。所谓"单元导入"就是教师要引导学生学习编者的"单元导读",要把整个单元的知识结构和教学要求告诉学生,我一般用"知识树"的形式来呈现。

另外,教师在引导学生分析教材时不仅要看到表面的含义,还要探讨深层的含义，要真正做到用教材教而不是教教材。

如我在听人教版小学三年级数学"找规律"一课时，大部分老师都是依据教材停留在判断事物的三种情况：一定、不可能、可能。整堂课反复做游戏，给人的感觉是不到位。我提出：学生不但要知道"是什么"，还要知道"为什么"：在什么样的情况下是"一定"的，什么样的情况下是"不可能"的，什么样的情况下是"可能"的。经我指点，一位数学老师在讲课时设计了如下的知识树：

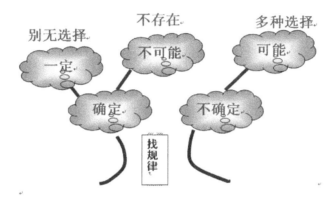

这棵知识树分为三个层次。首先对事物的判断有两种情况：一种是"确定"的，一种是"不确定"的，这是第一个层次。能够"确定"的事物又分为"一定"和"不可能"，"不确定"的事物是"可能"的，这是第二个层次。一般的老师也就讲到这个层次。还要引导学生深入一步探讨：当某种事物"别无选择"的情况下，它的发生是"一定"的；当某种事物"不存在"的情况下，我们就可以判断"不可能"；当某种事物有"多种选择"的情况下，它的存在和发生就是"可能"的。在这里难度并没有增加，但给学生的逻辑思路更加清晰了。

再如我在听人教版小学三年级下册品德与社会课"不一样的你我他"时，一般的老师只是依据教材从多方面强调学生个性的不同，如理想不同、习惯不同、外形不同、声音不同等，总感觉不到位。我提出还应该引导学生思考全班学生的相同点是什么：如都要遵守学校秩序，都要遵守社会规则等。虽然花费时间不多，但增强了学生的辩证意识：任何时候都不能只强调个性而忽视共性。个性给社会带来多样，共性给社会带来秩序，如果忽视了共性社会就不稳定。下面是上课老师根据我的建议设计的知识树：

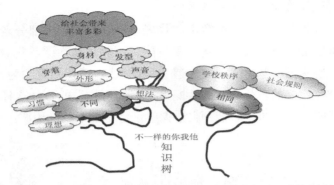

　　所以我们在听课时不仅要看教师的教学艺术，更要看教师对教材的把握程度和对学生的引导是否到位。

　　第三，关注学生的学习是否扎实有效。

　　现在有些课看起来很热闹，却未必扎实。评价一节课的指标有很多，但其中一个核心的指标就是每个学生都能掌握这节课所学的基本知识和基本技能，即所谓"人人清"。这件事说起来不难，让每个学生都能掌握当堂所学，这似乎是天经地义的事情，但在现实中却并非易事。老师在上课时都是按照中等水平的学生来设计一节课，在课堂上关注的最多的是学习优秀的学生。虽然许多老师在课堂结束前也有"达标测试"，但未必能落实到每个学生。"不让一个学生掉队"是教育公平的最起码要求，但全国的城乡中小学都存在"差生"，"差生"就是掉队的表现。出现"差生"的主要原因就是在课堂教学中老师没有关注到学习暂时落后的学生，没有在课堂上及时清理学习的障碍。一项调查显示：在我国同一学校中学生的差距大于同一区域学校之间的差距，同一区域学校之间的差距大于不同区域教育的差距。教育起点的公平并不能代替教育过程的公平，而教育过程的公平直接影响到教育结果的公平。所以要把在课堂中每个学生是否学得扎实作为评价一堂课的核心指标。

　　另外，国家的课程标准是每个学段对学生的最低要求，这个最低要求就是学生应知应会的基本知识、基本概念、基本技能，这是教学的底线。如果每堂课学生都能达到这些基本要求，夯实基础，班内就不会出现差生。我在听课时经常产生一种冲动：下课后马上把学生留下来进行测试，看是否每个学生都掌握了这堂课所学的基本知识。然而怕给上课老师难堪而没有去做。在这方面江苏省洋思中学提出的"堂堂清"很好，他们做得也很扎实：每堂课最后一个环节都是小考试，学生不能讨论，不能看书，要在规定的时间独立完成，老师当堂检查。也有的地方实行二人小组相互检查的方式，让每个学生都成为检查者和被检查者，避免出现课堂上的"看客"。对于没有及时巩固的学生，老师要采取措施，或由老师补课，或让别的学生给他补课，一定要落到实处。

在课堂上的"人人清"并不意味着阻碍好学生的发展。根据新课标"保底不封顶"的原则，在对基本知识做到"人人清"的基础上，好学生要继续发展，可通过选做题的形式让有潜力的学生继续前进。老师在评价时要分层评价，对于一般的基础知识学生只要会了就是满分，就是好学生，让后进生也有成就感。但对于优等学生要加分鼓励。

另外，听课者还要善于发现一堂课的亮点和不足。一般来说，每节课都有自己的亮点，虽然不一定是原创，但在此情此景下用得好就是一个亮点，有时候一节课有几个亮点就能把课激活，就能把学生的积极性调动起来。听课者不但要善于发现这些亮点，还要找到这些亮点的依据。如有的老师把乒乓球比赛的记分办法用到课堂上来，通过竞赛的形式鼓励各组学习，激发学生的集体荣誉感。如有的老师让每个小组有一块小黑板，各组学生能够及时把本组讨论的结果写到小黑板上在全班展示，既节省时间又提高了学生的归纳概括能力。如有的低年级老师在板书时让学生口念笔画手模仿，养成规范书写的好习惯。有的老师在数学课上及时把解题的步骤和规律编成歌谣让学生唱诵。这些做法都很好，虽然不一定都是教师的原创，但只要用好了就是亮点。

对于一些老师的不足也要及时提出。比如教师基本功方面的问题，知识性的问题，课堂效率低的问题，都要及时提出，才能帮助教师真正提高。当然在给讲课人提出不足时还要指出改进的办法，不然只是一味批评而没有改进的建议，讲课人也往往不服气。评课人不但要说"什么不行"，还要说"怎么才行"，这才是正确的做法。

下面是我在评课时使用的评价表，也是每年全国和谐杯"我的模式我的课"高效教学模式博览会用的评价表。

中小学高效课堂评价表

任课教师：		单位：	年级：	学科：			
教学课题：							
一级指标		二级指标		评价等级			
				A	B	C	得分
教学目标明确、适度、具体。（10分）	1	能通过投影、板书、口述或导学案等形式明确地把本节课的学习目标告诉学生。		3	2	1	
	2	学习目标具体而有可操作性和可检测性，不是机械地以三维的形式呈现。		4	3	2	
	3	学习目标适度，符合学生的基础和教材的要求。		3	2	1	
教师对教材的把握准确，能体现课程标准和教材编者的意图。（15分）	1	教师能正确理解并能体现课程标准的基本要求。		3	2	1	
	2	教师能正确理解并能体现所用教材的编写意图。		5	3	2	
	3	教师能正确理解并引导学生体现本节（本课）教材的本意和重点。		7	5	3	
教学环节设计合理紧凑，学生在课堂上能真自学、真合作、真检测，不搞花架子。（35分）	1	在导入环节，能有效调动学生的积极性并使学生明确本节课的任务。切忌明知故问，故弄玄虚。		4	3	2	
	2	对于新授内容，提倡学生当堂自学。如果是课前已预习或上复习课，教师要通过检测发现问题，以学定教，不搞虚假的表演。		8	6	4	
	3	学生自学不会的问题可通过小组合作解决，只要学生互助能解决的问题教师不要急于讲解。		7	5	3	
	4	教师的点拨要精当合理，注重教给学生规律和方法。要注重规范学生的专业用语和实验操作等基本技能。		8	6	4	
	5	教学环节完整、合理、紧凑、高效。		8	6	4	
教学效果要做到扎实高效，基础知识做到当堂学当堂会。能够减轻学生课前预习与课后作业的负担。（40分）	1	本节课所学的核心知识和基本概念能通过检测和反馈做到当堂清，力求人人清和步步清。		7	5	3	
	2	能给有发展潜力的学生提供拓展的机会，注重分层教学，做到"保底不封顶"，不搞捆绑式的"齐步走"。		6	4	2	
	3	注重培养学生的创新能力、思维能力、表达能力、动手能力等与本课相关的基本能力。		6	4	2	
	4	课堂教学的容量和密度适度，整堂课学生思维有一定的紧张感。能切实减轻学生课前预习和课后作业的负担。		8	6	4	
	5	教师通过合作学习等形式能够关注到每个学生，体现教学过程的公平。对照本节课的学习目标，达成度高。		7	5	3	
	6	多媒体课件制作清晰大方，使用合理。板书能体现教材的重点和知识的基本结构。		6	4	2	
上课得分				100			

　　原来我评课都是板书，如我在天津市河东区实验小学的教改大课堂评特级教师马向东老师的数学复习课"简易方程"，我板书了他的教学环节和所用的时间，并用知识树分析了教材（见下图）。

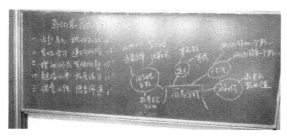

　　但板书太耽误时间，在大礼堂评课后边的老师也看不清楚。后来我就用笔记本电脑记录，评课时直接用投影投出来，这样听的人看得更清楚。如 2013 年我在广州开发区中学一天听了六节初中的课，分别是语文、数学、英语、物理、化学、思品。然后我逐一地对这六节课进行了点评。我在听课时不用看老师的教案就能划分老师上课的教学环节。如同给课文分段一样，我给上课老师划分教学环节并命名和记录每个环节所用时间，记录老师的具体做法，我认为好的地方和需要改进的地方也及时写出，这样在评课时就能准确说出老师教学环节设计得是否合理，每个环节所用时间是否合理。而这一切都是在听课的过程中完成的，不需要课后整理。

　　下面是我在听天津市普育学校于淑委老师讲初中语文课时的记录和点评。

　　2014.9.24 上午

天津市普育学校于淑委老师
人教版九上语文《沁园春·雪》
教学用时 49 分钟

7:26—8:15

　　（一）教材分析（我在听课的过程中要迅速浏览教材并写出教材分析）

　　本诗分为上下两阕或片，上阕描写北方雪景，抒发了对祖国大好河山的赞美、热爱之情。

　　（1）概括写北方雪景（1 句）；

　　（2）具体写北方雪景（2、3 句）；

于淑委老师在上课

（3）想象雪过天晴之景（4句）。

上阕：总分总结构。

下阕评论古代帝王，表达了对无产阶级革命者的赞颂，抒发了自己的壮志豪情。

（1）承上启下（1）；

（2）评论古代帝王（2）；

（3）抒发壮志豪情（3）。

下阕：前两层议论，后一层抒情。

下面是我之前到山东省高青县第四中学听该课时的评课和板书（我在评课时能够及时用电脑链接之前对同一篇课文的评课作为参考和对比）：

评课时用知识树分析课文

（二）基本评价

1. 教师根据本课教学的需要，分为三个"自学指导"引导学生自学，自学指导做到了四明确，并有方法的指导。自学指导越具体课堂效率越高。

2. 教师在说课时提炼出了现代诗歌教学的模式很好，课堂达标效果也很好。

3. 现在是小组自己记分最后老师统计，这样有小组作弊的嫌疑，最好老师在黑板上及时记录小组的得分，以显公平、公开。

下面是对老师教学过程的记录和点评：

一、单元导入，介绍作者（4分钟）

7：26—7：30

1. 呈现单元知识树说明本单元的人文主题与诗歌单元的要求。

（点评：如果是一个单元的第一篇文章，老师可以紧扣单元导语自编一段话，口语化地说明本单元的意图。如天津市河东区实验小学丁杰老师讲《地震中的父与子》就是如此。）

● 如果说，世界上还有哪一种爱是无私的话，那就是父母对于子女的爱；如果说，世界上还有哪一种爱可以让我们泪流满面，那也只有父母对儿女的爱；如果说世界上还有哪一种爱可以让我们放弃一切，那也只有父母对儿女的爱。

● 我们在父母的爱中长大。父母的爱，是慈祥的笑容，是亲切的话语，是热情的鼓励，是严格的要求。本单元所选的文章都是体现了——父母之爱。

这是丁杰老师根据单元导语自编的一段话，然后呈现本单元的知识树。

2. 投影课题导入本课，说明词牌名与题目。

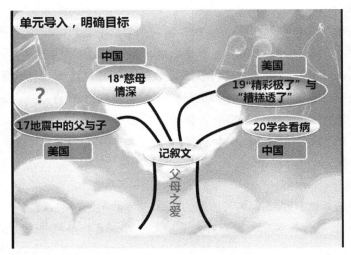

3. 介绍作者和写作背景。

（点评：最后投影并说明本节课的学习目标。）

二、指导朗读，解决字词（7分钟）

7:30—7:37

自学指导一：互读诗歌，订正字音。

过程：四个学生相互检查，A—D互读互查，B—C互读互查，C、D两个学生展示读。

（点评：小组合作具体到二人一组相互检查，能关注到每个学生。）

1. 齐读七个有生字的词。

2. 教师伴乐背诵诗歌。

（点评：提倡教师范读和背课文，这是老师的基本功。现在很多语文老师上课不敢读课文，播放视频和录音带，老师的基本功不行了。）

3. 学生齐读一遍。

三、整体感知，理清文脉（5分钟）

7:37—7:42

自学指导二：浏览课文，说说上下片分别写了什么内容，抒发了诗人怎样的感情。

过程：

（1）自主思考、圈画。

（2）小组交流。

（3）展示。

1. 提问小组代表。

2. 形成板书：

```
北国雪景——评论英雄
（热爱，赞美）（自信抱负）
```

四、重点研读，品赏感悟（26 分钟）

7：42—8：08

自学指导三，仔细研读课文思考如下问题：上片分哪几个层次描绘雪景，哪些地方写得精彩，选 1～2 处赏析。

提示：

（1）选好一种角度，如用词、修辞、表现手法。

（2）确定一种方向：赏析出景物的画面。

（3）方法：自主思考圈画，小组交流，全班展示。

分析上阕：

1. 学生汇报，教师结合板书点拨：

```
上片：下雪时（实写，先总后分）、雪停后（虚写）
　　用词：千里 万里 舞 驰 望 淘
　　　修辞：互文 比喻
　表现手法：化静为动，虚实结合
```

2. 指导学生再读上阕，体验北国雪景的壮丽。

（点评：我在指导天津市西青区杨柳青二中梁晓月老师讲这篇课文时设计了下边的投影，效果更好。）

分析下阕：

1. 学生汇报。

2. 教师板书点拨。

（点评：杨柳青二中梁晓月老师下边的投影可以参考。）

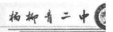

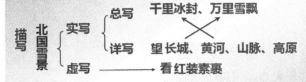

1. 请同学们阅读词的上阕，说说上阕是如何描写北方壮丽雪景的？抒发了词作者怎样的思想感情？

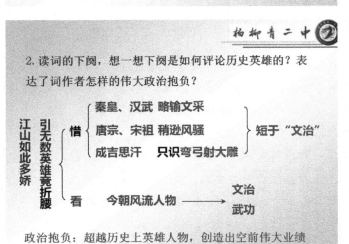

抒发了词作者对祖国壮丽山河的热爱之情。

2. 读词的下阕，想一想下阕是如何评论历史英雄的？表达了词作者怎样的伟大政治抱负？

政治抱负：超越历史上英雄人物，创造出空前伟大业绩

五、课堂小结，达标测试（7分钟）

8:08—8:15

1. 统计各组得分。

（点评：最好结合板书或投影对全文有个总结，如杨柳青二中梁晓月老师的课堂小结可供参考。）

2. 达标测试。

分常识填空、字词积累、文意理解、诗句默写四部分，比较全面。（共20分）

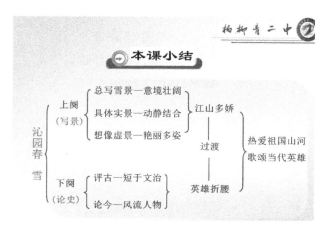

（点评：如能链接中考更好，如杨柳青二中梁晓月老师能链接中考。）

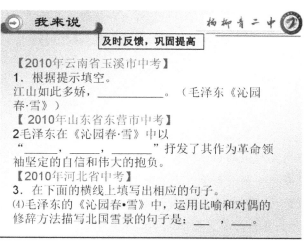

（1）独立完成。

（2）小组轮换批改。

（3）投影答案。

（4）统计各组得分，有问题及时订正。

（5）评出优胜组。

下面是我在听天津市河东区实验小学李艳老师的小学数学课时的记录和点评：

2014.9.25 上午

河东实验小学李艳老师
人教版二上数学"乘法的初步认识"
教学用时 42 分钟

李艳老师在上课

8:04—8:46

总的评价：

1. 这次课是一个很好的尝试，李老师没有按照课本的顺序先让学生做更多的加法练习，而是直接从主题图的加法提出了乘法的问题，节省了时间，直奔主题。

下面比较一下李艳老师与今天同课异构的戴敏老师的不同：

李艳老师从提出问题到归纳出乘法的概念，新授部分用了 16 分钟，戴敏老师用了 23 分钟。戴老师一开始的看主题图列加法算式用了 10 分钟，而李老师只让学生用加法计算小飞机里的人数用了 2 分钟，提出了乘法的问题。

加法是已知知识，不要花费太多的时间，在这里只是为学习乘法起到过渡和铺垫的作用，所以不要把时间用在列加法上。

李艳老师由于节省了时间当堂做了达标测试。

戴敏老师也有达标反馈，但不是像考试一样让学生独立完成，而是全班讨论式完成，而李艳老师是让学生独立完成，交换判卷完成的。

2. 比较充分地发挥了小组的作用，并给小组记分，当堂评出了优胜组。

3. 李老师运用知识树导入和课堂小结，教学环节完整。

具体教学环节和点评：

一、提出问题，明确目标（3分钟）

8：04—8：07

1. 投影主题图，提出问题：游乐园有哪些项目？从最喜欢的游乐项目中提出数学问题。

小飞机里共有几个人？

$3+3+3+3+3=?$

如果不是5个3，而是50个3，500个3怎么办？引出乘法问题。

（点评：老师在这里没有用过多的时间逐一罗列主题图中的众多加法，而是由一个连加提出了乘法的问题，直奔主题，节省了时间。）

2. 投影学习目标并说明。

（点评：作为第二课时一般不再有单元导入，但今天作为公开课为了体现一个完整的教学过程，增加了这个环节。）

二、合作探究，明确概念（13分钟）

8：07—8：20

自学指导：

（1）从投影的过山车中提出数学问题。

（2）讨论后把解决的问题写在纸上。

1. 学生独立自学。

（点评：学生自学后最好增加一个小组交流的环节，让学生达成共识或相互帮助，然后代表小组发言而不是直接提问个别学生。）

2. 提问学生：

过山车里有多少人？

$2+2+2+2+2+2+2=14$

3. 再提问题：

从以上两个算式发现了什么问题？——相同加数相加

有几个相同的加数？——7个

有的组用了别的方法——乘法

$2 \times 7 = 14$——2表示相同加数，7表示相同加数的个数

（点评：以上就是启发式教学法的过程——苏格拉底的产婆术，逐步引导学生思维，从加法过渡到乘法。）

4. 教师解释乘法的定义和各部分的名称。

5. 再提问题，辨析概念。

从旋转木马里发现了什么？

$3 + 3 + 3 + 2 = 11$（加数不相同）

（点评：教师及时把学生容易混淆的问题提出来很重要，强化了对概念的理解。）

结论：加数不同的加法不能用乘法。

三、变式练习，巩固新知（10分钟）

8:20—8:30

1. 动手摆一摆：摆出6个2，如何用乘法解决：

$2 \times 6 = 12$　　$6 \times 2 = 12$

2. 摆出40个3怎么计算？

$3 \times 40 = 120$　　$40 \times 3 = 120$

（点评：老师用40个3相加让学生直观地比较了加法与乘法的不同，从而得出了"乘法简洁"的结论，老师充分运用多媒体让学生感受到了加法的优越性很好。）

2. 做课本第48页"做一做"的2~3题（只列式，不写得数）。

（点评：老师注重让学生紧扣课本，首先完成课本上的练习题很好。因为课本上的练习题紧扣例题，梯度和角度都比较合理。）

3. 让小组成员相互检查并汇报小组成绩，老师在黑板上记分，发挥了小组的作用。

（点评：要让小组合作成为课堂教学的常态，就要注意小组评价，评价的结果要记入对学生的素质和评优表才能起作用。）

四、达标测试，当堂反馈（11分钟）

8:30—8:41

学生做达标测试卷。

（点评：达标测试题是练习九中的3个题。这样就把书上的"做一做"和"练习

九"当堂完成了，原则上不留课后作业，课后可布置拓展性的和联系实际的作业，实施真正的素质教育。）

（1）独立完成。

（2）投影学生的样卷让学生说明。

（3）小组交换判卷。

（4）组长统计汇报。

（5）老师记分。

（6）评选优秀小组。

五、拓展练习，课堂小结（5分钟）

8:41—8:46

1. 联系实际出乘法题。

2. 击掌听声音出乘法题。

（点评：把拓展练习放到达标测试之后的目的是：在课堂上先完成巩固基本的知识，拓展的问题根据课堂时间和学生的基础，有时间就多拓展，没有时间就少拓展，这个环节是弹性环节。）

3. 用知识树总结了本课所学的知识，回顾了本课的学习目标。

下面是河南省郑州市第九十四中学的两位老师听我评课后的感言：

王敏勤教授来校听评课
郑州市第九十四中学　　徐新玲、秦臻

（www. zdedu. net. cn/xwzx/xykd/94z/10/3256. shtml，2012-10-15）

2012年10月14日，对郑州市第九十四中学的黄清敏老师、乔志红老师、常欣老师来说，是个难忘的日子，他们带着学生在学校报告厅上课，学生后面，坐着一位矍铄的老者——和谐教学的创始人，天津市教育科学研究院基础教育研究所所长王敏勤教授。

王教授一边认真听课，一边认真翻阅教材和授课教师准备的上课材料，还利用学生练习和小组学习的时间，走到学生中间，观察学生的练习和学习情况。台下全体教师听得十分投入，大家都想通过这次培训提高自己的课堂教学水平，提升自己

的学科能力。

第四节王教授评课，从三个老师的课堂环节开始分析，分别给全体教师就课堂教学提出建议，老师们听完王教授的评课，或恍然大悟，或若有所思，内心深处都在对自己的课堂进行着反思。

下午，王教授重点就了如何备课，如何使用新的说课形式说课，如何通过备课、说课、上课来驾驭教材、驾驭课堂等问题给老师们做报告。

没有掌声，没有鲜花，有的是王教授教育教学思想的流动，有的是老师们的思想与王教授的思想的碰撞；有的是长者的谆谆教诲，有的是老师们的孜孜不倦。

14 日凌晨才到达郑州的王敏勤教授，14 日一天的时间，听课、评课、做报告，又利用中午时间浏览了学校的校园文化，一整天下来，王教授没有任何倦怠，一直精神饱满。

感动于我们师校长对教育的执着追求，感动于老师们的热情和努力，王教授参观学校校园文化的时候，对学校、对老师们一直是赞赏有加，对我们的校园文化更是赞叹不断，并不停地按下相机的快门，要向别的学校介绍我们的文化建设。

一天下来，我们从王教授那里学会了如何备课，如何上课，如何追求课堂高效。私下里，王教授和我聊得最多的是这个学校的变化，这个学校的希望，以及对我们师校长的赞赏。

社会反响

一、专家点评

"和谐"是教育的最高境界

天津市教科院院长，研究员，博士生导师　张武升

原载中央教科所《教育文摘周报》2006 年 5 月 24 日头版

2008 年 8 月与张武升院长（中）和张军凤老师（右）在国家教育行政学院

王敏勤教授长期从事和谐教育研究，独树一帜，建树颇丰，是国内和谐教育的代表人物之一。

"和谐"是教育的最高境界，这是王敏勤孜孜不倦的追求的目标。他与全国数百所中小学和幼儿园合作，播种和谐教育思想理念的种子，追求培养和谐发展的人才。为此，他广泛学习借鉴国内外多种教育成果，风尘仆仆深入基层学校听课、评课、做讲演，成为一线校长、教师的知心人、解惑人。在中国教育实践的丰富矿石中，他不停地求索，探寻教育和谐、学生发展和谐的真谛与奥妙。天道酬勤，他成功了，发表了一百多篇论文，出版了数十部著作，开辟出和谐教育的新径，为素质教育提供了新模式。

　　火热的教育改革实践呼唤理论，更呼唤王敏勤这样的理论与实践结合的教育理论工作者。他以自己成功的范例，向世人证明：真正的理论扎根于实践，而真正的实践是理论的源泉。在当今中国教育快速发展的伟大进程中，我们热情地期望广大教育理论工作者走出书斋，像王敏勤那样挺立改革前沿，以科学的理论，引牵伟大的实践！

王敏勤：贴地而行的教育研究者
《中国教育报》课程周刊主编　赵小雅

2012年10月与赵小雅（中）和杨军红老师（右）在天津市河东实小

　　认识王敏勤老师与他的和谐教学法，大约是在十年前。

　　那是在山东兖州的一所学校，由王敏勤老师主持的全国教育科学"十五"规划教育部重点课题——"培养学生四会能力的和谐教育实验"召开中期检查会，该校展示了多节在和谐教育实验指导下的公开课。当时，作为一个仅有三年《中国教育报》教学版面责任编辑经历的我，听了几节课以后，经过与王敏勤老师的对话，更多的是凭着对这样的教学改革的直觉，顿时对和谐教学法有了"惊艳"的感觉。

　　和谐教学展示的是这样的教学情景。课前让学生以画"知识树"的方式，整体感知进行预习，"知识树"就像一个提供给学生有效预习的工具，这比那种泛泛地让学生回家自己预习的效果要好很多。课堂上，通过四个环节帮助学生找到并验证解决问题的思维方式和方法，第一个环节是检查学生课前预习时所画的"知识树"，进行点评。在这个过程中，学生可以先合作相互检查，分小组展示，并让学生讲解为什么这样做。学生也会提出问题，老师会从学生所展示的知识树中找到问题，根据知识树导入新课。第二个环节，帮助学生找到解决某一类问题的思维方式或方法，设置一些问题引导学生学习。这种学习着重在"变"上下功夫，让学生明白"万变不离其宗"，并在一个一个的例子中感悟知识的发生、发展的变化规律，达到触类旁通、以不变应万变的效果。方法比知识更重要，这一点，让我印象尤其深刻。学生在这种"变"中学会如何用公式，在掌握了这些变化规律以后，让学生自己试着出一些练习题，将规律与方法迁移应用，一旦学生明白了这种变化规律，问题就变得简单了。这一过程，其实体现的是知识的承前启后的过程，联系以前学过的内容，引出以后相关联的内容，学生体会到知识在整体中的联系，体现了"培优补差"，与传统意义上的分层教学有了本质的不同，这一环节被形象地称为"制造通用工具"。第三环节，通过适量的练习，验证自己掌握的思维方式和方法，并学会自己寻找方法。这里的"练"是通过适量的习题论证解决这一类问题的思维方式或方法的过程，学生在这一过程中，通过对知识的归类，明白"一题多变""多题归一"，学生一旦领悟后，就会越用越熟练，能力就会越来越强。经过不同层次的练习，多数学生都知道这些题是怎么变化出来的，对问题就会自动进行分类归纳合并，做到举一反三，触类旁通，可以摆脱过去那种题海战术的学习方法。第四个环节，就是嫁接"知识树"，推荐作业，将本节所学知识进行归纳与总结，并嫁接到整体建构的"知识树"上，如一册书的知识树、一个单元的知识树等，完成学生对所学知识的系统记忆，同时布置下一节课的自学指导及其他作业。

这正是和谐教学所倡导的整体建构，不仅把教学过程看作是一个系统，也把教学内容看作是一个系统，要求学生在自学的过程中，本着先整体后部分、先宏观后微观的原则，整体感知、理解教材，直奔主题，不要在细节上下功夫。教师要引导学生站在系统的高度去学习知识，让每一知识都以系统中的知识的面貌出现，引导学生寻找教材的规律和解决某一类问题的方法，每学完一节教材都要及时回归到知识的上位系统。

这样的教学法追求学生乐学，注重了过程与方法，不但与新课程改革理念相通，也总结出了便于操作的教学模式，因此受到了基层一线中小学的欢迎。

其后，与王敏勤老师有了更多的接触，他也成了我所编辑版面的重要作者之一，写了许多紧贴中小学一线实际的教育教学方面的文章。随着交往的加深，与王敏勤老师已经不单纯是编辑与作者的关系，也不仅是眼中的教育专家，甚至有了友谊。对王敏勤老师的最深印象，是他那种永远谦恭的态度、对一线中小学教育工作者的关爱情怀以及贴地而行的研究态度。作为天津市教科院基础教育研究所所长、和谐教育的创始人，他在许多一线中小学教育工作者的心中是受仰慕的，但他却把自己放得很低。在他眼中，不分名校与弱校，不分发达地区与不发达地区，不分名师与普通老师，只要是有问题请教于他，他都会有同样谦恭的态度给以关照。甚至，他的实验学校许多是那些乡镇以下，教育相对落后地区的学校。与他走得近的，也往往是那些有急切需求，坚强上进的普通一线教育工作者。

深入中小学一线做研究，研究中小学一线，是王敏勤老师的研究方式。在新课程改革的大背下，他依然用这样的方式不断地丰富与完善着和谐教育，我们不妨将此称为有高度的、理论与实践相结合的行动研究。

哲学家维特根斯坦说："我贴在地面步行，不在云端跳舞。"是啊，虽然云间有仙境，但是地面有苍生，如果可以拿这句话来类比王敏勤老师的教育生活，我觉得是贴切的。

我对"和谐教学"的理解
福建师范大学教师教育学院院长，博士生导师 余文森

2012 年 7 月与余文森教授在武夷山

　　据词源分析，"和"的概念源于一种有和声功效的多管古乐器，它蕴含了调和多样性使之相辅相成的含义。所谓"和而不同"，不同是事物多样性和本质性、发展性的体现，所谓"同则不继"，即当其他事物不存在而只剩下一种事物时，这种事物就失去了与其他事物互动而获得活力的条件，实际上也就无法存活了。不同的事物要生存发展，彼此的关系或者说理想的关系应当是和（和谐），"和乃生，不和不生"（《管子·内业》）。和（和谐）乃是万物万事所以能够生存、发展的必要条件。一个事物单靠它自身不可能生存，任何一个事物都不得不与另一个事物互相依靠而共存，于是，共存成了存在的先决条件。各种事物只有互相和谐配合才能使其中每个事物发挥其最大效用而达到其最佳状态。从教学角度讲，进而最大程度地促进学生素养的全面提升。过分地强调和突出任何单一的要素及其作用都会损害教学的整体功能和效益。为此，我欣赏王敏勤教授提出的"和谐教学"的理论和主张。在通读了本书之后，我对王敏勤教授的和谐教学又有了更全面的认识，同时也有了一些新的体会。

　　首先，和谐不是平均（均分）。和谐是使各种因素处于最佳状态的一种关系，从实践来说，也就是各种因素都被激活、都充分发挥自身的功能和价值，从而达到最优的效果，即是"和谐"。它不是"量"的概念，而是"质"的概念。

　　其次，它不是指向当下的，至少不是主要指向当下的，而是要面向未来的，即要着眼于学生能力的可持续性发展和未来发展（而不是当下成绩的提升）来认识和处理各种要素的关系。

　　最后，它不是局部的，而是整体的概念，即不是就事论事的和谐，而是从整篇文章或整个单元或整册教科书或整个学科乃至九年义务教育这样的角度来认识和处理教学的各个要素的关系，使其达到和谐。

香港陈城礼博士来信

敬爱的王敏勤教授：

　　《和谐教育的理念与实践》一书已经出版。此书搜集有关和谐教育文摘 51 篇，共分五部分以探讨和谐教育的理论与实践。作者除了中国内地、香港地区、澳门地区、台湾地区的学者外，还有本校的老师、学生和家长。

　　台端是作者之一。作为和谐教育的开山鼻祖，您的两篇大作着实令本书生色不少，本校倍增光荣。台端对和谐教育的理解，博大精深，令我深为折服。相比之下，学校老师之写作能力一般，今后当加倍努力。

　　由于外地邮费较贵，先送来两本给每位作者，若不敷，请电邮给我，不要客气，当即再补寄上。

　　由于校务繁忙，在编辑方面恐有未尽善之处，只求抛砖引玉，尚望您包涵指正。顺颂安康！

陈城礼　敬启
2006 年 10 月 26 日

二、教师评议

教育人当学王敏勤

天津市普育学校校长　梁峰

（特级教师，特级校长，天津市培养的"未来教育家"）

梁峰校长向来访者介绍办学经验

天津市教科院基础教育研究所原所长王敏勤教授在全国基础教育界有极好的人缘，这源于他一直深深扎根于全国中小学，扎根于全国中小学的课堂；他最亲密的朋友是教师，距离最近的人是学生，说得最多的话是如何提高课堂效率，减轻学生过重负担。

我与王教授真正面对面接触是在来天津之后，但对王教授的了解却有一段历史。20世纪八九十年代，从王教授的"纲要信号""沙氏与暗示两种教学法"，再到"从愉快教学法走向和谐教学法"，在当时的山东省已经有极高的声誉。后来王教授工作调动到天津，我也因工作变更有五六年的时间没有联系。

2004年我担任刚刚落成的魏桥实验学校校长，开始进行绿色阅读活动。本来是为了语文教学的改革，却无意插柳柳成荫，带来全校课程的变革，被《中国教育报》《中国教师报》发现并宣传。2007年，王教授带领天津市380多名中小学校长和骨干教师浩浩荡荡到魏桥实验学校学访，对该做法给予肯定，并积极给予宣传。没有想到，2009年经王教授推荐我来到天津市历史名校普育学校担任校长，更没有想到普育学校是天津市教科院的实验基地，王敏勤教授是指导专家——这给我提供了当面向王教授学习请教的机会。

五年的接触，不仅从王教授身上学到治学、治教的方略，更领略了教育大家的风范。

一、朴实无华，没有一点架子

王教授到学校从不让接送，怕给学校添麻烦。王教授评课时喜欢用知识树引领教师整体建构知识，有时黑板写满了，不等别人走过来，自己就亲自擦拭；与老师们交流，和蔼可亲，老师一点压力感都没有；有时老师们有困惑，可以和王教授争论，王教授不仅不埋怨，反而夸奖老师们。2010年12月去郑州参加第一届全国说课标说教材比赛前夕，王教授对两位刚刚毕业的老师的方案不放心，他利用课后时间与两位老师交流，不仅让年轻老师提高了对说教材的认识，更增强了年轻教师的信心。从此以后，每一届全国大赛，王教授都亲自把关，提高了普育老师对课标教材研读的深度，因此每届都大获全胜。

不论是与王教授有一面之交的领导，还是普通教师，再次见面王教授都能喊出名字，大家都感到王教授记忆力惊人。其实是因为王教授对人的尊重，特别是对一线普通教师的敬重。

二、既仰望星空，又脚踏实地

王教授的"和谐教学法"已经提出二十多年了，后来党中央提出建设和谐社会，有人跟王教授开玩笑说他有先见之明，王教授只是淡淡一笑。"和谐教学法"已经被公认为影响中国教育改革的几大教学法之一，在全国有极高的影响力。但王教授的研究步伐一刻也没有停止，他将研究着眼点放在"提高课堂效率，减轻学生负担"上，将研究阵地放在中小学。

王教授是《国家中长期教育改革和发展规划纲要（2010—2020年）》课题组成员，所以他的研究着眼于教育改革与发展的大方向、大形势、大环境，站得高，看得远；但王教授却将教育改革的着眼点立足于中小学实际，切近基层，贴近师生。为了落实教师对课程标准与教材的把握，创新性地提出了"说课标说教材"活动，避免只喊口号、没有抓手的管理实际；王教授提出了高效课堂的五大方略，将提高效率立足于课堂每一个环节的落实；王教授提出了"课例分析"，将课后反思提升、具体，并为教师课堂研究提供了有效渠道；王教授提出"步步清、堂堂清、人人清"，找准了减轻学生负担的牛鼻子。

最近几年，王教授针对大多数学校课堂改革只有口号、没有实际操作的普遍现象，提出了"三级建模"的思想，不仅让十几年的课堂改革理念落地生根，也为中小学课堂改革提供了实际操作的抓手，其影响力遍布全国各地，每年一届的全国和谐杯"我的模式我的课"大赛都吸引二十多个省、市、自治区的教育同仁参加。

三、学识之师，做人楷模

王教授理论功底深厚，实践经验丰富，是中小学新课程改革的导师；王教授为人谦和，做事扎实，更是现在教育人的楷模。

王教授每年听课、评课不少于600节，在专家教授中寥若晨星，王教授还能对中小学的各门学科进行评课。每节课后，王教授都会亲自画出对教材分析的知识树，让很多从教几十年的名特优教师感到吃惊。他说："听课如同读书，听的目的不同、态度不同，效果也大不相同。如果仅仅是为了消遣时间，读书不必太认真，也不用记笔记，浏览式地看一遍就行，看后也不必掩卷深思。如果看后还要写出书评或读书笔记，那就大不一样了，不但要认真阅读，字斟句酌，还要不断思考，分析文章的结构，找出文章的特点，甚至还要查阅相关的背景资料，了解作者的意图等。"听王教授评课不仅长见识，更是一种享受——享受教育大家的风采！

2011年12月30日中午，王教授给我打来电话，问我下午有没有时间，他想到学校与我沟通几件事。望着外面凛冽的寒风，我提出元旦后再交流也行。王教授当即拍板，只要我有时间，4 点钟见面。

　　下午是学校元旦节目彩排，正当最后一块节目落幕，我的电话响起，一接听，王教授的电话，已经到我办公室门口，低头一看表——3：55。王教授冒着严寒赶来是为了提前筹划好节前、节后学校工作，元旦后王教授因为要到外地出差，怕耽误工作就抽时间赶来了。我边听边记边交流，心里涌起深深感动。真正的专家教授不是吹捧起来的，是实实在在干出来的！学识重要，人品更重要！

　　四、勤奋研究，笔耕不辍

　　王教授是"和谐教学法"的创立人，全国和谐教学法研究会理事长，已公开出版 45 本书，公开发表 200 多篇论文；有多项成果分别获得教育部、山东省、天津市优秀科研成果奖。虽然有丰厚的研究成果，但王教授研究的步伐却在不断提速，这源于一位有责任心的教育人对教育现状的忧虑：面对教育公平的呼声和教育现实的巨大差距，王教授更多走进农村校，走进薄弱校，以提高教师专业化水平来提高课堂效率，最终实现教育教学质量的提升；面对减负的呼声和中小学生日益加剧的负担，王教授提出教学成绩好不好要看课堂的效率高不高……

　　随手翻阅教育主流媒体，经常看到王教授的大作，他说"几年来我每年都要发表十多篇论文，许多文章都是在飞机上和火车上起草的。"每一篇都联系实际，每一篇都引起共鸣。王教授不仅写出改革的引领性文章，他更将笔触深入学校实际，在他的笔下走出了"洋思经验"，走出了"东庐讲学稿""永威学校""清怡中学"等一大批名校、名师、名校长。

　　王教授说："我们都在追求中国梦，我的梦想就是竭尽所能帮助更多的中小学提高育人质量，提高育人品味。"王教授既是教育改革的设计师，又是改革的急先锋。

　　五、抓好基地，带动一片

　　大家如有时间可以看一看"王敏勤新浪博客"，从王教授的博文中，你就可以看出，一位年过花甲之年，已经退养休息的长者是如此忙碌。每年他的"暑期教育万里行"，都跑遍大江南北，岂止是万里啊！2011 年暑期王教授从齐鲁大地到水乡江南，从辽阔草原到首都北京，从宝岛台湾到云贵高原，从雾都重庆再回到齐鲁大地。"从 7 月 12 日到 8 月 28 日，在一个半月的时间里，我跨越了十四个省、市、自治区，分别到黑龙江、贵州、广西、福建、江西、北京、山东、河南、河北、重庆、江苏、内蒙古以及天津本地的若干地区培训教师和参加学术活动（期间因时间冲突也谢绝了许多地方的会议邀请），并到祖国的宝岛台湾学访十天，行程何止万里！期间还参加了市教委的两个重大课题的研讨和撰稿工作。每天似乎都是在拖着行李箱奔跑。""一个人只有经多见广，在教学中才能广征博引，高屋建瓴；在研究中才能思维敏捷，左右逢源。"

王教授除天津、山东有多处实验基地外，还在黑龙江、内蒙古、宁夏、深圳等十几个省、市、自治区设有研究基地；几年来，王教授的足迹遍及祖国的大部分省、市、自治区。在我的脑海里始终映现着一位为基础教育改革的奔跑者，他不被山川美景所吸引，却被一双双渴求新理念的眼睛所感动，他不知疲倦，一直引领着我们向前，向前！

王教授喜欢中小学，喜欢课堂，喜欢听评课；王教授的脚印从没有离开中小学，离开课堂，他舍不得离开学生。这应该给很多远离实际的教育研究者带来反思，更应该给我们这些正在从事教育管理的人带来启示。

教育人都应当学王敏勤！

我眼中的王敏勤
天津市滨海新区塘沽第一中学   潘怀林
（特级教师，副校长）

与潘怀林校长合影

初识王敏勤教授，是在 2006 年的十月。那时我刚经组织安排，接手塘沽第十五中学校长工作不到三个月，正为了扭转一个城乡接合部薄弱校的发展局面而迷惘、困顿时，经人介绍我有幸地认识了王教授。那时他已经五十多岁了，看上去虽然单薄消瘦，但精神矍铄，举手投足之间充满激情。那次会面一切都来得如此匆匆，但他朴实的话语，朴素的理论，在教科研上独到的见解还是给我留下了深刻的印象。

我想，学校要改变现状，打破原有的教育教学定势，其实最需要的就是能够得到一位这样的专家的引领。王敏勤教授多年的研究成果肯定会对我们学校的发展有所帮助。几年的接触下来，我与老师们都深刻地感受到来自王教授身上的作为学者的严谨，作为教育者的亲和，正所谓"观其行如春阳之暖，听其言若时雨之润"。

一、潜心钻研，他不知疲倦，孜孜以求

王敏勤教授对教育科学研究有着执着的追求，这是他崇尚的事业，是一生心血的凝聚。他做学问、搞研究已经到了如痴如醉的地步，一个人能潜心如此，不能不让人佩服。当今的社会是如此浮躁，在人们狂热地追求利益最大化的当下，王教授却能够静下心研究，低下头实践，在这位教育研究专家的身上，体现了踏实务实、孜孜以求的科研精神，而这种精神正是我们这些做教育的人所要学习的。

还记得 2009 年，我参加了天津市未来教育家奠基工程的培训，有幸聆听了王敏勤教授所做的《中外教育家典型案例分析》的报告。而报告中所涉及的很多内容原本不属于王教授之前的研究范畴，但出乎意料的是，此次讲座他旁征博引，不仅做到了内容丰富，信息量大，那精准的评述、富有特色的语言，更是让我至今回味。即便是庞杂的案例分析，亦是重点突出，层次清晰，系统性很强。通过剖析中外教育家典型案例，他与我们共同探讨了"什么是教育家，谁可称为教育家"这一问题，真是"一石激起千层浪"，引发了学员们的热议，使听者深受启发，获益匪浅。在闲谈中了解到，他为了做好这次报告，足足准备了一个月，参阅了 50 余本书，翻看大量的国内外相关资料。临近结束，王教授还对与会的学员提出了三个发展方向：1. 要有突出的办学业绩或教学业绩；2. 要有丰富的理论成果；3. 要有较大的专业影响力。并引发我们思考以下问题：1. 就个人而言，原有的突出业绩是什么？值得同类学校学习和借鉴的是什么？个人在教学方面具有创造性的成就是什么？值得本学科教师学习和借鉴的是什么？2. 发表了哪些能代表个人的管理思想和教学思想的文章？3. 在本行业、本专业、本地区或全国，是否有影响力，有多少人知道我？此次讲座的精彩留在了最后，这些问题不禁让我陷入了深深的思考，也让我重新审视眼前的这位专家，王敏勤对教育问题追问的竟是如此深入和直接。我想这便是作为一名科研工作者应有的深度。

二、深入课堂，他注重实践，开拓创新

"教育科研为一线教育教学服务"，这是王敏勤教授的价值追求和工作信条。作为一名科研人员，他并不是单纯地专注于理论研究、编纂著作，他从不在空中搭建楼阁，而是带着他的理论甚至是研究中的疑惑深入全国各地的学校，深入课堂，和老师们一起探索教法，研究教学，并逐步完成对教师队伍的培养。他经常说，搞教育理论的人如果不能与实践结合，写出的文章就没有人愿意看；不能给中小学的老师们解决实际问题，不管你是专家还是教授，老师们也不会买你的账。他认为，搞教育教学研究的人，知识面要广，要有讲台教学经验，要有丰富的阅历，要有吃苦耐劳的精神，唯其如此才能甘心投身于教学实际，深入一线，获取第一手资料，提炼出有价值的研究成果。

了解他的人都知道，多少年来，王教授的周末经常是在火车或飞机上度过的，他跑遍了全国大部分地区的中小学学校。多少次进到学校一天就要听上七节课，加上评课，直到晚上九、十点钟方可休息；多少次因长途奔波劳碌，累得饭也不想吃上一口。正是这些长期下校的经历，让他对课堂所授知识体系有着精准的把握。和王教授有过接触的人都知道，他在评课时能熟练地画出本节课甚至是该单元、模块的知识树，这一点让听课的老师深感震惊。任意的一门学科任意的一个课题，听课后，他都能画出知识树，这足以说明王教授对学科知识的把握精准到位，日常的功夫甚是了得。在指导课堂教学中，他力主教师要引导学生从整体到部分地解读教材，构建知识树，只有做到对教材胸有成竹，才能在课堂上游刃有余，有的放矢，引导学生逐步形成良性的、可循环的知识网络。

正是由于王敏勤教授将研究的着眼点立足于教学实际，切近基层，贴近师生，也正是为了落实教师对课程标准与教材的把握，他方能创新性地推出了"说教材"这一交流、展示形式；同时，提出的高效课堂的五大方略，更是将提高效率立足于课堂每一个环节的落实；他提出并推行的"课例分析"，将课后反思具体化，并为教师课堂研究提供有效渠道；而"步步清、堂堂清、人人清"，更是找准了减轻学生负担的牛鼻子。

对他而言，把研究的理论投放到教学一线，再通过实际应用，教师和学生的反馈把矛盾、问题提炼出来，并为此努力寻求更为有效解决问题的办法，从而为教学改革打开一扇窗，就是论文写作最实际的出发点。随手翻阅教育主流媒体的刊物，时时有王教授的作品。仔细品读，不难发现他篇篇联系实际，能引起读者的共鸣和热议。这些文章都是基于广泛的教学实践产生的，如集体备课主要的研讨方向及内容，高效课堂看课外，高效课堂要回答的四个问题，新课改背景下为什么缺失名师，提高课堂教学效率的五大方略等。在字里行间阐述了他对教育的独特思考。不仅如此，他还将笔触深入学校、课堂，在他的笔下走出了"洋思经验"，走出了"东庐讲学稿"，走出了"永威学校""清怡中学"等一大批名校、名师、名校长。他还多次在全国各种学术会议上做报告，报告以内容丰富、传递的观念新颖、方法实用、可操作性强而著称，对全国的教育教学改革都起了积极的推动作用。

王教授用他满腔热情和专业视角让我们看到了改革"为之，难者亦易"的魄力；用他深入基层和服务一线的宗旨让我们收获了"绝知此事要躬行"的感动。

三、投身教改，他追本溯源，低调处事

这么多年来，我们的教学一直处于动荡状态。教学改革了十多年，风向标变来变去，让很多学校和老师陷入了迷茫，有的甚至走向了极端。有为考试忙碌终身的，因为在这些人眼里考试是衡量教育质量高低的唯一标准，成绩是学生个人发展的生命线，也是学校发展的生命线。当然也有与之背道而驰的，极力推行所谓的"素质教育"，非但取消考试，还舍本逐末地为发展学生个人的特长，只学习音体美的。作为教育改革的参与者、设计者的王敏勤教授则凭借着自己厚实的理论基础和丰富的实践经验把人们从这两大误区中拉回来，明白地告诉我们，考试和提高素质并不冲突。他所创立的和谐教学法就是为了让学生在快乐中，轻松地学习知识、提高能力。和谐教学法的课堂模式：1. 单元导入，明确目标；2. 自主学习，合作探究；3. 大组汇报，教师点拨；4. 变式练习，拓展提高；5. 达标测试，课堂小结。灵活掌握了这套模式，即便是刚刚步入工作岗位的年轻教师，上起课来也会非常轻松流畅、驾轻就熟。由此解决了新教师不会上课、老教师上课疲惫的问题。"和谐教学法"已经被公认为影响中国教育改革的几大教学法之一，在全国有极高的影响力。但王教授的研究步伐一刻也没有停止，他将研究的着眼点又放在了"提高课堂效率，减轻学生负担"上，将研究的主阵地放在中小学。

王教授对教育的研究从校园文化建设到课堂教学实施，从教育理论到教学实际，从教师队伍的建设到学生的成长培养，没有他不触碰的领域。在老师们的眼中"他是个接地气的专家"。我想，这可能源于他丰富的从业经历。当过民办教师，任教过小学、中学乃至大学，担当过学校的行政领导，更是教改的急先锋，是和谐教学法的创始人和发起者。可以说尽管他在全国影响很大，学术成果丰厚，但他行事为人却很是低调，向他请教问题，不管他多忙，不管时间多晚，他都会耐心地给予解答。

2013年正值"五一"假期,我诚邀王敏勤教授为我校即将参加在天津南大附中举行的教学研讨活动的三位老师进行教学指导。没有犹豫,没有推脱,他一路风尘仆仆地从市里赶来。到校后,就径直奔向教室,连续听了我们三个教师一上午的模拟试讲,听完后,顾不上休息,就依次给老师们进行悉心指导,直到下午一点多才结束。他自始至终都朴素低调得如同一名普通的教师、亲切得如同挚友一样,思路清晰,思维敏捷,与参赛教师共同探讨教学思路,让三位参赛老师备受感动。我从中揣摩到了一位教育专家对教育的虔敬情怀。

　　言有尽而意无穷,从王教授的身上我看到了一个教育者对教育事业的不懈追求,也理解了一位科研专家对科研服务于一线的生动诠释。"敏行善思,勤勉有加",我眼中的王敏勤教授就是这样一个用自己的热情和博学,引领着大家,往教育的最高处行走的人。身为一名中学校长,我从他的言行中,汲取了思考教育、办好教育的勇气和动力,在教育的生命旅程中,我会更加清晰、坚定、勇敢地朝着教育理想努力前行。

桃李不言,下自成蹊
——王敏勤教授印象
山东省莘县教育局副局长,特级教师　孙石山

孙石山副局长主持报告会

　　下午,在大雨中送走了王敏勤教授,心中有些恋恋不舍。与王教授近距离接触两天的时间,总感到心中有话要说。

　　回单位的路上,望着车窗上流淌的雨柱,脑海中突然闪出一句古谚语:桃李不言，下自成蹊。这，难道不是王敏勤教授的真实写照？

第一次知道王敏勤教授，是因为他 2001 年 9 月 5 日在《中国教育报》上发表的那篇文章《每堂课教师只讲 4 分钟——洋思中学经验给我们的启示》。因为那篇文章，2002 年 10 月 15—20 日，我曾专门远赴洋思中学进行考察。

第一次与王敏勤教授相见，是去年 11 月 17 日。中国关心下一代教育研究院、《中国教师报》在我县举办"全国中小学提高课堂教学效率研讨会暨山东省聊城市莘县实验初级中学'3.2.1'教学模式展示交流会"，王敏勤教授应邀对课堂进行点评并做报告。那次，人多事杂，王教授来去匆匆，接触很少。

这次近距离接触，对王教授有了进一步的认识和了解。

王敏勤教授是一个敬业的人。因为飞机误点，7 月 3 日凌晨王教授才从兰州赶到莘县。上午七点五十分，他准时来到莘县二中。从八点开始连续听了两节课，没有休息，从十点开始点评和报告，一直到十二点十分结束。午饭后稍做准备，中午一点五十分，他准时来到莘县实验初中会堂，给教师做报告。王教授有咽炎，又赶上我们当地炎热干燥，他不停地喝水。一个 61 岁的老人，又做了四个多小时的学术报告。第二天（7 月 4 日）上午八点，王教授冒雨赶到莘县实验初中，开始了他的"传道授业"，指导说课标说教材，与老师面对面交流……王教授的敬业精神，让我敬佩和感动，对他的人格魅力有了一个新的认识。

王敏勤教授是一个不断创新的人。20 世纪九十年代，王教授创立的"和谐教学法"就在全国有很大的影响。实施新课改后，他提出的说课"八说"和"三级建模"很好地解决了"怎么教"的问题。他倡导的"说课标说教材"活动，又较好地解决了"教什么"的问题。这些实验和探索，都给中国的基础教育做出了很大的贡献。在莘县二中午餐时，王教授给该校提出两点建议：一是走普教与职教相结合的路子，利用好普教这个牌子，让部分学生另辟蹊径；二是给学校进行一个准确定位，不与城市学校比，不与重点高中比，放低对学生的要求，办适合自己的教育，走自己的路子，一定能够成功……这些建议，都体现着他的创新智慧。

王敏勤教授是一个求实的人。王教授衣着朴实，为人厚实，做事求实。他一直强调，教育教学工作不能搞花架子，不能走过场、搞形式，他的报告和评课，都很好地体现出这一点。在莘县二中评课，他点评得很认真、很实际，具体到每个教学环节使用的时间和师生开展的活动。评课中，他很重视一些教学的细节问题，既倡导素质教育，又正视应试教育，深受一线教师的欢迎。尽管是教育专家，却没有让人感到"阳春白雪"的高深，而是有"下里巴人"的亲近。在莘县实验初中现场指导教师说课标说教材，他的指导既宏观又微观，既讲出了理论依据又紧扣教学实际，他对各学科的课标和教材是如此熟悉，分析得如此精细，他问的问题常常令一线教师汗颜和惭愧。听王教授的报告，对于研究课标、解读教材的重要性有了更进一步的认识和了解。这些年，我们把很多精力放在了课堂上，放在了研究教学方法上，也就是研究"怎么教"。我们恰恰忽视了一个源头的东西——"教什么"？而"说课标说教材"活动就是解决"教什么"的一个抓手。

出发时，外面的雨又大了起来，我挽留王教授去宾馆休息，雨停了再走。王教授说，要去滨州市沾化县讲学，还要走五个多小时的车程，在路上休息吧。王教授戏称自己是"人在途中"。王教授在全国各地讲学，很多时间是在飞机上、火车上、汽车上度过的，很多时间是"在途中"……

王教授是山东省桓台县人，是我们的山东老乡，即使不用普通话，我们也能顺畅地交流，倍感亲切与自然。

王教授为什么有这么多"粉丝"？为什么有这么多追随者？为什么在中国的教育界有这么大的影响？我似乎找到了一些答案。

2013 年 7 月 4 日

我眼中的王敏勤教授

内蒙古赤峰市元宝山小学原校长　陈玉苍

与陈玉苍校长（左）在元宝山小学

一、和蔼平实的王敏勤教授

2010 年 6 月我校《和谐课堂行动研究实施方案》通过了赤峰市教研室和教科所的审批，进入了全面实施阶段。《方案》中的"三标准、一主线、六步骤、一跟踪"的提法是否科学，操作是否合理，需要得到验证，特别是需要专家的指导。于是我和副校长史国存从北京、江苏、广西，到山东、天津进行了 13 天学习考察和寻访，在山东济南参加考察杜郎口中学的活动中，听了王敏勤教授的报告，他对于基础教育课程改革有着深入的研究和独到的见解，让我们眼前一亮。在会议休息的间隙我递上了一个条子，表达了让王教授指导课改的想法，并留了电话，王教授也欣然答应了我们的要求。

2010 年 11 月王教授邀请我们观摩了在郑州举行的全国首届"说课标说教材"大赛。2011 年 4 月我校参加了全国第二届"说课标说教材"大赛。2011 年 5 月 14 日，王教授来我校做了《如何说课标说教材》的报告，听了两节课后并做了《如何构建和谐高效课堂》的报告。一天的报告王教授都是站着讲的，站了整整八个小时，讲了八个小时，自始至终没有一句废话，思路清晰，思维敏捷，老师没有一个离开会场，没有一个交头接耳，这种场面很少见。王敏勤教授作为基础教育界的专家，没有一点架子，让我们感到没有距离，王教授的和蔼可亲让我们感受到了一位教育长者和前辈的关爱，这种关爱给我们增添了献身教育、将课改进行到底的决心和信心。

2011 年 9 月在天津塘沽区全国区域"说课标说教材"交流活动中，王教授把天津普育学校的梁峰校长和天津河东实验小学的杨军红校长介绍给我，两校的校长热情接待我们并参观了两所学校，给我们留下了深刻的印象。从此我校开始了密集的天津课堂交流活动，每学期都不少于 4 次。有 30 多名教师得到过王教授的当面指导，就是在这些交流活动中了解了王教授每周三要到普育大讲堂听课，周四要到河东实验小学大讲堂听课，这样的听课已经坚持了几年时间，每年听课要达到 500 节以上。记得那是 2011 年 9 月 29 日，我们第一次到天津参加交流活动，我校教师薛冰在河东实验小学上的英语课，王教授从自主学习、小组活动、思维训练和拓展练习等方面给予了充分的肯定。王教授的每一次评课都是那样认真，作为一个年逾花甲的老人，实在让人敬佩和感动，听的每一节课都从环节、用时、设计等方面详细记录，并给出针对性的修改建议。每一学科的知识树和教学流程都在听课时梳理出来，工作强度可想而知。

王教授为人谦虚、低调，毫无保留，经常把一些资料留给各校，这是与很多专家最不一样的做法。

每次组织活动王教授都要请大家吃顿饭，吃饭的过程成了各地区、各学校交流的时间，成了王教授交流自己教育教学思想和看法的时间。

王教授这种平实、认真、敬业的工作作风，成为我们学习的榜样，也坚定了我们对"3161 和谐课堂"深入推进的信心。我校的"3161 和谐课堂"教学模式就是在王教授的指导下形成的，原来的"六步骤"改成了现在的"六原则"。"三标准"是师生和谐、教学和谐、优差和谐三项课改标准；"一主线"是教师要围绕一条核心主线整体把握教材；"六原则"是课堂操作要坚持积极主动、以终为始、知己知彼、集思广益、要事第一、不断更新的原则。"一跟踪"是做好课后跟踪。

二、王敏勤教授的整体教材观

王敏勤教授的"和谐教学法"有五大方略：一个设想，两个支点，三个途径，四个问题，五个环节。总的来说，"设想"是追求的目标；"支点"是高效课堂的切入点；"途径"是对教师在课前、课中、课后所应采取的具体措施的指导；"问题"是判断课堂是否高效的依据；"环节"是和谐教学法的一个基本教学流程。在这五大方略中王教授把重点首先放到了解决课程标准和教材问题上。

在一次讲座中，王教授问了这样一个问题：什么是课程标准？问题提出来以后王教授让每位老师分别写出自己的理解，2 分钟后出示了答案，老师自己对照，结果没有人能写准确。这是一个很基本的问题，老师们每天都在谈课标，说课标，可是教师自己都不知道什么才是真正的课标，这样的状态怎么可以？这是对课标、教材学习、理解得不到位。这个"到位"主要是指教师是否了解课程标准，是否了解编者的意图和作者的意图，能否站在整个学段、整册书和一个单元的高度来把握一篇课文或一节教材。只有教师自己"到位"，才能引导学生"到位"。

王教授提倡实施"主题单元教学"，他要求教师对教材有系统的把握，从整体到部分地解读教材，师生共建"知识树"。"知识树"是和谐教学法常用的一种教学手段，是以树状的形式来表现教材的知识结构，表述一门学科知识的结构。它形象直观，脉络清晰，便于教师和学生把握教材的知识结构和逻辑线索，是一种梳理知识的好方法。

我校"3161 和谐课堂"中的"一主线"，围绕一条核心主线整体把握教材，就是吸收了王教授"主题单元教学"这一思想，确定了教给学生"系统化、方法化"

的知识的做法。王教授要求：每个学段的开始把一门学科的知识树（知识建构图）教给学生；每个学期把一册教材的知识树教给学生；每个单元的开始也把这个单元的知识树告诉学生。每学完一节教材或一篇课文，还要及时做到系统回归。这样知识在头脑中总是以系统的形式存在，便于学生对知识的理解和记忆。

因此，王教授积极倡导和推进了全国的教师用"知识树"说课标说教材的比赛活动，现在已经进行了五届，在全国树立了一大批研说课标和教材的典型区域、典型学校和典型教师，有力地促进了教师整体研读和把握课标和教材的能力。

三、王敏勤教授以学生为主体的教学思想

王教授说，减负并没有激发学生学习的愿望，可一旦形成了"志趣"，学习就成了"挡不住的诱惑"。学生经历了十几年的寒窗苦读，考上大学的那一刻，多少学子如释重负，大学没有太重的课业负担，可为什么还是不愿意学习呢？其本质就是没有内在的学习动机，没有学习的"志"和"趣"。可是，学生的志趣从何而来？这就是需要我们老师下功夫的地方。

很多教师的教学是逐课地教，学生逐课地学。每堂课都在等待教师揭开本堂课神秘的面纱，教师精心为学生设计了一个个的"迷宫"，在教师问题的引导下，学生答疑、解疑，终于在将要下课的时候才艰难地走出迷宫。学生在课堂上要认真地听老师的每一个问题并快速思考，积极表达。课堂上往往是部分学生的才能展示，一大部分学生跟不上课堂的节奏，而失去了表达交流的机会。这样的课堂是培养不了学生学习"志趣"的，只能是造就一批又一批越来越跟不上课的学生。王教授的以学生为主体的教学思想，实质上就是把课堂交给学生，让学生成为探索知识的主人，而不是机械地由老师牵着鼻子走。王教授的具体做法是：

首先是通过小组合作学习的方式，增加学生参与的宽度，使更多的学生参与到学习中来，而不是几个学生。如果过去满堂灌是单车道，教师单个提问也是单车道，在一个时间段只有一辆汽车在行驶的话，那么通过小组合作学习的方式，增加学生参与的宽度，就是增加车道，车道越多，速度越快。

其次是每节课都要将学习的目标呈现给学生，让每个学生都有学习的方向，成为学习的主体，向着学习目标努力行动。为了更高地发挥学生的主体作用，增强学生的主动性与能动性，王教授还明确地指出：课堂教学，上课教师先让学生自学，教师不讲，教师为学生呈现自学指导，学生在教师指导下进行自学。这个"自学指导"实际上是学习目标的具体化，要做到"四明确"：明确时间（用几分钟），明确内容（学习教材的第几页），明确方法（在自学时要运用什么方法），明确要求（在自学时要思考哪些问题，准备教师检查）。只有做到了四明确，学生才能高效率地学习。

再者是王教授注重学生的当堂达标，关注每堂课的基本知识是否做到了人人清。也就是看教师是否关注到每一个学生，是否做到了教育过程的公平。

我校"3161和谐课堂"的"六原则"——"积极主动、以终为始、知己知彼、集思广益、要事第一、不断更新"基本符合王教授以学生为主体的教学思想。为了推进这一教学思想的落实，王教授以"我的模式我的课"为依托，在全国开展了课堂教学三级建模工程。

我们都知道，很多专家一辈子只做一件事，做好了就是专家，可是王教授在多个领域都是专家，并且理论和实践他都擅长，从教育理论到教学指导，从老师到学生，从学校文化到课堂教学，没有他不精通的。因此，他被人们称为"接地气的专家"。这大概跟他的从业经历有关吧！王教授当过民办教师，教小学，后来考了师专，考上了研究生，他教过小学、中学、大学，当过学校的行政领导，他是和谐教学法的创始人和发起者，至今仍然在不停奔波，就是为了老师们的发展和提高，孩子们的乐学与成长。

我眼中的王敏勤教授
内蒙古赤峰市元宝山小学语文教师　王红宇

王红宇老师说教材展示

　　2011 年 10 月 14 日，对我来说，是个难忘的日子。在陈玉苍校长的带领下，我有幸代表我校去天津普育学校讲课交流，更加幸运的是一位矍铄的老人——和谐教学法的创始人，天津市教育科学研究院基础教育研究所所长王敏勤教授还亲自为我指导了课。

　　我讲课时，王教授一边认真听课，一边认真翻阅教材，一边计时，还利用学生练习和小组学习的时间，走到学生中间，观察学生的交流和学习情况，听得投入，记得认真。

　　讲完课，王教授从我的课堂环节开始分析，每一个环节都评价得很到位，给我的课堂教学提出建议。听完王教授的评课，我若有所思，内心深处对自己的课堂进行着反思。接着王教授重点就如何备课，如何使用新的说课形式说课，如何通过备课、说课、上课来驾驭教材、驾驭课堂等问题给老师们做报告。

　　没有掌声，没有鲜花，有的是王教授教育教学思想的流动，有的是老师们的思想与王教授的思想的碰撞；有的是长者的谆谆教诲，有的是老师们的孜孜不倦。王教授第一次给我评课，我就深深感受到了王教授那堪称楷模的人品和文品。

　　王教授和陈玉苍校长一见如故，因为在他们的身上都有着同样的精神，同样的责任！从此以后，王教授就成了我们陈玉苍校长的挚友，也成了我们学校的常客。记得 2011 年 5 月 14 日，王教授第一次来到我们学校，为全区中小学校长、主任、骨干教师及我校全体教师做培训。这位年过花甲的老人一直站着为我们培训了一天，当我们请求他坐下讲时，他真诚地说："这么远的路，为老师们培训一次不容易，我就站着讲，想让在座的老师们都能看见我！"这朴实的话语打动了在座的所有人，老师们没有一个溜号、说话的，都在认真倾听王教授讲如何利用课标研说教材，吃透教材，如何将它们运用到课堂教学实践中去。讲座完毕后，老师们送给了王教授最持久而热烈的掌声，并与王教授进行了合影留念。

　　王教授，我作为一名普通的小学语文教师，敬佩您治学严谨、孜孜不倦的精神！我感谢陈玉苍校长和您带给我们普通老师那些不同寻常的经历和感动！谢谢您！我们都是您忠实的粉丝，在课改的道路上我们愿意一直与您同行！

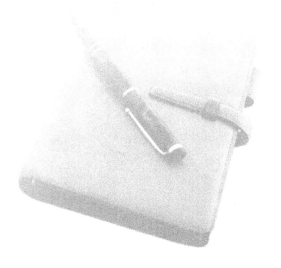

附　录

一、王敏勤公开出版的部分著作

1. 《一种速成教学法——暗示教学的理论与实践》，云南教育出版社与四川教育出版社 1993 年 5 月联合出版，分平装和精装两种版本（两个书号）。《山东师范大学学报（社会科学版）》1994 年第 4 期发表了书评：《绝知此事要躬行——评〈一种速成教学法——暗示教学的理论与实践〉》，称赞本书是"我国关于暗示教学的第一本专著"。

   《大众日报》1993 年 10 月 6 日 7 版也做了报道，认为此书是"国内第一部暗示教学方面的专著"。

   该书 1994 年 12 月被评为山东省教委哲学社会科学优秀著作二等奖（全省共 2 个二等奖），山东省第九次社会科学优秀成果三等奖。

2. 《和谐教学概论》，中国物价出版社 1996 年 8 月出版。

   该书 1997 年 12 月被评为山东财政学院优秀著作一等奖（全院共 2 个一等奖）。《山东财院报》1997 年 12 月 25 日 2 版发表了徐雷教授的书评《十年磨一剑——读王敏勤副教授新著〈和谐教学概论〉有感》，对该书做了较高评价。

   该书 1998 年 12 月被评为山东省第十三次社会科学优秀成果三等奖。

3. 《国内著名教改实验评介》，青岛海洋大学出版社 1993 年 4 月出版。

   该书 1994 年 12 月被评为山东财政学院优秀著作二等奖。

4. 《和谐教学法》，辽宁人民出版社 1998 年 4 月出版。

   该书 1999 年被评为山东财政学院优秀著作二等奖。

5. 《和谐教学的原理与模式》，内蒙古大学出版社 1999 年 9 月出版。

   该书 2006 年 9 月被评为第三届全国教育科学研究优秀成果奖三等奖（教育部）。

6. 《新课程理念的和谐教学》，内蒙古大学出版社 2003 年 2 月出版。

   该书 2003 年 12 月被评为天津市教科院优秀著作二等奖。

7. 《中国当代著名教学流派——王敏勤与和谐教学》，国际文化出版公司 2003 年 8 月出版。

该书 2006 年 12 月被评为天津市第十届社会科学优秀成果三等奖（津政奖字第 173 号）。

二、王敏勤公开发表的部分论文

1. 《暗示法在成人外语教学中的尝试——济南南郊宾馆英语速成班实验报告》，《山东外语教学》1987 年第 2 期。
   该文 1987 年被评为山东师范大学优秀论文二等奖。
2. 《婴幼儿同时学习两种语言的设想》，《山东师范大学学报（社会科学版）》1987 年第 2 期。中国人民大学《幼儿教育》1987 年第 5 期全文转载，《新华文摘》1987 年第 6 期"报刊文章辑览"做了辑录。
   该文 1991 年被评为山东财政学院优秀论文二等奖。
3. 《暗示教学及其对我国教学改革的启发》，《山东教育科研》1988 年第 1 期。
   该文 1989 年 9 月被评为山东省青年社会科学优秀科研成果奖。
4. 《暗示教学法基本原理刍议》，《山东教育科研》1990 年第 2 期。
   该文 1991 年 10 月被评为山东省青年社会科学优秀成果二等奖。
5. 《让教学成为一个愉快和谐的过程——和谐教学的研究与实验》，《教育研究》1998 年第 10 期，被《新华文摘》1999 年第 1 期全文转载。
   该文获山东省教委 2000 年优秀科研成果二等奖。2002 年 12 月被评为天津市第八届社会科学优秀成果二等奖（津政奖字第 0068 号）。
6. 《课堂教学是实施素质教育的主渠道——和谐教学实验报告》，《人民教育》1999 年第 9 期。
7. 《由能力本位向素质本位转变——职业教育的变革》，《教育研究》2002 年第 5 期。
8. 《要慎重延长义务教育的年限——世界各国普及 12 年义务教育情况分析》，《山东教育科研》2002 年第 4 期。
9. 《没有教不好的学生——洋思中学大面积转化"后进生"的启示》，《山东教育科研》2002 年第 3 期。

10.《当代大学生希望老师怎样上课——4 万份大学生调查问卷的启示》,《天津市教科院学报》2002 年第 3 期。

11.《职业教育应构建自己的教学模式体系》,《当代教育论坛》2002 年 9 月创刊号。

12.《中等职业教育的发展趋势研究》,《职教论坛》2003 年第 17 期。被中国人大复印资料《职业技术教育》2003 年第 6 期转载。

该文被评为天津市教科院 2003—2004 两年一次教育科研优秀成果二等奖。

13.《课程与教学的关系与整合》,《中国教育学刊》2003 年第 8 期。

14.《天津市中等职业教育发展规模与性质问题研究》,《天津市教科院学报》2003 年第 6 期。

15.《最好的教法是不教——有感于洋思中学的课堂教学模式》,《天津教育报》2004 年 2 月 27 日 3 版。

16.《绝知此事要躬行》,《人民教育》2004 年第 2 期"名师人生"栏目。

17.《学生什么时间思考——对一节小学语文课的思考》,《天津教育报》2004 年 4 月 16 日 3 版。

18.《课程改革中的和谐教学》,《天津教育》2004 年第 6 期。

19.《高中与初中分离好还是合并好》,《天津教育报》2004 年 7 月 14 日 3 版。

20.《升学率——校长无法回避的评价指标——谈新课改终结性评价与考试制度的改革》,《天津教育》2005 年第 3 期。

21.《怎样理解和把握课程改革的新理念》,《天津教育》2005 年第 4 期。

22.《如何构建和谐的学校》,《当代教育科学》2005 年第 9 期。

该文被《教育文摘周报》(中央教科所)2005 年 7 月 27 日 6 版转载,2005 年 11 月被评为天津市社会科学界首届年会优秀论文奖。

23.《天津市基础教育高水平均衡化发展对策研究》,《天津市教科院学报》2005 年第 2 期。

该文 2005 年被评为天津市教科院优秀科研成果二等奖。

24.《整体建构是和谐教学的基本原则》,《中国教育报》2005 年 6 月 3 日 5 版。

25.《新课程,我们应关注什么》,《天津教育》2005 年第 6 期。

26.《课程改革要过"三观"》,《天津日报》2005 年 6 月 21 日 14 版。

27.《试谈我国教育的不和谐》,《当代教育科学》2005 年第 21 期。

28. 《和谐教学的课堂教学模式》，《教育研究》2006 年第 1 期。

29. 《如何理解和落实三维的课程目标》，《天津教育》2006 年第 1 期。

30. 《在新课程教学中怎样"用好教材，超出教材"》，《天津教育》2006 年第 2 期。
    该文被《中国教育报》2007 年 11 月 2 日 5 版转载。

31. 《教法就是学法，教案就是学案——简评南京市东庐中学教学合一课堂模式》，《天津教育》2006 年第 3 期。

32. 《校长要"以行为本"——兼评王俊校长的办学思想》，《江苏教育》2006 年第 3 期。

33. 《上课要像考试一样紧张——评介洋思中学的课堂教学理念》，《天津教育》2006 年第 4 期。

34. 《天津市部分中小学生学习方式现状调查》，《天津市教科院学报》2006 年第 2 期。

35. 《评价是为了促进学生的发展》，《天津教育》2006 年第 5 期。

36. 《把课余时间还给学生》，中央教科所主办《教育文摘周报》2006 年 5 月 24 日头版。

37. 《怎样评价教师的教学水平》，《天津教育》2006 年第 7 期。

38. 《减负要从提高课堂效率入手——评介天津市第五十一中学杜惠青老师的课堂教学》，《天津教育》2006 年第 8 期。

39. 《教学的首要任务是激发学生的潜能和责任感》，《天津教育》2006 年第 9 期。

40. 《怎样创造"师逸生乐"的和谐课堂——天津中学张素兰老师的课堂教学改革给我们的启示》，《天津教育》2006 年第 10 期。

41. 《课堂教学有效性与价值取向》，《天津教育》2006 年第 11 期。

42. 《人生只做一件事——读〈邱学华与尝试教育人生〉》，《人民教育》2006 年第 22 期。

43. 《如何解决中小学教师的职业倦怠问题——介评大连市三十四中的目标化管理》，《天津教育》杂志 2006 年第 12 期。

44. 《高中新课改：一线教师的困惑与建议》，《天津教育》2007 年第 1 期。

45. 《新课程怎样开发课程资源——中小学语文、英语主题式单元教学的构想》，《天津教育》2007 年第 2 期。

46. 《关于普通高中校本课程开发的若干问题》，《天津教育》2007 年第 3 期。

47. 《科学标尺衡量素质教育》，《天津日报》2007 年 3 月 27 日 14 版。

48. 《他们为新课程改革贡献了什么？——点评洋思中学、东庐中学、杜朗口中学的课堂教学改革》，《中国教育报》2007 年 3 月 9 日 5 版。

　　该文被中国人大复印资料《中小学教育》2007 年第 5 期全文转载。

49. 《把课外阅读变为课内阅读——如何解决中学生没有时间读书的问题》，《天津教育》2007 年第 4 期。

50. 《永威学校的成功在于精细化管理》，《中国教育报》2007 年 5 月 10 日 3 版。

51. 《教育均衡发展的核心是师资水平的均衡——点评天津市河西区"教育发展联合学区"的经验》，《天津教育》2007 年第 5 期。

52. 《示范高中要示范什么？——有感于晋城一中的示范作用》，《中国教育报》2007 年 6 月 8 日 6 版。

53. 《课程改革中的放权与用权》，《人民教育》2007 年第 11 期。

54. 《单元整体教学思想在数学教学中的运用》，《天津教育》2007 年第 6 期。

55. 《生生都是科代表　师师都是科主任——介评山东省邹平县黛溪中学的教学管理模式》，《中国教育报》2007 年 6 月 29 日 5 版。

56. 《把握教材是教师永远的基本功》，《天津教育》2007 年第 7 期。

57. 《"整体建构教学"主要是建构什么?》，《中国教育报》2007 年 10 月 26 日 5 版。

58. 《如何评价"同课异构"的课》，《中国教育报》2007 年 12 月 21 日 5 版。

59. 《名校为什么有名——对全国 27 个省（直辖市、自治区）85 所重点高中的调研分析》，《天津教育》2007 年第 8 期。

60. 《教师在课堂教学中应扮演什么角色》，《天津教育》2007 年第 9 期。

61. 《试谈"讲练结合"的七种方式》，《天津教育》2007 年第 10 期。

62. 《关于学生综合素质评价中的"爱祖国"评价问题》，《天津教育》2007 年第 11 期。

63. 《在语文教学中怎样运用整体建构教学法》，《天津教育》2007 年第 12 期。

64. 《新课程周刊要关注五方面的声音》，《中国教育报》2007 年 12 月 28 日 5 版。

65. 《课改后高中毕业会考应如何改革》，《天津市教科院学报》2007 年第 6 期。

66.《课改后我国与部分发达国家中小学课程设置的比较分析》,《上海教育科研》2007 年第 12 期。

　　该文被评为天津市教科院 2007 年优秀成果一等奖。

67.《提前识字让小学生尽早进入阅读世界》,《中国教育报》2008 年 1 月 4 日 5 版。

68.《探寻课例的深层价值》,《人民教育》2008 年第 3～4 期合刊。

69.《减负,首先从精选习题开始》,《中国教育学刊》2008 年第 2 期。

70.《什么样的学校才能让家长满意》,《天津教育》2008 年第 2 期。

71.《广学百家而后打造自家高效课堂——介评高效务实的山东省滨州市滨城区清怡中学教学模式》,《中国教育报》2008 年 3 月 21 日 5 版"新课程周刊"。

72.《一种有价值的区域性教学改革》,《人民教育》2008 年第 7 期。

73.《高中新课改要破解五道难题》,《上海教育科研》2008 年第 4 期卷首语。

74.《"以一带多"是一种成功的教学策略》,《天津教育》2008 年第 5 期。

75.《"同课异构"教学反思例谈》,《中国教育学刊》2008 年第 6 期。

76.《一校一品牌,校校有特色——山东省邹平县中小学从均衡化向特色化发展纪实》,《中国教育报》2008 年 6 月 25 日 4 版。

77.《一生只做一件事》,《江苏教育》2008 年第 7～8 期合刊。

78.《"三疑三探"教学模式体现了高效方便》,《中国教育报》2008 年 10 月 10 日 5 版"新课程周刊"。

79.《在研究中行动　在行动中研究——改革开放三十年群众性教学实验述评》,《中国教育学刊》2008 年第 11 期。

　　该文被评为天津市教科院 2008 年优秀成果二等奖。

80.《2009,新课改应关注什么》,《天津教育》2009 年第 1 期。

81.《"日清周结":一所大规模学校的管理秘诀》,《中国教育报》2009 年 2 月 12 日 4 版。

82.《教师怎样自评一节课》,《天津教育》2009 年第 4 期。

　　该文被山西省教科院主编的《教育理论与实践通讯》2009 年第 8 期全文转载。

83.《一条激发学生写作潜能的新路》,《中国教育报》2009 年 4 月 24 日 5 版。

84.《课改背景下为什么缺失名师》,《中国教育学刊》2009 年第 5 期。

85.《一所新建学校快速崛起的成功奥秘——河南省荥阳三中"全参与教育"解读》,

《中国教育报》2009 年 5 月 29 日 6 版。

86. 《中国基础教育当代名家名师分布情况综述》，《天津市教科院学报》2009 年第 4 期。

87. 《高中学生综合素质评价的虚化现象及对策研究》，《上海教育科研》2009 年第 10 期。

88. 《听课如读书，评课似析文——谈怎样听课与评课》，《江苏教育》2009 年第 11 期"名家视线"栏目。

89. 《提高课堂教学效率的五大方略——访天津教科院王敏勤教授》，《中国教师报》2009 年 12 月 30 日"深度访谈"栏目。

90. 《把握课标和教材很重要》，《中国教育报》2010 年 1 月 1 日 7 版。
    该文被山西《学习报·教育周刊》2010 年 2 月 12 日 6 版全文转载。

91. 《集体备课主要应该研讨什么》，《中国教育报》2010 年 3 月 5 日 6 版。

92. 《标准化、特色化、品牌化是学校发展的三个阶段》，《天津教育》2010 年第 3 期。

93. 《高效课堂的四个要件》，《人民教育》2010 年第 6 期。
    该文被《山东教育报》2010 年 3 月 29 日 3 版"关注"栏目转载，题目改为《高效课堂要回答的四个问题》。

94. 《高效课堂看课外——专访天津市教育科学研究院基础教育研究所所长王敏勤》，《现代教育报》2010 年 5 月 10 日 3 版。

95. 《普通教师也能创立自己的教学法》，《中国教育报》2010 年 6 月 4 日 7 版。

96. 《永威的启示》，《中国教育报》2010 年 6 月 11 日 6 版。

97. 《统一的教学模式是学校教学成熟的标志》，《天津教育》2010 年第 6 期。

98. 《语文素养在习惯中生长——河北省唐山市丰南区实验小学的语文教学改革》，《人民教育》2010 年第 12 期。

99. 《从温总理的评课看如何提高课堂教学质量》，《天津市教科院学报》2010 年第 3 期。

100. 《尽责致善的清怡文化》，《中国教育报》2010 年 10 月 19 日 6 版。

101. 《怎样成为特色教师》，《天津教育》2011 年第 1 期。

102. 《校长应是导演而不是演员》，《江苏教育》2011 年第 1 期。

103. 《学校特色和文化建设的关键是提炼核心价值理念》，《天津教育》2011 年第 2 期。

104. 《回归教育原点的思考——有感于〈人民教育〉五位记者的"年终综述"》，《江苏教育（教育管理)》2011 年第 3 期。

105. 《分层教学与小组合作学习是因材施教的有效组织形式——兼评河南省灵宝市第四中学的经验》，《教师月刊》2011 年第 7～8 期合刊。

106. 《中小学教学内容的四次转化和建构》，《天津市教科院学报》2011 年第 5 期。

107. 《蔡林森的课改辩证法》，《中国教育报》2012 年 5 月 23 日 11 版。

108. 《靠集体力量提升教师专业能力》，《中国教育报》2012 年 8 月 5 日 4 版。

109. 《发展中的蔡林森教育思想》，《中国教育报》2012 年 12 月 3 日 12 版。

110. 《学校三级建模的思路和方法》，《天津教育》2012 年第 10 期。

111. 《赋予传统"说课"新说法》，《中国教育报》2013 年 4 月 3 日 10 版。

112. 《名校誉中华　群星耀津门——津派教育家的特点与形成原因分析》，《天津市教科院学报》2013 年第 4 期。

后　记

　　大约有十年没有写书了，如果不是中国教育报刊社张新洲副社长的多次鼓励和督促，本书也很难近期完成。其中主要原因还是忙，几乎每个半天的日程都排得满满的，多年来已没有节假日和双休日的概念。书稿也是插空断断续续完成的。近十年来，我每年在中小学听课、评课少则 400～500 节，多则 700 节，还要承担政府部门和院里委托的科研课题，也经常到全国各地宣讲和谐教学法的理念和做法。另外，这几年文章写得也比较多，有的年份一年公开发表 24 篇论文。我曾经连续五年获得天津市教科院正高职称人员超优奖，其主要条件就是一年发表论文的数量和档次。

　　正像人们所说的那样，走一段路就应该停下来反思一下。我这几年走的路多，跑的中小学多，但静下心来总结得少。非常感谢张新洲副社长的赏识和鼓励，使我对搞了 20 多年的和谐教学法再一次进行了认真的反思和梳理。非常感谢多年来与我合作的各位同仁和朋友，特别是天津市河东区实验小学的杨军红校长和北辰区普育学校的梁峰校长，为我搭建了实验的平台。近六年来，我每周三和周四分别到这两所学校指导老师们按照和谐教学法的模式上课，系统地进行和谐教学法的实验。有许多和谐教学法的做法都是在这两所学校实验成功后才逐步推广到全国。非常感谢多年来一直鼓励和支持我进行和谐教学法实验的朋友们，他们一直是和谐教学法的实践者和参与者。非常感谢天津市教科院张武升院长、《中国教育报》课程周刊赵小雅主编（现在是《中国民族教育》主编）、福建师范大学教师教育学院余文森院长对我的和谐教学法进行的指导和评价。非常感谢山东省莘县教育局孙石山副局长、天津中学国赫孚校长、天津市普育学校梁峰校长、天津市塘沽一中潘怀林副校长、内蒙古赤峰市元宝山小学陈玉苍校长和王红宇老师等众多朋友，专门撰文对我的研究工作给予充分的肯定和鼓励。还有一些是我在网络上搜集的有关对我的讲座和评课的感想的文章也收入书中，对这些老师也一并表示感谢。很多老师都是通过博客的形式对我的和谐教学法进行评价，但由于书稿篇幅有限，只能收入很少的几篇。书中还收录了一些"说课标说教材"和"说课"的典型案例，对这些实验老师我也表示衷心的感谢。在本书的撰写过程中，天津市教科院科研处的王秋月做了大量的实际工作，除了帮助我搜集资料、校对文稿以外，还按照我的思路整理撰写了本书第一部分中的"与新课改同行"，约10000字；第二部分"我的和谐高效教学观"中的第一、二、四部分，约54000字；搜集整理了第五部分"附录"中我近年来出版的著作和发表的论文目录，约6000字，共完成约7万字的整理撰写工作，也一并表示感谢。

　　总之，要感谢的人太多，正是由于他们的支持和鼓励，才使我对和谐教学法的研究从1986年持续到现在。正是由于他们的信任，我在退休以后还依然坚持和谐教学法的实验和推广工作。今后我将一如既往地与新课改同行，也希望继续得到各位朋友的指导和帮助。

王敏勤

2015 年 5 月